# 阳光课堂的
# 魅力

## 一位农村初中数学教师的教育主张

孙向兵 / 著

沈阳出版发行集团

沈阳出版社

**图书在版编目（CIP）数据**

阳光课堂的魅力：一位农村初中数学教师的教育主
张 / 孙向兵著. — 沈阳：沈阳出版社，2021.8
ISBN 978-7-5716-1998-5

Ⅰ.①阳… Ⅱ.①孙… Ⅲ.①中学数学课—教学研究
Ⅳ.①G633.602

中国版本图书馆CIP数据核字（2021）第166255号

---

出 版 发 行：沈阳出版发行集团|沈阳出版社
　　　　　　（地址：沈阳市沈河区南翰林路 10 号　邮编：110011）
网　　　　址：http://www.sycbs.com
印　　　　刷：北京政采印刷服务有限公司
幅 面 尺 寸：170mm×240mm
印　　　　张：15
字　　　　数：270 千字
出 版 时 间：2021 年 8 月第 1 版
印 刷 时 间：2021 年 8 月第 1 次印刷
责 任 编 辑：赵秀霞　马　驰
封 面 设 计：润泽文化
版 式 设 计：李　娜
责 任 校 对：王玉位
责 任 监 印：杨　旭

---

书　　　　号：ISBN 978-7-5716-1998-5
定　　　　价：45.00 元

联 系 电 话：024-24112447
E－mail：sy24112447@163.com

本书若有印装质量问题，影响阅读，请与出版社联系调换。

# 不忘初心，方得始终

习近平总书记在党的十九大报告中明确指出："不忘初心，方得始终，中国共产党人的初心和使命，就是为中国人民谋幸福，为中华民族谋复兴。"在中国特色社会主义进入新时代的伟大征程中，我作为金堂县十四届党代表、成都市优秀共产党员、全国优秀教师，应该坚守的初心和使命又是什么呢？

## 牢记使命，立足岗位练内功

一名教师的使命就是既教书又育人。而我为教好书，苦练内功。

1997年10月从成都市工业学校会计专业毕业后，我被分配到金堂县云合镇双流小学所属的一所村小上班。由于是非师范专业毕业，我对教育一窍不通，只是凭着对教育的一腔热忱来认真上课。很快，我就败下阵来，上级领导来听我的课，对我提出了严厉的批评。后来，我去参加全片区青年教师语文公开课评比，我执教的《数星星的孩子》遭到全体教师的批评，他们认为我缺乏严谨的态度和科学的精神，会误导孩子。之后我改教小学数学，却搞不清农历和公历的闰年的区别，也让所教的学生摸不着头脑。

痛定思痛，我开始反思自己的教学：原来只凭一份热爱还不够，还要提升自身素养，掌握教学艺术，做好学生的引路人。于是我开始努力学习，虚心向有经验的教师请教，不断摸索，终于形成了自己的教学风格。我创新课堂，在数学课堂中有音乐背景，有哲理故事，有小笑话，有亲情、友情、爱情的传递。我实践"533"生命课堂，推行数学阳光课堂改革，一次次成功地提升班级的总体成绩。自2005年以来，我一直担任毕业班数学教学工作，一次次确保了初中数学质量在全县排名前列。我的教学水平节节攀升，赢得了同事、家长和学生的口碑，现在我已经成为成都市特级教师。

# 不忘初心，爱心教育亮心灯

2007年10月，我站在鲜艳的党旗前，举起拳头，心潮澎湃地加入了伟大的中国共产党。至今我还是一如既往地以一个共产党员的标准严格地要求自己，以一个"师者，人之模范也"的形象对照检查自己。例如，这节课孩子还满意吗？教师（学生）喜欢吗？这种管理办法适合这所学校吗？我时时刻刻扪心自问，时时刻刻如履薄冰，时时刻刻做学生的模范，做教师的榜样。因此，我的初心就是党旗下的铮铮誓言，要保持党员的先进性，做好本职工作，在讲台上既教书又育人。

我坚持"亲其师，信其道"的教育理念，和学生的关系亦师亦友，学生都亲切地称我为"师兄"。学生有了问题都愿意请教我，甚至许多毕业生遇到重大问题的时候，还喜欢听取我的意见。逢年过节，总有许多学生送上祝福或登门拜访。有的学生认为我就是他们人生的启蒙教师，是我让他们找到了方向。学生会把歌改编之后唱给我听，如将《父亲》改成《师兄》，让我热泪盈眶。学生懂得了感恩，对我唱起"我拿什么奉献给你，我的师兄"。

作为班主任，当我看到有个别因为家庭非常困难，无法缴纳必要的学习费用时，看到孩子委屈的泪水、家长无奈而抱歉的眼神，我决定用自己微薄的工资帮他们交费。

1997年至今，已有20余年，我从一个人到组织爱心团队，帮助了不少人。近几年来，我一直在为30余名贫困住校生每月提供日常生活用品，为几名特别困难的女生每月提供300元生活费，每年为一名大一新生提供第一期费用5000元，还为多名身患重大疾病的孩子募集爱心捐款，为特殊困难家庭提供力所能及的帮助，甚至我还以个人名义为贫困大学生提供助学贷款担保。在工作中，我先后被评为阿里公益优秀志愿者、新教育爱"新"大使、成都榜样和四川好人。

曾经家访时我被狗追，被家长误解，热天一身汗、雨天一身泥，但这并没有阻挡我的脚步，20余年我走遍了又新镇的山山水水。我有时候失眠，因为一直在苦苦找寻劝说辍学儿童复学的办法。而在我的帮助下复学的孩子，很多都把我当作亲人，在他们结婚的时候，都忘不了邀请我去参加，有的甚至邀请我担任证婚人。

## 坚守信念，勤奋工作向前行

现作为分管教学的副校长，我仍然担任两个班的数学教学工作，至少每年有一个是毕业班。同时，我在全国新教育星火教师团队里担任电子杂志编辑工作，兼任省级刊物《天府数学》的编写人员。国培辅导教师、成都师范学院聘请的教师培训专家。金堂县初中数学中心组副组长，负责教师培训、制卷等工作……

为了保证工作顺利完成，我每天早晨5：40起床，工作到深夜十一二点才下班休息，几乎每个周日下午我都到学校加班。

如今，我在孙向兵名师工作室博客上推出了《走在云端》《新天地》《我在九年2班》《非常道》等系列教育随笔，已经有几百万字。我努力走科研型教师的道路，我是学校各种课题的主研人员，个人的论文每年在市、县获奖，相关论文也在省级刊物上发表。我的工作室培养了一批优秀初中数学教师，培养出未来名师、县学科带头人数名。我不仅坚持在县内兄弟学校传授经验，还先后在云南、内蒙古等地办讲座，并利用钉钉或微信平台，面向全国农村教师讲课，我去理塘进行送教上门，去薄弱学校上示范课，多次担任马云基金会乡村教师项目和师范生项目评委……一切的一切，我只为孩子的明天更美好。

不忘初心，才会找对人生的方向；坚守信念，才会坚定我们的追求，抵达理想的彼岸！

有人问我："以你的资历完全可以到大城市找到一所好学校上班，拿优厚的待遇，为什么你至今还在农村教书？"

我认为："大城市优秀的教师已经相当多了，我去大城市教学只能做锦上添花的事，而广大农村更需要优秀的教师来给乡村的孩子点燃希望。我坚守，可以雪中送炭，引导他们走向明亮的地方。我愿意将此生奉献给乡村教育。"

在观看了国庆70周年盛典之后，我更加坚定了信念，明确了责任担当，我要把智慧和力量凝聚在党旗下，把忠诚、吃苦、无私奉献的精神体现在工作中，不忘初心，牢记使命，砥砺前行。

## 第一辑　教育智慧

班主任的眼界 ·························································· 2

青春的滋味 ···························································· 6

建构有温度的班级课程 ·········································· 12

班级课程的温度 ···················································· 22

润物细无声 ···························································· 28

我们就是一枚苔花 ················································ 34

父母是孩子成长的奠基石 ······································ 38

开学第一课 ···························································· 42

给农村初中生筑一道阳光防线 ································ 47

## 第二辑　数学教学

构建农村初中数学阳光课堂 ···································· 60

找准一个支点　给学生一片蓝天 ···························· 69

给农村学生插上飞翔的翅膀 ···································· 77

师生激情阳光互动使数学课堂更精彩 ···················· 90

雾里看花，也要看得真真切切 ································ 101

对初中教育教学几个问题的再思考 ························ 110

给学生关键的钥匙打开数学解题之门 ················ 120

让学生在数学课堂上沐浴阳光，享受幸福 ················ 131

农村初中教学现状的几点思考 ················ 141

给一个平台，让学生更上一层楼 ················ 150

## 第三辑　课例分享

"解直角三角形应用"教学设计 ················ 160

优秀课例课堂教学设计与反思 ················ 167

"一元二次方程解法：公式法"教案 ················ 173

"533"生命课堂下利用导学案调动学生自主学习数学的积极性 ········ 176

## 第四辑　书海拾贝

一本书，回忆自己的教育人生 ················ 188

教师的乡愁 ················ 203

我与新教育 ················ 207

因为有你，可以走得更久更远 ················ 222

教育需要智慧与真情 ················ 225

# 第一辑
# 教育智慧

作为一名教师，如何有效地管理班级，带动每一个学生成长，这是必须思考的问题。我想：教师眼里有学生，心里有学生，创建一个有温度的班级，积极解决学生面临的困惑，那么这样的班级至少可以俘获大多数学生的心。虽然我们都很平凡，但是苔花虽小，也要学牡丹开。只有用智慧、用真心、用真情做教育，才会看到教育最美的风景！

# 班主任的眼界

经常听业内的专家这样说："谁带的班，学生的性格和表现就像谁。"这句话表明了班主任对自己的学生有着潜移默化的影响，班主任的眼界决定了学生未来的格局。那么，班主任需要从哪些方面来提升自己的眼界呢？

## 一、班主任要会管理自己的情绪，用积极乐观的心态育人

美国教育心理学家古诺特博士曾深情地说："在经历了若干年的教师工作之后，我得到了一个令人惶恐的结论：教育的成功和失败，'我'是决定性因素。我个人采用的办法和每天的情绪是造成学习气氛和情境的主因。身为老师，我具有极大的力量，能够让孩子们活得愉快或悲惨，'我'可以是制造痛苦的工具，也可以是启发灵感的媒介，'我'能让人丢脸，也能让人开心；能伤人也能救人。"

班主任的情绪是学生察言观色的晴雨表。学生有时也和变色龙一样，会伪装自己。这样班主任就以为自己严肃一点，火气大一点，学生就会顺从。其实，任何事物都有个度，就如橡皮筋，绷得太紧还是容易断。情绪管理，就是用对的方法，用正确的方式，探索自己的情绪，然后调整自己的情绪，理解自己的情绪，放松自己的情绪。班主任一定要避免把负面和消极的情绪带到班级。大部分学生都会在背后对自己的班主任进行评价，有的班主任被称为"灭绝师太"，有的被叫作"火药枪"，有的被叫作"妈妈"。为什么会这样呢？因为学生从班主任的一言一行中，已经判断出了班主任的性格特征。学生喜欢阳光的、具有亲和力的班主任，这样的班主任比较民主、开放，营造的班级氛围快乐，会让学生觉得舒适而不压抑。

著名作家罗曼·罗兰说过这样一句话："要散布阳光到别人心里，首先自己心里要有阳光。"一些调查数据也表明，班主任如果是消极的心态，那么学生大多也会自暴自弃；班主任是暴躁的心态，学生也大多属于冲动型的。因此，班主任一定要管理好自己的情绪，给学生树立一个榜样，让学生在阳光下生活、在自信中成长。

## 二、班主任应放大优点，小看缺点，让学生找到自信，看到希望

一张大白纸中有一个黑点，人们都会注意到那个黑点，却不会太在意这是一张白纸。我们习惯于盯住这个黑点来思考，就如我们看一个人，太注重别人的缺点，而更多的是忽略了他的优点。想一想，我们作为班主任和家长是如何毁掉孩子的？

也许，这就是人性的困局。把自己困在了习惯思维的中央，渡不了自己，也毁了别人。

小锐是一个比较调皮的孩子，但是他相当聪明，上课看起来坐不端正，不认真听讲，但实际上他自己已经学会了。但科任教师认为他不尊重自己，所以对他进行了恶意的批评。小锐不服，顶撞了科任教师几句。科任教师觉得在学生面前丢了面子，不依不饶，把他交给班主任处理，并扬言，处理不好，不上这个班的课。

班主任觉得要维护教师的尊严，也对小锐进行了批评。然后又数落了他迟到、扫地不干净、字迹潦草、性格冲动等毛病，他以为自己苦口婆心的教导会让小锐认识到自己的问题，然后悔过自新。但小锐本身就不服，班主任的数落让他更加懊恼，觉得自己在班主任眼里全是毛病，感觉他瞧不起自己，干脆破罐子破摔，在班上开始故意捣乱，尤其是上班主任的课和这名科任教师的课。

结果可想而知，班主任叫来了家长。家长又怕以后老师不管自己的孩子，当着班主任的面，给了孩子两巴掌，表现出自己管了孩子，还很严厉。孩子很委屈，心里窝着火，拳头握得紧紧的，但是没有发作。

之后这个孩子上课不捣乱了，只知道睡觉。科任教师见他这样表现，直摇头，不过认为不影响自己上课，一个学生不学也没什么。班主任看小锐这样，想用激将法，让小锐选择读还是不读。小锐本来就觉得这个班自己待不下去了，

就赌气不读了。但他没表现出来，而是悄悄拿了家里的钱，离家出走了。

他留了一张纸条给父母，说他不想读书了，去打工了。

父母找到学校，学校协助寻找。最后知道孩子一个人去了西藏，在网上劝他回来，他不回来。

后来，班主任想了一个办法，让一个心理咨询师假装成他的好朋友，和他网上聊天，才得知根源。小锐认为班主任和那个科任教师戴着有色眼镜看他，把他看成是问题学生，他觉得在班上待着没意思。

最后，学校答应给他换个班级，他才勉强答应回来试试。而新班级里，班主任觉得小锐很聪明，经常叫他帮忙做事，并经常夸奖他做得好。小锐觉得遇到了知音。虽然这个班主任也会批评他，但从来只针对眼前的问题批评，而且给出整改的意见和时间表，督促他改掉毛病，变得更优秀，并告诉他成功的人都相当自律，所以小锐要成为成功人士，需要更严格地要求自己。小锐听了很受用。

后来，小锐考上了重点高中，学习成绩一路突飞猛进，高考也以优异的成绩进入了一流大学，现在已经在一家大型国营单位工作得风生水起。

根据马斯洛的需求层次理论，自尊需要属于缺失性需要，只有缺失性需要得到满足，成长需要的动机才会强烈。因此，作为班主任，要充分尊重学生，让学生感觉到自己被尊重，在班上被需要，让他们看到自己的闪光点，找到足够的自信。当然缺点肯定也要指出来，但一定要有瑕不掩瑜、人无完人、金无足赤的观点，让学生不断进步。

有一句话说得好："谁拥有自信，谁就成功了一半。"因此，班主任要做的事情就是帮学生树立自信，而不是打击学生的自信心。

### 三、从学生的视角看问题，会看到学生的另一面；深入了解学生，更容易发现问题，更能帮助到学生

教师的理解视角和学生是不一样的。一位体育教师教刚上小学的学生，集合之后，让学生报数。学生不懂，教师反复呵斥学生，让学生报数。而学生最终理解成抱树，一群人跑去抱树了。我们大人看起来很简单的事情，学生可能不懂。

也许我们就是这样，已经习惯了自己的思维，而不会换位思考。

学生之间发生矛盾，我们了解之后，一般认为是鸡毛蒜皮的小事，但对学生来说，这些小事就是他们眼中的大事。因此，我们要用学生的眼光来看待这些问题，从学生的角度出发协调并处理这些"大事"，这样才能真正解决问题。

心理学有一个观点叫感同身受，也叫共情。我们必须站在孩子的角度，才能理解孩子眼里的世界。比如孩子早恋问题，我们也曾经年轻过，用一句经典的话来说："哪个少年不多情？哪个少女不怀春？"为什么我们看到学生早恋时，会觉得慌张，甚至认为这不亚于洪水猛兽呢？想一想，当年我们遇到心动的人时，还不是一直想好好和对方谈一场轰轰烈烈的恋爱？只是我们作为过来人，发现早恋大多会影响学习，影响未来的发展，所以我们就担心孩子会重蹈覆辙，所以会横加干预。不过，疏导还是堵住，相信大家都有共识——疏导更有利于孩子的成长。

班主任作为一班之主，不仅要关心学生的学习，更要关心学生的行为和心理健康。学生若做出异常的行为，班主任要站在学生的角度去看待问题，才可能真正理解学生的行为，才能对症下药，达到治病救人的目的。

陶行知先生曾说："你若变成小孩子，便有惊人的奇迹出现：师生立刻成为朋友，学校立刻成为乐园；你立刻觉得和小孩子一般儿大，一块儿玩，一块儿学习，谁也不觉得您是先生，您就变成了先生。"因此，我们要学习毛主席的"从群众中来，到群众中去"的群众路线，坚持"从学生中来，到学生中去"，真正了解学生的各个方面。

班主任能真正帮助学生，就提升了其在学生心目中的形象。之后，学生就会信任你，你也更容易了解学生的内心想法，找到更好的办法，促进其成长。这是一个双赢的过程，班主任在帮助学生的同时，提高了自己的格局，从一个普通的教师向教育专家成长。

班主任需要重视的是审视自己，不仅要成为学生生命中的引路人，更要成为学生成长路上的贵人。也许，我们需要重新理解自己。就如手掌，合上双手，就是掌声。我们必须好好反省自己，开阔眼界，才能赢得学生拥护和爱戴的掌声。

# 青春的滋味

每天打开互联网，有关学生的新闻层出不穷。例如，某中学品学兼优的学生跳楼；某初二学生沉迷于网络，为了上网费去抢劫，或者杀害哺育自己的亲人；某初三学生在厕所产下一名婴儿；某学校女生之间打群架录下视频炫耀；某初三学生因为看了不雅视频，性侵他人……而我们的教师每天也在办公室抱怨现在的学生没有理想、厌学、沉迷于游戏、早恋、公然在公共场合抽烟、打牌……越是教育越是叛逆。譬如某个值周教师晚上查夜发现住校生从二楼跳下去，然后翻围墙出去上网，从网吧找回来教育后，学生为了报复教师，居然划伤老师停在操场上的汽车，一道道划痕让人心里也泛起一道道伤痛。

现在的初中生到底有什么问题？随着社会的不断发展，我们的生活水平不断提高，大多数孩子有了优越的生活条件，却也出现了大量问题。这些问题的根源就是心理不健康。《世界卫生组织宣言》明确指出："健康不仅仅是没有躯体疾病、不体弱，更是一种躯体、心理和社会功能均臻良好的状态。"因此，学生健康不仅仅是指生理、躯体方面的，更应包括心理方面的。

初中生的心理问题可分为四大类：一是学习上的问题，二是人际关系上的问题，三是青春期问题，四是抗挫折能力问题。

## 一、在学习上的表现是学习焦虑和厌学

很多农村的学生身处农村，生活条件有限，对城市有许多五彩斑斓的向往，但他们知道，只有两条路可走向城市：一是打工，二是努力学习。但农村学校条件有限，对学生个人成长的帮助也是有限的，学生心理在理想与现实之间就有了落差，想考上理想的学校，而成绩却不那么让人欣喜，在这种情况下，学

生出现了焦虑情绪，甚至天天失眠，精神萎靡不振，成绩下降更快。而打工就意味着他要从最基层慢慢起步，由于文化水平不高，很难做到白领的层次，想拥有好的生活，却不得不面对今后收入不高的局面。

我们对全县 8781 名初三学生进行调查发现，存在学习焦虑的学生占了 10%，在农村学校这个比例更高，达 21.5%。针对这种现象，班主任要正确引导，一般可以从以下几个方面入手：

（1）帮助学生树立学习的信心。对于想学好而又学不好的学生，班主任在他们出现焦虑情绪时要予以肯定，指出他们真正把理想和前途放在了心上。同时班主任要告诉学生过多的焦虑反而会影响人的大脑正常发挥作用，从而影响学习的进步。这个时候班主任要用心理暗示的方法，让学生每天睡觉前对自己至少说三次"我能行"，多读一些励志的句子和故事，找回自信。

（2）告诉学生"谋事在人，成事在天"。一个人积极努力了，享受了这个奋斗的过程，也许结果不理想，也用不着后悔。学生即使努力了考不上理想的学校，还可以选择技校，"学得一技之长，你将幸福一生""三百六十行，行行出状元""山重水复疑无路，柳暗花明又一村"。生活就是这样，所以不用为自己的前途焦虑。只要不放弃生活的理想，不断追求、奋斗，一定会取得成功。

（3）教导学生在焦虑的时候学会与人交流，转移注意力。不要一直消沉下去，多往好的方面想。即使这一次成绩不理想，还有下一次只要不是中考，就还有可以上升的空间。多听听音乐舒缓自己的情绪，看一看笑话、小品，将烦恼抛之脑后。作为数学教师，我会在课堂上给学生播放轻快的音乐，让学生在一种轻松的氛围下学习。这样做的效果是相当明显的，学生的成绩显著提高，一些成绩差的学生也喜欢上了数学，焦虑明显减轻。这几年来我所教班级的数学中考成绩年年片区第一。

对于厌学的学生，班主任要找到问题的根源。厌学的学生一般有四种：一是觉得读书无用；二是成绩不理想，不想读；三是因为教师的态度、家长的态度；四是和学生的成长环境有关系。

对于厌学的学生，班主任要根据不同的情况进行处理。对于读书无用的观点，要让学生看到社会的全部，而不能"一叶障目"，个别读书不成功的例子不能代表大多数读书人的情况。即使有的人看似没怎么读书就成功了，但在成功的道路上付出了多少艰辛以及多少在社会上学习的时间，学生可能不知道。

我们常常只看到别人光鲜的一面，却看不到其背后的努力。我们常说舞台上表演的人是"台上一分钟，台下十年功"，如果只看到他成功的表演，看不到其背后的汗水，就难以认清自我，取得成功。

对于成绩不理想的学生，班主任需要多鼓励、多关心、多辅导，一步步地帮助他们把自信找回来，帮助他们提高成绩，千万不要放弃这些学生。如果家长和教师都放弃了他们，对于这些心智还不成熟的初中生来说，他们就可能彻底放弃学习。

对于教师来说，关爱每一个学生，让每一个学生都从教师那里体会到爱，学生就会"亲其师，信其道"。陶行知先生说过："你的教鞭下有瓦特，你的冷眼里有牛顿，你的讥笑里有爱迪生。"因此，教师对待学生一定要努力做到公平，用爱去浇灌学生干涸的心灵。也许教师在工作中难免出现不公，我常常对班上的学生说这两句话：第一句，我对事不对人。也许今天我在这件事上批评了你，只是对这件事提出批评，不代表我对你这个人有什么看法，只要改正了就好。第二句，一个人不会十全十美，我在处理问题的过程中难免出现一些失误，请不要放大这些失误，我会冷静下来和你们说一说，避免误会。

对于家长来说，不能仅仅给孩子物质上的温暖，更需要的是给予孩子精神上的关心。家长在孩子面前表现出来的问题会影响孩子的心理，如夫妻吵架、闹离婚，教育子女态度不同……这些都会严重影响孩子的生活。因此，家长一定要学会让孩子感受到家庭的和谐与幸福。农村的留守儿童，父母要经常打电话回来问候孩子，能回来团聚的时候一定要回来，让这些留守儿童体会到父母的辛苦和关爱。

自古就有"孟母三迁"的故事，成长的环境对初中生的影响非常大。如果孩子生活的环境非常好，在这种氛围下成长的孩子问题就会很少；如果孩子生活在一个复杂的，周围都是一些不好的环境里，那么他的成长就会受到影响，正所谓"近朱者赤，近墨者黑"。在农村还有一句话"常在河边走，哪有不湿鞋"。如果家长、教师还有社会给学生创造了良好的环境，悲剧就不会发生。

## 二、人际关系

首先，与父母的关系。父母是孩子的第一位老师，父母对孩子一生的影响是巨大的，因此父母要主动与孩子沟通。其实父母都知道孩子初中阶段那种心境和叛逆，所以对于孩子的行为要多理解、多引导。

其次，与教师的关系。教师与学生之间的主要问题是教师对学生不理解、不信任而使学生产生对抗心理，以及教师的认知偏差等给学生造成的压抑心理、攻击行为等问题。前文提到教师要关爱学生，避免与学生发生冲突，这会影响师生关系和学生的身心健康。

最后，与同学的关系。初中生都渴望得到同龄人的认可，得到同学的关心，和同学一起疯，一起快乐成长。如果因为性格问题与同学不和，或者与同学争风吃醋发生冲突，或者因小事导致情绪失控冲动打架，这些都会致使同学关系紧张。

从上述这些方面看，教师要教会学生与父母、与自己、与同学沟通，创造良好的环境，让初中生找到集体的归属感；教会学生如何进行正确的人际交往。这些对学生将来适应社会，在社会竞争中赢得一席之地非常有利。

有的学生在生活中不会交际，却成了游戏中的英雄，他们把自己封闭在虚拟的世界里，建造着自己理想的王国，成了电脑和手机的奴隶。这样的学生是不会在现实生活中得到发展的。我看到过一则新闻，讲述的是一对"90后"夫妻，妻子沉迷于手机游戏而使夫妻离婚闹上法庭。在法庭上，法官发现妻子还是在不停玩手机。这说明了什么问题？我们要告诫学生，游戏只是一种娱乐，而不是生活的全部，要活在当下，活在现实的世界里。

我常常对学生讲人际交往的原则是平等、相互尊重和沟通。2011 年，我接手了学校一个公认最差的初三班级，这个班上的学生谁也不服谁，班内斗争不断。接手这个班之后，我就把这个原则讲给学生听，并要求学生按这个原则来处理以前的问题，结果问题基本上解决了，班风正，学风浓，最后这个班还被评为县优秀班集体。

## 三、关于青春期问题

我们很多人应该都看过《青春期》这部电影。这部电影是大部分人学生时代的一个缩影，看过之后人们就会有很多的思考。我也组织我班上的学生观看了这部电影，让学生体味成长的滋味。学生在日记中这样写道："谁的青春不曾迷惘，谁的青春无从安放，谁的青春不曾有过爱情。因为青春，我们才懂得成长的滋味，那些苦与乐，那些酸与甜，都让我们明白，成长是一个过程，在这里，学会冷静、学会珍惜、学会面对……"

学生成长的道路上需要教师引导。作为教师不能单纯地说教，对于初中生来说，感受别人的生活更重要，而能直观感受的途径就是电影、歌曲、故事。看到班上学生有青春期的问题，班主任要想办法来改变他们。

对处于叛逆的青春期的学生，我推荐他们看《变形计》，如其中一部《化不开的网》，让学生明白什么是沟通，什么是珍惜，什么是分享，什么是助人为乐，人生为什么奋斗……

我也组织学生观看微电影《老男孩》，学生都喜欢那个学生时代的爱情，喜欢上同名主题歌，每当他们哼唱起这首歌时，青春的时光就在那些匆匆错过的日子里流过……

我教学生唱《父亲》，让学生体会父母的付出，想一想自己青春期与父母作对是否恰当。就连那些平时非常不屑一顾的学生，在学习这首歌的时候都是那么专注与投入。当唱到"时光时光慢些吧，不能再让你变老了"时，我看到了学生的眼泪。如果说青春期的孩子不懂得感恩，那是错的，那是我们不会正确地引导。

我给学生读《青年文摘》，读到学校窗外不曾凋谢的槐花，让学生体会如何处理同学之间那份朦胧的感情；分男女生讲性心理，让学生过分的好奇变成一种都可知晓的知识，不再那么神秘，反而避免了学生通过黄色书刊与影视作品获得性知识，导致无法收拾的结局。

我喜欢帮学生保守秘密，让学生青春期的小情绪得以释放，然后埋葬在我这儿。其实倾听也是一种沟通，让学生说出心中的故事，就缓解了他们青春期的躁动。"哪个男子不多情，哪个少女不怀春"，所以教师只要正确引导，就能让初中生平稳度过青春期。如果教师不能正确引导，学生就会钻牛角尖。我知道有这样一个男孩，读初三，喜欢一个女生，但不知道怎么表达，在同学的鼓动下，向女生表达之后遭到拒绝，然后就从楼上跳下，造成终身残疾，这是何苦呢？

青春期也容易被人误会，斗气只能使问题恶化，无助于问题的解决。我给学生讲这样一个故事：我的邻居一丢了东西就站在楼上乱骂，因为我家穷，所以总怀疑我家偷了他的东西。一次他家鸡丢了，他就又在楼上骂我们。第二天我去村小上课，走到家后面的山上发现路边一个荆棘丛林里有一只鸡困在里面，出不来，我就高兴地跑回来，告诉邻居。邻居高高兴兴地把鸡捉了回去，然后到处宣传，说我偷了他们的鸡，"他作为一名教师，听到我我骂得难听，故意把我家的鸡捉到山上，然后再叫我去把鸡捉回来"。听到这样的话，我也只能一笑了之，我是怎样一个人，周围的人都清楚。如果我去理论，岂不是与他一般见识。而且在村上他的为人大伙都清楚，他的话又有多少人会相信？

学生都为我鸣不平，我说："这件事已经过去许多年了，对于我来说，没有任何影响，我不是一样过得很好，给你们传递着正能量吗？"所以清者自清，少和别人怄气，"忍一时风平浪静，退一步海阔天空"。以后我的学生遇到什么委屈的时候，都会想起我讲过的这件事，都能坦然面对。

## 四、抗挫折能力

全球化环境下竞争会更激烈，我们必须有一个良好的心态面对一切，尤其是抗挫折能力。一个人在学习中不可能不面对问题，在生活中不可能不面对质问，这个时候，我们需要的是越挫越勇的精神，而不是颓废。

现在的初中生，大多是独生子女，在父母与亲人的溺爱下成长，成了温室的花朵，经不起风吹雨打。虽然这些描述有点夸大其词，不过，我们也不能否认他们对于苦难、对于磨难、对于恶劣的生存环境无法适应，常常走极端，导致严重的后果。因此，我们要让学生能劳动、能承受来自周围的压力，懂得"困难像弹簧，你弱它就强"，一个人要坚强地面对问题，选择逃避永远解决不了问题。

初中，是孩子青春的一个阶段，他们生活的船需要教师指引方向，教师要具备心理健康教育知识，把这些知识化作一盏明灯，为学生的青春导航。

作为中学教师，我们需要有爱，而且要用更多的关爱让那些封闭的内心得到温暖，有勇气去面对生活的挑战。

让我们和家长携起手来，让政府营造出良好的社会环境，共同给孩子一片明媚的蓝天，让他们的身心都得到健康成长，让孩子的青春滋味更多香甜，少一点酸涩！

# 建构有温度的班级课程

中国台湾女作家张晓风写过一篇文章《我交给你们一个孩子》，其中有这样一段话："世界啊，今天早晨，我，一个母亲，向你交出她可爱的小男孩，而你们将还我一个怎样的青年呢？"我想说的是，当父母把一个孩子交给我们老师时，他们眼里充满了期待，希望我们把他们的孩子培养成优秀的人。那么，孩子跟随我们成长的日子里，我们能满足家长的期盼吗？我们能满足社会的需要吗？现在国家都强调学生的核心素养，那么学生的核心素养是什么？学生发展的核心素养是指学生应具备的、能够适应终身发展和社会发展需要的必备品格和关键能力，综合表现为九大素养，具体包括社会责任、国家认同、国际理解、人文底蕴、科学精神、审美情趣、身心健康、学会学习、实践创新。核心素养是所有学生应具有的共同素养，是最关键、最必要的共同素养。我想，核心素养的概念指向的是对"教育应培养什么样的人"这一问题的回答。

我们不得不面对这样一个问题：在很多人眼里，以为学生成绩好，就是好的教育。其实不然，"高分低能"问题、崇洋媚外问题等，无不说明教育不仅是分数，还关系着家庭的命运，甚至与国家和民族的未来息息相关。那么，我们在与孩子生命共舞的日子该怎样来培养孩子的素养呢？

朱永新教授提出的新教育十大行动就是培养学生核心素养的一个非常好的途径，而我就在十大行动之一卓越课程中寻找具体的途径。我认为，学校应该在现有课程体系之外，通过班级课程建设来实施。

首先，班级培养人的目标：扬在脸上的自信、长在心底的善良、融进血里的骨气、刻进生命里的坚强。

其次，明确班级名称，建立班级课程体系。

## 一、建立向阳花班级

学生是一朵朵向阳花，朝着太阳的方向。他们迎接太阳的光芒和温暖，让每一颗内心都充满正能量。于是我和孩子一起确定了班名：向阳花；班名寓意：朝向明亮的那方，自信阳光快乐成长！班歌：《有用的人》；班训：自主、自立、自信、自强；口号：突破自我，发挥潜力，尽情绽放！

然后我给每一个学生都制作了一张班级名片，班上的 47 名学生凝聚成一朵大的向阳花，在向阳花的园地里茁壮成长。名片右上角有一个七彩的向阳花，寓意每个人都有自己的精彩。

## 二、班级课程：向阳花课程

### （一）向阳花课程的价值观解读

在教室里有四幅标语是向阳花课程的价值观：①今天努力一点，明天可号令他人；②我们和他们不一样；③让人们因我的存在而感到幸福；④用积极的我战胜消极的我。

第一幅标语是做一朵傲视天下的向阳花，是向着太阳花的孩子扬在脸上的自信。今天的努力是为了明天我们可以利用自己的优势来帮助别人，这个号令，其实就是一种能力的体现。

第二幅标语体现的是融进血里的骨气，我们虽然生活在农村，我们不是官二代、星二代、富二代，只是普普通通的农村孩子，但是我们有明确的目标、有学习的动力、有规范的行为要求，要展现一个农村孩子的善良、纯朴、上进。

第三幅标语，我们有长在心底的善良，我们要让人们因为我们的存在而幸福。我们互相帮助，乐于帮助他人，同时，长大后能运用自己的能力造福这个世界。

第四幅标语是刻进生命里的坚强！面对不利的环境，面对自己的缺点，我们需要的是战胜自己的坚强。我们常常说，人最大的敌人是自己，要成长，就要学会从脆弱走向坚强。

### （二）向阳花班级课程的内容

农村学生的视野和认知相对狭窄，虽然有了网络，但大多数学生却只用来打游戏。怎么给学生打开一扇窗，让学生真正理解生命的意义呢？班级课程依托游戏、电影、纪录片、励志歌曲、哲理故事等来开展。

**1. 入学课程**

开学的一周，我们不是急着向学生介绍自己所教的学科如何重要，如何去学习，而是设计了以下课程。

（1）开学第一课：破冰之旅。

现在很多培训都有一个破冰之旅，通过小组的建设来相互认识、展现自我、凝聚人心。我也通过这样一个设计，来完成学生对班级、对老师、对同学、对自己的一个思考和期许，也让我看到学生个人的能力和性格。

这一堂课要让学生思考班级的目标和个人的发展目标，在本周课程结束之前共同确定班级名称。

（2）开学第二课：亲情与感恩。

家是什么？在优美的音乐中听我娓娓道来。在家里，我们怎样对待自己的亲人？我们常说"树欲静而风不止，子欲孝而亲不待"。对此，我设计了一个活动环节，这个活动就是"生命中最重要的五个人"：在风平浪静的生活中，突然涌起了暗流，这种平静生活被打破之后，亲人的命运掌握在我们手中，为了生存，我们不得不选择亲手——放弃这五个人。在这个活动过程中，学生心里想着亲人们的好，选择放弃的时候都哭了。在总结环节，学生明白了亲情的重要，家的重要，知道如何珍惜这个家，珍惜家里的亲人，珍惜身边关心自己的人。

我还组织学生观看邹越的演讲视频，寻找家国情怀，感恩国家、感恩父母、感恩老师！

（3）第三课：友情。

伊本·穆加发曾说："交朋友要交有义气的人，正如聪明的医师治病前必须切脉考察病根，交朋友也必须考察对方的品德，否则是危险的。"

我们给学生讲交友的原则，朋友之间如何相处，朋友是成天吃喝玩乐还是相互提醒、共同进步……

这堂课的一首《朋友》让我们珍惜彼此，再一首《朋友别哭》让我成为学生心灵上的安慰。

（4）第四课：误解。

人和人之间难免发生误会，教师也不可能明察秋毫，所以，面对误解，最重要的是做好两点：一是心态，二是沟通。

我给学生讲了"唾面自干"的故事，讲《寒山拾得忍耐歌》。昔日寒山问拾得曰："世间有人谤我、欺我、辱我、笑我、轻我、贱我、恶我、骗我，该如何处之乎？"拾得答曰："只要忍他、让他、由他、避他、耐他、敬他、不要理他，再待几年，你且看他。"

"忍一时风平浪静，退一步海阔天空。"我们要正确面对误解，做弥勒佛，大肚能容，容天下不能容之事。

一首小诗送给学生：

你不能改变天气，但你可以改变心情；

你不能改变现实，但你可以改变心态；

你不能改变过去，但你可以改变现在；

你不能改变他人，但你可以掌握自己；

你不能预知明天，但你可以把握今天。

你不能改变人生的长度，但是可以改变人生的宽度；

你不能改变自己的容颜，但是可以改变自己的心灵；

你不能改变四季的变换，但是可以改变人情的冷暖；

你不能改变容貌，但你可以展现笑容！

（5）第五课：浪子回头金不换。

先讲浪子回头金不换的故事。

每一个人都会犯错，教师也不例外。我讲述了我初中逃课、偷摘别人家的橘子等恶劣的行为，但是我改正了，不妨碍我成为一名优秀的教师。知错，是聪明人；能改，才能变成优秀的人。

古今中外，皆有典型。例如，法国科学院院士、诺贝尔化学奖获得者格利雅，曾经是不学无术的花花公子，但是却能幡然悔悟，走上学习之路，最终成为一名闻名世界的科学家。

我们因为经历可能染上不同的坏习惯，这需要我们对照行为规范来改正，做一个正直、善良、上进的人。

（6）第六课：青苹果的滋味。

喜欢是浅浅的爱，爱是深深的喜欢。喜欢一个人没有错，错在在这个本应该好好奋斗的年龄，却为感情所羁绊。就如本应该红的苹果，我们在它还青涩的时候采摘，吃的时候，甜味中更多的是苦涩。

我列举了许多往届生的故事，让学生慢慢体会、总结。我不需要学生告诉我他们的决定，我想，每一个人都知道分量轻重。

在之后的课程中，我还会根据班级的情况，开一堂辩论课。真理，往往会越辩越明。

（7）第七课：生命的价值。

每一个人的生命只有一次，不可轮回。

从生活入手，有些学生看了动画片，觉得猫可以飞翔，就把自己家的猫从高处丢下去了。

生活不能被童话所蒙蔽，要看到现实。敬畏生命，珍爱生命，在有限的生命中创造出不一样的价值。

蝴蝶破茧而出，生命在经历磨难之后，更加精彩。所以面对生活中的问题，不是逃避，不是放弃，而是勇敢地面对。

对于那些遭遇不幸的人、那些劫后余生的人、那些患了绝症的人，他们选择坚强地与死神战斗。你看到唐山、汶川大地震后，人们脸上的笑容，经历了之后是一种坦然，更懂得生命的价值在哪里。

我组织学生观看了《唐山大地震》的片段，学生也经历过四川的两次地震，活着，迎来的永远是希望。

（8）第八课：合作与自助。

先从一个故事开始。一个人特别信奉上帝，在一次洪灾中，他相信上帝会来救自己，坚决地拒绝他人的各种救援，最终淹死了。他死后见到了上帝，责怪上帝不救他，上帝告诉他这个世界需要他救的人太多，他不可能亲自来救每个人，只有委托信仰上帝的人来救需要救的人，是他自己多次拒绝了。

有信仰很好，人生路上，不要单打独斗，应找到志同道合的朋友，一群人，才会走得更远。

当然，有时候，需要一个人走，那就要克服内心的恐惧与孤独。成长的道路上需要"忍得住痛苦，耐得住寂寞"。

有时候，杯弓蛇影、草木皆兵，是自己吓坏了自己。我们也通过一个小实验来验证：我们先在讲台前放置一根木棒，高度约 1 米，让学生跨过去。然后把这个学生的眼睛蒙上，悄悄去掉木棍，让学生凭记忆去迈过木棍，看着学生小心翼翼的样子，下面观察的学生哄堂大笑。这说明一个人始终在过去的事情上纠结，无法突破自己。所以有些学生会因过去的成绩认为自己读书不行，再也不去突破自己。

其实，你不去努力，永远不知道自己有多么强大。一分钟能拍多少次手，很多人感觉就几十下，但是实际上一分钟拍手的世界纪录是 804 次。在班上做这个活动的时候，很多学生看到了自己的潜力。

### 2. 户外课程

（1）测量：培养学生的科学精神，提高实践创新能力。

如何测量河的宽度、山的高度，我们走到户外，让学生设计方案来解决。

（2）野炊：培养学生的生存能力、综合实践能力，增强人文底蕴。

学生在家是否做家务，一目了然。学生是否能独立生存，煮饭炒菜是基本能力。我们带学生找野菜，也训练了学生的野外生存能力。每个小组，分工协作，相互照应，相互关怀，其乐融融。

（3）郊游：让学生身心健康，具有健康的审美情趣。

"读万卷书，行万里路。"旅行，也是一种学习，可以见识不同的风土人情，增长见识。我们请到外面旅游的学生拍摄照片，回来给班上的同学分享旅行故事，这让旅行的学生多了一点观察，多了一点思考。

### 3. 音乐课程

每周一歌。从班歌《有用的人》开始树立自信：我们都是有用的人。《相信自己》《萍聚》《追梦赤子心》《今天》《我的好兄弟》《父亲》《老男孩》……每一首歌，都在讲述着我们作为人应该具备的上进心，珍惜友情，感恩亲情。

### 4. 电影欣赏

每月一影。每月，我都会精选励志电影，让学生从别人的生活中找到自己应该走的道路，让学生知道，成功源于自己坚持不懈地奋斗。

《翻滚吧！阿信》是我推荐给学生的第一部电影，这部电影根据真实的事件改编，由林育贤导演，作品励志感人，对学生的影响相当大。这部电影可以告诉学生很多东西，主人公阿信经历了一系列青春的叛逆后，重拾梦想，奋力拼搏。

《老男孩》《疯狂原始人》《乘风破浪》《美人鱼》……每一部电影，都有一个主题，每一节电影课，学生都带着问题去思考，让光影世界带给学生的不仅仅是欢笑和泪水。

### 5. 每日小故事

每天，我都要给学生准备一个笑话，或者一个哲理小故事，放在数学课堂中，让课堂教学多了一份特别的味道。

很多事情，教师不能直接说教，但可以通过小故事来讲，可以潜移默化地影响学生。

"教不严，师之惰。"我们的行为有时培养出无恶意的闲人、精致的利己主义者、对待生活麻木的看客。其实在文明进步的今天，我们身边依然存在一部分鲁迅先生笔下麻木的人、买人血馒头的人。

下文是我最喜欢给学生讲的故事：有个老木匠即将退休，老板舍不得他，要他再建一座房子再走。老木匠虽答应，但心已不在工作上，用的是差料，出的是粗活。当房子建好时，老板说这就是他退休的礼物。老木匠没想到建的竟是自己的房子，他既羞愧又后悔。

其实，人生每一件事都是为自己而做，要做就做到最好。

班级课程是原有课程体系外提供的一杯甘泉，让学生饮下之后，滋润学生干涸的心田。多年以后，学生忘记了二次函数，但是他们没有忘记有这样一位教师，提供了这样一个班级课程。他们还会给我分享他们的喜悦，倾诉他们的烦恼，听取我的建议。

有些家长遇到我的父亲，就会夸赞我如何能耐，把他的孩子从调皮蛋教育成了优秀的大学生。我只是会心一笑，这个转变，其实是学生从班级课程中找到了真实的自己而已。他具备了核心素养，离成功自然很近。

一个毕业多年的学生给我发来一首他唱的歌曲《当我老了》，让我听得热泪盈眶。

我曾接到过一个孩子的电话，他和父母吵架了，吵得很凶，甚至到了要烧房屋的地步。他说他现在正喝闷酒，叫我陪他，我在电话里讲了三点：第一，和父母之间有认识的差异是很正常的，遇到这些问题，首先是尊重父母，然后不与父母争执，要冷静下来看看到底是谁对谁错，如果是自己对，也不用再争，按正确的做就好，用事实说话。第二，吵架到破坏共有财产的地步是最无能的，也是最傻的，等你冷静了，发现一切要重新购买，反而得不偿失。第三，你都20多岁的人了，都快结婚了，还不知道什么是分寸，遇到事情先冷静吧！喝闷酒解决不了问题，还容易醉，结果身体伤了，问题也没有真正得到解决。我的一番话让这个孩子决定不喝了，然后回去睡觉了。后来冷静之后，他和父母达成了共识，问题也得到了解决。

有问题，找师兄。感谢他们的信任，我知道，这份信任源于我在班级课程中建立了人文情怀，他们都懂。

我在想：当教师20余年，我从班级课程中得到了什么？那些网上的问候，那些短信的关怀，那些回来找你玩的学生，不正是你俘虏过他们心的回报吗？

**附：完美教室叙事材料**

### 向阳花开，照亮未来

我们是一朵朵向阳花，朝着太阳的方向。我们迎接太阳的光芒和温暖，每一颗心都充满正能量。

**一、向阳花的诞生**

班名：向阳花。

班名寓意：朝向明亮的那方，自信阳光快乐成长！

班歌：《有用的人》。

班训：自主、自立、自信、自强。

口号：突破自我，发挥潜力，尽情绽放！

我给每一个学生都制作了一张班级名片，班上的47名学生凝聚成一朵大的向阳花，在向阳花的园地里茁壮成长。名片右上角有一个七彩的向阳花，寓意每个人都有自己的精彩。班级名片如图1所示。

图1

在教室里有四幅标语是我们共同的价值观：①今天努力一点，明天可号令他人；②我们和他们不一样；③让人们因我的存在而感到幸福；④用积极的我战胜消极的我。(图2)

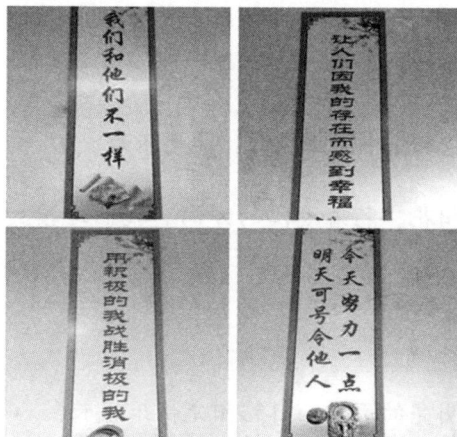

图2

**二、班级课程，点亮每个学生的生命之光**

农村学生的视野和认知相对狭窄，虽然有了网络，但大多数学生却只用来打游戏。怎么给学生打开一扇窗，让学生真正理解生命的意义呢？我决定开展班级课程。

班级课程依托游戏、电影、纪录片、励志歌曲、哲理故事等来开展。

为了记录向阳花成长的故事，我开始写班级叙事，名字就是《我在九2

班》，一写，就是 30 余万字。这里描述了学生的成长和问题，我的快乐和困扰，我对学生的期盼，我对乡村教育的思考……

利用业余时间，我去了每一朵"向阳花"的家，了解他们的生活和家庭情况，和父母谈如何与孩子沟通，做合格的父母。

### 三、向阳花开，照亮未来

"向阳花"的变化，家长看在眼里，喜上眉梢。例如，周贤林的妈妈这样说："孙老师，你对孩子的付出我看在眼里，感激在心里。你教孩子感恩，做一个有用的人。你一定要好好保重身体，孩子们需要你！"

# 班级课程的温度

我是一名农村九年义务教育学校的数学教师，面对的学生是众多留守儿童，从教二十多年来，在我眼里这些留守儿童大多数的内心世界是孤独的。他们不敢大胆地面对周围的一切，因为在这样的社会环境里他们缺少安全感，也缺乏独立面对未来的勇气。很多学生缺乏良好的家庭教育，性格和行为都有些乖张，甚至胆怯。如何让这些学生意识到自身存在的问题，然后用心来学好数学这门课程呢？这是我一直都在努力探索的问题。

众所周知，人有脊梁骨才能直立行走，人的精神永恒，理想追求、道德光亮、文化憧憬才能紧密相守相伴，逐步成为一个心灵丰富，品德、情操高尚的顶天立地的人，这就是我们社会需要的合格之人，这就是我们国家需要的优秀之人，这就是我们民族需要的脊梁之人。

于是，我从 1997 年以来，在我的数学课堂上开设有温度的班级课程，目标是让学生眼里有正义，心里有良知，血液里流淌着勇气和力量。

二十多年来，我从来没有把自己当作一名教师。在学生眼里，我的名字叫"师兄"。我坚信"亲其师，信其道"。我就是在做学生的朋友，在他们需要帮助的时候，轻轻拉他们一把，在他们心灵困惑的时候给他们一点点启迪，让他们在我营造的空间里，慢慢成长。

## 实践：用音乐收拢学生学习数学的心

还记得 2002 年，我刚到这所学校就想把数学课分出一些时间来做班级课程，这是一个特别大胆的想法。很多教师都抢时间上数学课，而我却要把数学课减少，在老教师的眼里，这不是瞎搞吗？还好，当时的老校长特别开明，他认为年轻人就应该有想法，而且有了想法就要去实践，只有实践才能出真知。

最初的理论来源居然是一则消息：养鸡场播放音乐，提高了鸡蛋产量和蛋的品质；同样奶牛养殖场播放音乐，提高了牛奶产量和品质。那么，如果在数学课堂上有背景音乐，会不会提高学生数学学习的效率呢？

于是，我尝试在数学课堂上播放音乐，学生果然精神了许多，尤其是下午，学生不再昏昏欲睡。有教师来听课，听完之后就对我说，他听了一节课音乐，都不知道我在讲些什么，这样下去，学生就被我毁了。

课堂练习的时候我没发现学生有错啊，我想应该是教师们没有学习任务，所以根本就不会注意我在讲什么，而是放松地听音乐去了。全校统一测试的时候，我这个班成绩居然领先，他们自然没话说了。

## 深入：用故事坚固学生学好数学的情

上课提高了效率，但农村学生的陋习依然存在，养成好习惯才有好的未来。但是单纯地说教，学生已经有免疫力了，怎么让教育无声地润泽学生的生命呢？农村学生的阅读面非常狭窄，大多数家长也不会支持学生购买课外书，学生获得知识和做人的道理的途径一是家庭的耳濡目染，二是学校的不倦教诲，三是课本的领悟，四是同伴的影响。如何让学生的认知系统化、正常化，其实是一个难题。我尝试用故事来引领学生。

我要把亲情、友情、爱情、人生价值观等让学生受益一生的东西融入故事。课余，我一直在想，讲述怎样一个故事，才能对学生有足够的吸引力，才能让学生一直想听下去。当时初中课本上有一篇鲁迅先生的文章《从百草园到三味书屋》，提到了美女蛇的故事。于是，我就从这个故事入手，想怎么把这个故事讲得精彩，讲得引人入胜。

数学课一开课，我就说鉴于你们阅读面有限，今天数学课的前5~10分钟，我给你们讲一个故事，如果你们喜欢听，我就坚持以后每节数学课都给你们讲故事。

很遗憾，那时在农村条件有限，没有电脑，所以，这个美女蛇的故事我没有记录下来。不像现在，对于每天的工作，我都会用文字记录，特别是我当班主任的时候，班级的教育叙事一年就写了三十余万字。

不过，毕业多年，一些学生来到学校，他们说数学公式至今还记得，美女蛇的故事更是记忆犹新。现在想来，里面的道理让他们成长，让他们有努力学好数学的情。他们还希望再听一听这个故事，因为，他们毕业了，他们还没听完这个故事。那时候，他们努力表现自己，怕自己考不好，只有努力学习数学才能报答老师对他们的深情。

## 翻新：用电影激发学生勤学的火

到 2006 年下半年的时候，VCD 这些电子产品开始普及，MP3 也开始流行，数学课堂上放音乐，已经不再那么吸引学生了，讲故事的效果也不再那么明显了。于是，我决定把故事课程改成电影课程。班级还没有多媒体，我就把自家的彩电、VCD 搬到教室里，购买一些励志电影碟片。

观影之前，我先提要求：一是遵守观影礼仪；二是要认真观看，能简要地说出电影讲述的故事；三是让你感动的地方在哪里；四是你觉得哪些话让你记忆犹新；五是假如你是导演，还想怎样来讲述这个故事。

我想，只有让学生真正参与到电影中去，带着问题观影，而不是单纯地为了娱乐，这样的观影才具有意义。

每个月，我都会安排一晚上两个多小时来开展一次电影课程。每到电影课程的时候，学生都会主动跑到我家来搬电视、VCD，然后就像过节一样，兴高采烈。

2007 届一班是第一批从电影课程中受益的学生，他们在给我的信中写道："您上课放音乐、安排电影课程，这些看似不务正业的做法却激发了我们勤学数学的星星之火，深深影响了我们的人生。"我想，这已经足够了。

现在我发一条 QQ 动态，说今天晚上是电影课程时，一些毕了业的学生就会在后面跟帖，称怀念那样的日子。一个学生这样说："当年（2011—2012 学年）我们班重组，由您担任数学教师，班上及格的人才 20 多人，我们都看不到希望，看不清自己要走的路。当初，一部《老男孩》让我们热泪盈眶，同名主题歌至今是电脑中的必备歌曲。一部《翻滚吧！阿信》让我们看到了自己的青春轨迹……感谢师兄，莫名地让我们成长了，我们班中考数学成绩 A 卷只有 3 个人 80 多分，其他都在 90 分以上。"这是他们在学习上创造的奇迹，也让学校大吃一惊。

现在这些电影都在我班级电影课程必看目录里，每年，我也会根据上映的电影更新一些，与时俱进，让电影课程永葆青春，更具魅力。

## 纵深：家校共筑班级课程的温度

网络，特别是网络游戏的出现、智能手机的魔力，让我的班级课程面临着巨大的挑战。学生生活在虚拟的世界中，看不到现实生活中残酷的竞争。家庭经济条件的好转使他们慢慢体会不到生活的艰辛。我觉得开始要警惕"寒门出不了人才"的现象。农村父母生二孩现象比较突出，长子长女在学习方面普遍具有优势，而他们的弟弟妹妹大多不喜欢读书，行为习惯也比较差。难道真的是应了那句话："皇帝爱长子，百姓爱幺儿?"老百姓都把爱给了小的，小的在溺爱中学不会成长，觉得这一切都是理所当然的。

农村的二孩普遍要风得风，要雨得雨，他们中有些人相当任性，沉迷于游戏，比哥哥、姐姐更叛逆，他们什么都想尝试，什么都做不像样，读到初二，很多人就想去打工了，想脱离父母享受生活了。

归根到底，问题出在家长身上。怎么解决呢? 每个学校都设有家长课堂，通过培训家长，让家长学会有效地引导孩子成长。但是农村不得不面临的问题是隔代教育，爸爸妈妈大多在外务工，子女扔给爷爷、奶奶、外公、外婆带。而老人关心的是孩子吃饱没有，穿暖没有，忽视了与孩子的情感沟通及对孩子价值观的引导。

因此，家庭教育刻不容缓地摆在了每个教育者的面前。我们认为，教育不单单是学校问题，而是社会、学校、家庭所面临的共同问题。教师要搞好学校教育，就要密切抓好社会教育、家庭教育、学校教育这三者的关系，做好学校与家庭的沟通工作，形成家庭教育与学校教育携手共管的局面。

于是，班级课程有了新的内容——直面现实。我会根据网络上出现的学生的各种问题，让学生来分析这样做是否正确。例如，最近我让学生分析了这样一个案例：一个初中生，因为父母离异，他觉得自己是多余的，于是，他自暴自弃，沉迷于网络游戏不能自拔。在教师的帮助下，他和父母有了深入的沟通，他意识到了问题不在自己身上，开始安心读书。他考上了重点高中，有了大学之梦，但是每放月假回家，他都感觉不到家庭的温暖，于是他又开始玩游戏，不过，初中时期教师经常问他成绩，他除了放假玩游戏之外，平时还是能自觉学习的。他最终考上了一所重点大学，他觉得自己任务完成了，已经没有追求了，于是全身心地投入游戏，常常逃课，后来学院给他下达了处分决定，希望他迷途知返，但是他认为很多人没有读大学一样混得不错，自己考上大学已经证明了自己，现在读不读大学无所谓了。他对处分不上心，依然旷课，结果被开除了。很多人都替他惋惜，他却毫不在乎，他决定开心地玩游戏，然后再决定找工作。找工作是一件痛苦的事情，好的工作要求条件都很高，他做不了；差一点的工作，他觉得掉价，不想做，所以日子过得很艰难。后来发展到借钱度日，由于无法按时归还，他失去了朋友……家长为此也感到十分失望、伤心。

这个孩子的结局，我没有告诉学生，因为这是真人真事，这个孩子未来会怎样，我也不得而知。我问班上的学生，他们是怎么看待这件事情的。我没有急于让学生回答，而是让他们认真思考，以书面的形式汇报自己的认识。班上的学生都感觉到了游戏害人，感觉到目标的重要性。我说：其实人都很容易看清问题，关键是愿不愿意去解决问题，如果不去行动，问题始终还是问题。还有比这个让人感到更可怕的案例：有人连续玩三个通宵的游戏，猝死在网吧里；有孩子要不到上网的钱，就偷钱，甚至杀死了自己的奶奶……网络是一把双刃剑，一方面让学生有了新的娱乐和学习方式，另一方面却危及学生的身心健康。因此，学生玩游戏应有度，不要沉迷其中，迷失了方向。如果自己意志力不强，可以让大人监督，到时一定要交手机或关电脑。

此外，我还加强家校联系，每月开展课堂开放日，请学生家长到班上与学生一起听课，一起交流学习体会，一起检查学生作业，做到了心与心之间很好地交流。同时，我还邀请家长一起参加我们的班会活动，温馨和谐的班级由此形成，学生学习、班级管理都井然有序。

我们一起分析的问题还有很多，每一次这样的课程我都让学生先自己分析，再让家长提建议，然后听老师的看法，这样学生对自己有了新的认识，也让学生对我有了更多的认识，我是真的关心他们的成长。

为了让学生学会生活，我的班级课程还开展各种户外的活动，如野炊、运用数学知识测量等，让学生生活得丰富多彩，也让学生体会到数学源于生活，数学是一门实用的科学，并能运用数学来解决生活问题。

　　班级课程的最后一个内容是授人以渔，即教给学生学习的方法，这让学生受益一生。只有学会了学习，学习才会变成一件容易的事，不至于那么痛苦。这门课程主要是数学的变式训练、建模训练、一题多解训练、辅助线的添法等，体现数学是思维的体操。

　　我一直认为，班级是学生成长的摇篮，班级是学生获取知识的港湾，班级是学生放飞希望的乐园。在班级这个乐园里，我们不能单纯地传授知识，人的素质是综合性的，只有引导学生成为真正的人，学习才会变得更有意义和价值。这是一个教师应该具有的良知。

　　现在，很多学生毕业后依然把我当成朋友，他们遇到问题的时候，还会请教我，甚至他们已经成家立业也会问我的意见，因为他们觉得我是他们生命中的贵人。当年，我做了有温度的班级教育，让他们一直感激和相信我，因为我过去的付出给他们带来了今天的幸福。

　　我想，二十多年的付出，这就够了。二十多年的坚持，营造出有温度的班级。他们的数学成绩不错，是他们自觉努力改变的结果；他们的品行不错，是他们意识到了什么是真正的人。而对于我来说，名和利只是我教学生涯的附属品，真正的光荣是一届又一届学生的口碑，一个又一个家长的信任。这才是我追寻的教育温度，也是我一直坚守的班级教育温度，更是我坚信的班级课程温度！

# 润物细无声

晚自习，在英语课堂上，那个男孩子又在走神，他神情恍惚，慢慢地，就趴在桌子上睡着了。

他是一个叛逆的男孩，抽烟、早恋、沉迷于游戏。班主任对他束手无策，其他科任教师也只能睁一只眼闭一只眼。只有我这个数学老师还觉得他是一个可造之才，不肯放弃他。

我恰好从窗外经过，我觉得下晚自习有必要找他聊一聊。

放学了，他一脸不乐意地来到我的办公室。

我让他坐下，告诉他今天有事情请他帮忙。他很惊讶，突然有了兴趣："师兄，你在学校里那么厉害，什么事情还需要我帮忙?"

"很简单，你把下面这篇文章读给我听，今天眼睛不舒服，不想自己看了。"

"就这么简单?"他有点怀疑。

"嗯。"

他拿过我给他的书，认真地读了起来：

## 是你的终会来

早上起来，她发现家里停电了。于是没办法用热水洗漱，不能用电吹风吹头发，不能热牛奶、烤面包，只好草草打理一下就出门了。

刚走进电梯，邻居家养的小狗一下子冲进来扑上来，上周刚买的米白色长裙上顿时出现两只黑黑的爪印儿。

开车被警察拦，才想起来今天限行，罚了100元。

到了公司，正好晚了 1 分钟，又被罚 50 元。

冲进会议室开例会，老板正在宣布工作调整的名单。她的业务居然被无故暂停，她的职位则被一个不学无术，整天就知道开豪车的家伙所取代。

午餐时间，所有人都闹着要新任主管请客，一窝蜂笑闹着出了门，没有人叫她。

她一个人去了餐厅，刚把一口饭送进嘴里，重要客户就打来了电话。

对方取消了金额最大的一笔订单，年底的奖金泡汤了。

她看着面前的午餐，再无半分胃口。

刚回公司，电话响起，妈妈在电话那端哽咽，说姥姥的病又重了，可能熬不过这个月了。

她安慰着妈妈，丝毫不敢提及自己的工作变动，只说一定尽快回去看姥姥。

放下电话，短信声响起。

居然是暗恋了 10 年的对象发来的消息：Hi，我要结婚了。

黄昏，她站在回家的路边等着打车，可每位司机听到要去的地点都拒载。无奈，她踩着高跟鞋，拎着沉重的电脑包，向家的方向走去。

脚很快磨出了血泡，实在走不动了，太痛了，她蹲下来轻轻地揉着伤口。

夜色笼罩，头顶的月亮冷冷地俯瞰着她，仿佛无声地提醒她，家里还是一片黑暗。

她的眼泪在一瞬间夺眶而出。

……

看起来，我们的生活充满了悲伤。

拼尽全力的会急转直下，刻骨铭心的会草草结局，飞蛾扑火的会灰飞烟灭。

于是我们失望、沮丧、困惑、挣扎甚至绝望，对这一切产生深深的不信任感与抗拒感。终于觉得筋疲力尽，无路可走。可是真的走不下去了吗？

……

她站起来，擦干眼泪，摇晃着继续往前走。

直到下一个路口，有一辆车终于停下来。报了地址，司机和气地说这么巧，我们住同一个小区，看小姑娘你走得辛苦，正好收工，免费送你回家。

她连声道着谢上了车，电话响起。客户在另一端说，虽然订单取消，可是她的敬业态度让他觉得感动。不知她是否对新的岗位感兴趣？如果愿意跳到自己的公司，薪水涨一倍，职务也提升。他说，其实我等你辞职已经等了好久。

她惊喜地说着谢谢，心情豁然开朗起来。

于是顺手给暗恋对象回了个短信，说祝你幸福。

手机屏幕闪亮，是他发来的回复：今天我跟阿姨通了电话，我们这周末一起回家看姥姥吧。

她惊疑地回：为什么你要陪我回家看姥姥？

他发来一个笑脸：如果不是想让姥姥开心，我不会把求婚提前这么久的。

她不敢置信地望着那一行字，张大了嘴巴，手足无措。

他像知道她的心事，又发：我都知道，我喜欢你。

她眼圈一下子又红了，心里却开了几朵烟花一样。

一路抿着嘴笑。回家，拿出钥匙，邻居家的门却先开了。

邻居笑眯眯地说：今天我遛狗回来，发现你家的电闸坏了，就叫我老公帮你修好了。

在她的身后，那只小狗探出头来，汪汪两声，欢快地摇着尾巴。

她推开家门一室融融，满眼暖意。

所有的故事都会有一个答案。所有的答案却未必都如最初所愿。

重要的是，在最终答案到来之前，你是否耐得住性子，守得住初心，等得到转角的光明。

他很快就读完了，我表扬他读得不错。他有点不好意思地笑了。

我说："我很喜欢最后的那句话，在最终答案到来之前，你是否愿意等候？你在初中还有一年的机会向重点高中奋斗，请问，你愿意静静努力等候中考那天吗？"

"老师们都瞧不起我，我还有机会吗？"

"老师们都是基于你现在的表现做出的判断，但是我知道，你头脑灵活，思维活跃，如果端正态度，可以创造奇迹。成绩差不可怕，可怕的是你放弃了自己。期待你向她一样，从悲伤和无奈中走出来，迎接着每一个挑战。"

"我还是觉得无望。师兄，我知道你对我好，那些老师也想管好我，但不对我胃口而已。"

我先让他做了一道选择题。

现在要选举一名领袖，而你这一票很关键，下面是关于 3 个候选人的一些事实：

候选人 A：他跟一些不诚实的政客有往来，而且会星象占卜学，他有婚外情，是一个老烟枪，每天喝 8～10 杯的马丁尼。

候选人 B：他过去有过 2 次被解雇的记录，睡觉睡到中午才起来，大学时吸鸦片，而且每天傍晚会喝一大夸脱威士忌。

候选人 C：他是一位受勋的战争英雄，素食主义者，不抽烟，只偶尔喝一点啤酒，从没有发生过婚外情。

请问你会在这些候选人中选择谁？

他觉得应该选择 C。之后，我告诉了他答案：

这三个人都是第二次世界大战时期的著名的人物：候选人 A 是温斯顿·丘吉尔，英国历史上最著名的首相；候选人 B 是富兰克林·罗斯福，身残志坚并连任四届美国总统；候选人 C 是阿道夫·希特勒，一个夺去了几千万无辜生命的德国法西斯恶魔。

我说："所以，犯了错误的人不一定不能成为伟大的人，而我们经常看武侠片，有些标榜的名门正派也在暗地里干着不可告人的坏事，如《笑傲江湖》里的岳不群，就是典型的伪君子。"

他若有所悟地点了点头。我让他去休息了，睡觉的时候再想一想今天的文章和这个选择题。

周末，他写了一篇文章，发在 QQ 空间里。

《青涩回忆，只属于我》，下文是无删减的全文转发。

## （一）

我想过好自己的每一天，但常常事与愿违；总想让自己过得更加充实，却更加空虚；想好好学习又无能为力。或许这就是师兄说的好习惯和坏毛病吧！

最近我发现我似乎又想谈恋爱了，但是却不断想起师兄的话：爱情，你能给它什么呢？爱？爱是一种无比高尚的东西，你现在有什么资本，有什么资格去爱！你现在还花着你父母给的钱，但却因为那虚伪的、不真实的爱，把它挥霍掉！请问你有资格去爱吗？

其实我觉得，没有物质的爱是不真实的，世间没有纯粹的爱情，都是爱情与物质交融。不然怎么会有那么多小三儿？

或许我写得不好，但这是属于我的……我自己的感受，我自己的生活，喜欢看就是了，不要乱说！

## （二）

唉……我郁闷啊，以前没写过日志不知道怎么插音乐，随便弄了一下，结果整篇日志都没有了！唉，郁闷死喽……看来师兄说得不错，什么都需要学习，学习也是一种能力。我以前还觉得学习没用，看来以前的我太无知了！我以前总觉得学习有个屁用，以后走上社会谁还问你 1＋1 等于几啊？难道你还要去和老外谈恋爱啊？难道你说话非要出口成章？

其实我错了，虽然以后走上社会不会问你 1＋1 等于几，但是那是一种能力，一种学习能力，什么都需要不断学习，才会不断成长，才会越来越优秀。

有时候我们真的需要认同，有时候我们真的需要鼓励，有时候我们真的需要关爱。或许你们没有经历过你们不懂！你们不知道，我们在做好的时候是多么需要你们的认同，那是让我们继续成长的催化剂。你们不知道，我们在失败的时候，考得不好的时候是多么需要你们的鼓励，那是让我们重新振作的良药。你们不知道，我们在伤心的时候是多么需要你们的关爱，那是让我们再次面对的勇气！你们其实根本不了解我们，不了解我们为什么学不好，为什么会去抽烟，为什么会去谈恋爱，为什么喜欢惹是生非。你们对我们只是一味地责骂，一味地教育，根本不知道从源头上了解我们心中的痛楚。

其实每一个人都想学好，都想成为老师的骄傲，都不想让老师为我们担心，但是因为外界因素，我们偶尔也需要你们的关爱、鼓励！可是在我们最需要关爱和鼓励的时候，你给的只是一顿臭骂，这是多么让我们伤心，于是我们开始自暴自弃，后来就有了所谓的学困生和优生，其实每一位学困生的背后都有一个辛酸的故事，每一个优生都是活在老师的关爱和鼓励、同学的掌声和荣誉中的！

我只想说，我们差，不代表我们笨，不代表我们就应该被老师忽略，不代表我们犯了和优生一样的错误时，我们就该受罚，他们就该没事！请问你知道我们内心是怎么想的吗？你这样会让我们产生自卑感，会让我们觉得我们就是什么事都做不好，会让我们觉得我们就应该差，会让我们失去上进心……

或许这就是学困生一直差，优生不会变的原因。

　　这是一个良好的开端，慢慢地，他一点点进步，最终考上了重点高中，但这一切还没有结束，他充满自信地继续前进，而我也成了他的好朋友，他会经常和我聊天，谈他遇到的问题，我都会从一个朋友的角度帮他分析，让他找到自己应该选择的道路。

　　还是他本人说得好，在他们最需要关爱和鼓励的时候，我们给的只是一顿臭骂，这是多么让他们伤心，于是他们开始自暴自弃，开始与我们作对，以示他们的存在。

　　教育，需要时机，更要注意方式和方法，不然教育的效果就会适得其反。还是那句古诗说得妙，教育应该"随风潜入夜，润物细无声"。

# 我们就是一枚苔花

当一个本应该天真烂漫的孩子失去了笑容，当一个正在学习遵纪守法的孩子拿起了屠刀然后又若无其事地去上学，当一个享受亲情温暖的孩子对异类生命冷漠，当一个本是阳光积极向上的少年面对问题选择了逃避甚至放弃了生命……人们不禁要问：这些孩子出了什么问题？

当全社会都在唯分数论英雄的时候，父母努力把孩子培养成解题的机器，而严重忽视了孩子作为鲜活的生命来到这个世界渴望得到的尊重和理解。他们只让孩子读书，却忽视了对孩子其他能力的培养，尤其是健康人格的塑造，所以才有"高分低能""精致的利己主义者"之说。有些家庭给予孩子丰厚的物质生活，却忽视了孩子心灵的慰藉，动不动就拳脚相加、语言暴力，让孩子的心灵扭曲。我想大家对经典电影《新警察故事》应该还有些印象吧，为什么警察署长的儿子痛恨警察？为什么要利用游戏来残害警察？还不是这个孩子儿时留下的心理阴影所致。这反映了对孩子缺少了一种教育，那就是生命教育，因此我们应该对学生进行生命教育，让学生感受生命的乐音，让学生感受到生命的灿烂与阳光般的温情。

人生是一段经历，一个自我成长和修炼的过程，如何让一个懵懂的孩子真正认识自己，认识到生命的可贵和人生的价值呢？

南京师范大学教育科学学院副院长冯建军认为：生命教育应有的三种状态是珍惜生命、热爱生活、幸福人生。它们之间的关系是始于珍惜，丰于过程，终于幸福。这是对一个人一生经历的最好诠释。

人的生命是最重要的，因此我们对学生进行生命教育的时候，要让学生懂得生命的重要性。在每学期第一堂课，我不会讲我这门学科如何重要，要如何学才能获取高分，让父母笑开颜。我会讲什么是生命，什么是生命长河，什么是生命的价值等有关生命的东西，让学生懂得怎样珍爱和珍惜生命。

人的生命不是一株草，可以任人践踏，也不是电影里打打杀杀受伤过后，很快就会恢复如初的生龙活虎，更不能"野火烧不尽，春风吹又生"，我会科学地告诉他们"伤筋动骨一百天"。

人的生命是有限的，不可以重来，所以才显得珍贵。如何让有限的生命过得更有意义、更有价值，这就需要我们热爱生活，让生命丰盈起来。

小草萌芽，花骨朵儿绽放，小蚂蚁搬家，小鸟破壳而出，小蝌蚪慢慢地变成小青蛙，小河潺潺，江河奔腾，大海汹涌……生命从来就是多样而又多姿多彩的，作为这个世界的一分子，我们要保持着对这个世界自然和谐的爱，也应该怀揣好奇之心探索生命的奥秘。我们从其他生命中获得了科技，让人类的生活品质更上一层楼。因此，我们要让每一个孩子感知这个世界的生命，热爱自己的生活，对未来有美好的憧憬，慢慢地在成长的过程中发现自我的价值。

聆听大自然的声音，呼唤自己内心的歌唱；感知大自然的生动色彩，描绘出自己心中的大千世界。天空如此辽阔，宇宙还有如此多未解之谜，需要我们不断地学习和探知；生活越来越便捷，这源于我们的创造。未来，我们给生活什么样的惊喜，生活就会给我们什么样的拥抱。这都是生命价值的体现，这一切的一切都呼唤着我们用有限的生命去学习、去发现、去创造，在这个成长的过程中拓展自己生命的宽度。这不就是从"要我学"到"我要学"的美好开端吗？

幸福是一种来自生活的自我感觉。

我给孩子们讲，我小时候家里很穷，父母养活不了我们兄弟几个，我和我的兄弟都被别人抱养，我没几年就被送了回来，而我的兄弟4岁离家，17岁却凭着记忆回来了。他说，幸福，就是回到父母身边。

我的哥哥是一名军人，每逢佳节，都必须执勤，无法回家。他说，幸福就是帮大家守卫这份祥和。

我的姐姐是一名家庭主妇，她说，幸福就是看着孩子快乐健康地长大。

我是一名教师，我希望每一个孩子都能够体会到亲情、友情、爱情的可贵，都会珍惜自己眼前的一切，都会创造自己最好的未来。他们的成长是我最大的幸福。

生活是百般滋味，只有一一品尝，才能体会到什么是幸福。

因为穷，我常常在别人的冷眼嘲笑中对自己说："贫穷只是暂时的，我会努力改变自己的生活。"因为比别人努力，有时会被泼冷水。但我从来不受影响，因为，我在为自己努力，不是为别人努力。每一点进步，都让我感到幸福。

我经历过伤痛。小时候从悬崖上跌落，幸亏有人发现，不然来不及绽放就凋谢了。躺在床上养伤的那几个月，我常常凝望着土坯墙的墙缝，思考什么是幸福。我想，幸福就是能够健康地活着，活着才有机会去创造一切。看着身边的人经历着生老病死，我越发觉得，自己还能拥有明天很幸福。

有的孩子会因为别人的误解或侮辱生气，这很正常，但是我们必须调整自己的心态，才能够释怀。还记得我讲的"唾面自干"的故事吧，这就是一种生活的智慧。我们只有学会正视一切，才能够拥有博大的胸襟，活得坦荡，活出潇洒，才能感觉天还是那么蓝，水还是那么清，小鸟的歌唱还是那么动听，才会觉得，生活还是一如既往的美好和幸福。

我们不能因为自己的出身而低估自己的未来。清代大才子袁枚的《苔》写道："白日不到处，青春恰自来。苔花如米小，也学牡丹开。"不同的学生会以不同的生命姿态成长，不管是贫穷还是富贵，不管是优秀还是落后。我认为，学生就是花朵，每一个学生在他的成长岁月里，都会绽放与众不同的生命之花。作为他们成长的呵护者，我们要做的就是唤醒他们对美好世界的向往，让他们努力成长为最好的自己。

幸福也源于分享和传承。

赠人玫瑰，手有余香。我的学生时代一直被别人赠予：宿管阿姨冬天看我衣着单薄，给我送来了外套、毛衣和围巾；同学看我床上被子很薄，给我送来了棉被；同学看我周末因为离家太远，又没有钱回家，就主动约我去他家吃饭……我不觉得羞耻，而是用一种感恩的心态来看待这一切。因为，有一天，我也会回报这个社会，现在的我会给学生减免费用，会给一些学生免费提供日常生活用品，会找朋友和我一起资助学生……幸福，就是分享和传递那份爱。

亲爱的孩子们，当不同的生活经历涌来时，我希望你们知道，这就是生活的滋味，你们不要逃避、不要哭泣，要勇敢地面对这一切，因为这样你们才会懂得幸福的滋味。当你们拥有幸福的时候，不仅要学会珍惜，更要学会感恩。

生命教育不只是每学期第一堂课，而是贯穿了我陪伴这些孩子成长的每一天。我想，这些会潜移默化地影响孩子对自己、对生命、对未来的思考，让孩子遇见美好的自己。

很多人越来越意识到生命教育对于孩子未来的重要性，很多人在尝试，他们试图通过系统化的生命课程体系让孩子心智健全起来。作为一名普通的教师，我也在努力，我不希望自己的学生成为书本的奴隶，而忽视了自我。我会在我的数学课堂上渗透生命教育，让学生感知生活不仅仅是书本那点知识，还有更广阔的世界等着他们去发现、去改变。正因如此，有些学生毕业多年，我们还是好友，我还会给他们的人生指路，以我的阅历为他们指点迷津，让他们根据自己的情况找到自己要走的路。

我只是一枚苔花，学生也是一枚苔花。我们的生命是顽强的，都要学牡丹热情而灿烂地开放。

# 父母是孩子成长的奠基石

"教育的根基在家庭，把爱的教育带回家。"这是成都市青羊区家庭教育指导中心外墙上的一句醒目的标语。

教育的根基的确在家庭，由教育的二八定律可知：家庭教育占80%，学校教育占20%。有人认为：一个老师再用心，都代替不了家长的作用；一个学校再卓越，都取代不了家庭。家庭是孩子的第一所学校，父母是孩子的第一任老师，也是孩子永不退休的班主任。

但是现实中很多家长把孩子成长的希望完全寄托于学校，而忽略了自己才是影响孩子一生的关键所在。那么，唤醒家长重视家庭教育就是学校教育工作的重中之重。各学校办家长学校的目的就是引导家长履行家教职责。一方面，有些家长揣着明白装糊涂，不想管孩子。引导孩子成长也是件很辛苦的事情，要让他放下手机、放下麻将、放弃应酬来陪伴孩子，他做不到。另一方面，有些家长真的不懂家庭教育，也不知道如何去管教自己的孩子，教育普遍是急功近利。于是，不管学习，儿孝母慈；一谈学习，鸡飞狗跳。

有人罗列了现代一些父母的"四宗罪"：一是作为母亲不愿顺产生孩子，选择剖宫产。而据一些调查发现，剖宫产的孩子产生多动症或其他心理疾病的概率要大许多。二是父母不愿意和老年人生活在一起，让天伦之乐不复存在。尊老不足、爱幼有余。父母的行为是孩子的表率，当孩子长大后，他们也会这样效仿。三是母亲不愿意喂奶，导致孩子与母亲之间缺乏温情的纽带。四是不陪伴孩子成长，只把孩子推向各种培训班，或者只监督孩子做作业。由此可见，这些家庭的教育观存在严重的问题，而问题家庭导致的结果就是问题孩子。问题孩子都是家庭教育问题的折射。

我在幼儿园、小学和初中都担任过班主任，我发现一个值得深思的现象：

孩子越小，父母越重视孩子的学校教育，也越关注孩子的成长。这个时候，父母眼里，孩子真的很优秀，是个天才宝贝。但随着孩子年龄的增长，父母渐渐发现孩子不是自己期待的那么优秀，甚至感觉特别平庸。现实与理想的巨大落差导致家长对孩子的教育失去了信心和动力。当家长放弃孩子之后，孩子就完全放飞了自我。而我们都曾听说过这样一个经典案例《一位母亲与家长会》：

第一次参加家长会，幼儿园的老师说："你的儿子有多动症，在板凳上连三分钟都坐不了，你最好带他去医院看一看。"

回家的路上，儿子问她老师都说了些什么？她鼻子一酸，差点流下泪来。因为全班30名小朋友，唯有他表现得最差；唯有对他，老师表现出不屑。然而，她还是告诉了她的儿子："老师表扬了你，说宝宝原来在板凳上坐不了一分钟，现在能坐三分钟了。其他的妈妈都非常羡慕妈妈，以为全班只有宝宝进步了。"

那天晚上，她儿子破天荒地吃了两碗米饭，并且没有让她喂。

儿子上小学了。家长会上，老师说："全班50名同学，这次数学考试，你儿子排49名。我们怀疑他智力有些障碍，您最好带他去医院查一查。"

回去的路上，她流下了泪。然而，当她回到家里，却对坐在桌前的儿子说："老师对你充满信心。他说了，你并不是个笨孩子，只要细心些，会超过你的同桌的，这次你的同桌排在第21名。"

说这话时，她发现，儿子黯淡的眼神一下子充满了光，沮丧的脸也一下子舒展开来。她甚至发现，儿子温顺得让她吃惊，好像长大了许多。第二天上学时，去得比平时都要早。

孩子上了初中，又一次开家长会。她坐在儿子的座位上，等着老师点她儿子的名字，因为每次家长会，她儿子的名字在学困生的行列中总是被点到。然而，这次却出乎她的意料，直到结束，都没有听到。她有些不习惯。临别，去问老师，老师告诉她："按你儿子现在的成绩，考重点高中有点危险。"

她怀着喜悦的心情走出校门，此时发现儿子在等她。路上她扶着儿子的肩膀，心里有一种说不出的甜蜜，她告诉儿子："班主任对你非常满意，他说了，只要你努力，很有希望考上重点高中。"

高中毕业了，一个第一批大学录取通知书下达的日子，学校打电话让她儿子到学校去一趟。她有一种预感，她儿子被清华录取了，因为在报考时，她给儿子说过，她相信他能考取这所学校。

她儿子从学校回来，把一封印有清华大学招生办公室的特快专递交到她的手里，突然转身跑到自己房间里大哭起来。儿子边哭边说："妈妈，我一直都知道我不是个聪明的孩子，是您……"

这位母亲给予孩子的是一种积极的爱的教育和赏识教育，她对于孩子的未来充满信心和耐心，她在努力树立孩子的自信，而不是在他低落时直接把他推向无法回头的深渊。而我们身边的很多父母当着孩子的面就否定孩子的一切，让孩子感觉到自卑，一步步对自己的学习失去了信心。

我曾经问过一个经常逃学的孩子，问他渴不渴望今后有体面的工作。他说，他想有。

我对他说，想拥有对工作的选择权，必须自己努力学习，有足够的本事才行，而不是想想就能得到的。

我又问他，为什么不能好好学习，一点一点进步，而是选择逃学呢？他说他一直是父母眼里没出息的孩子，既然自己没出息，就想在其他方面证明自己。于是他选择了打游戏，在那个天地里，他才感觉到自己是个王者。

我说打游戏是王者，那只是虚拟的，而不是在现实社会中称王。人总得面对现实，如果继续这样下去，你就很难有翻身的机会了。在我眼里，你很优秀，因为游戏比我这个教师打得都好。如果你能慢慢转变自己，一样有机会实现大学梦。我听过这样一段话，现在送给你，希望你找到一束光，指引你前行。

经常听到这样的一句话：我现在20多岁了，现在学舞蹈还来得及吗？

我现在30多岁了，现在才开始学习计算机，会不会太晚？

我现在40多岁了，现在开始健身会不会练不动？

我总喜欢用这句话回复他们："种一棵树最好的时间是10年前，其次是现在。"

几年过后，你会发现，除了给自己最好的教育，你买的其他东西都不知道扔哪儿了。20年后，你会发现，你给自己最好的教育，成就了一个熠熠生辉的生命！

当那些奢侈品被称作"旧衣服"，那些高端产品被称作"过时货"时，你会发现，给自己最好的教育，才是永不过时的奢侈品。

所以趁自己还是一个学生，好好接受教育，实现华丽的转身。这个转身的意义不只是证明你优秀，更是向否定你的人宣战，是成就你今后战胜一切困难的勇气。

而我，也和他父母通了电话，告诉他们："你们的孩子在我眼里很优秀，但是需要一些时间来证明，希望你们多给孩子鼓励而不是打击。"

现在，这个男孩子从名牌大学毕业，在一家世界 500 强企业做高管。而他的父母谈起自己的孩子时总会沾沾自喜：多亏当年没有因为孩子成绩不好放弃他。

古有孟母三迁，为了孩子能有好的教育环境而努力。如今，房子贵了，迁移不变。我们父母能做的就是提高自己对家庭教育的认识，切实承担起父母的第一教育责任人的责任，为孩子的未来扎根立魂。

# 开学第一课

教师要明白一点：我们不仅仅传授给学生专业知识，更重要的是教会学生做人！

每年开学那一周，我习惯让学生听我讲一些事情。

第一件事：进入初中后，要懂得这句话"今天努力一点，明天可号令他人"，今天脚踏实地地努力，意味着明天的成功。也就是说，从进入初中开始，要有明确的目标，并为之奋斗。作为教师，可以提学科目标；作为班主任，可以提班级建设目标；作为学生个人，可以规划学期目标、学年目标、三年初中目标，也可以规划更长远的目标。

我让学生把"无志之人常立志，有志之人立长志"这句话写在书的首页，提醒学生做一个有远大理想的人。

第二件事：懂得感恩。学生对于感恩的认识是肤浅的。为此，我设计了一个游戏，让学生融入其中，体会亲情，学会感恩。这个游戏的第一步是让学生先闭上眼睛，想到现在这一刻为止，最爱的 5 个人。写的时候要比较，因为学生经历中的人很多，为什么这 5 个人最值得他去爱。

这个实验在七年级（4）班进行的时候，全班 70 个人，有 48 个学生提到了小学的老师，100% 的学生都提到了父母和爷爷奶奶、外公外婆，有兄弟姐妹的学生也提到了兄弟姐妹。

第二步，游戏正式开始，你和 5 个自己最爱的人乘坐一辆汽车去一个地方游玩，那个地方就是传说中的天堂。你们怀着美好的愿望出发，一路欢歌笑语，期待着到达的那一刻。可惜，大地突然颤抖了一下，让你们的心一下子紧张起来，山上突然滚下一块巨石，就要砸中你们的车辆。你们都吓呆了，此时天空传来上帝深沉的声音："在奔向幸福的道路上，难免遇到坎坷，而生离死别最让人难过。此时，你们面临危险，而能救你们的人，只有你，我亲爱的初中生。如果你愿意放弃其中一个最爱的人的生命，你和其他的 4 个人都能化险为夷。提醒你，你不能选择放弃自己，因为，只有你才能带大家走出困境。时间 30 秒，请迅速做出决定。"

大多数学生都惊呆了，却有个别学生觉得好笑。我就说，虽然这只是一个游戏，但是这种情况却真实存在，我们看到遇到车祸的时候，父母为了保全孩子，把孩子推向一边，而自己却被车子撞飞。当你们在经历生死抉择的时候，你们还能笑出来，说明你对生活、对身边的人真的太冷漠了，你们只知道生活很美好，却不知道美好的生活是谁为你辛苦创造的。假如有一天，他们就要离开，难道你还笑得出来？请进入游戏，好好去体会，而不是只把它当成游戏。

那几个学生不笑了。学生都在深思，到底选择放弃谁。我选择了一名男学生和一名女学生作为代表发言。男学生 5 个最爱的人是父母、爷爷、老师和弟弟。女学生 5 个最爱的人是父母、爷爷奶奶和老师。

当他们发言的时候，我看到了他们眼角的泪水，他们不约而同地放弃了老师。因为虽然老师对他们很好，却和他们没有血缘关系。

第三步，那块巨石在击中车辆的一刹那，突然变小，击穿车窗，只是打中了你选择的那个人，痛苦的声音传来，那个人消失了。

你忍住眼泪，车辆在飞奔，你们担心还会遇到危险，殊不知危险就在眼前。前面路断了，一条大河横阻面前，而车速过快，根本就刹不了车，车子飞出道路，开始向奔腾的河流下坠。

你都吓傻了，怎么会危险重重。此时上帝又说话了："孩子，有时候困难会接踵而来，而我们只有鼓起勇气面对。为了其他亲人，请你再选择放弃一位吧！虽然，这对你来说很残忍，但是，生活就是这样，残忍地教会我们成长，因为我们曾经不懂得珍惜！时间还是 30 秒，请不要犹豫，比较剩下 4 位亲人的好吧！"

你的心在滴血，你的手在颤抖，因为这一切都需要通过你来完成，尽管你不想放弃任何人，但是，为了其他人，你不得不做出这个艰难的决定。

两个学生都放弃了年长的人，因为以后生活的重担需要年轻人来面对。

第四步，当你选择了之后，车门开了，你们几个人被甩了出来，居然到了对岸，而被放弃的那个人和车辆一起被河流吞噬了。

河水呜咽，你已经没有了哭声，巨大的悲痛让你无法呼吸，你们紧紧拉着手，一起向前走，因为希望总在前方，后退也没有了路。

前面，却是茫茫的原始森林，阴森的森林里，不时传来野兽的叫声，每一声都让你们心惊胆寒，你担心会遇到猛兽，所以，小心地穿行。

想什么，就会来什么，一条巨大的蟒蛇挡住了去路，它张开血盆大口，朝你们扑过来，你们惊慌失措地向后跑，后面居然变成了一道荆棘墙，那些刺足以穿透人的身体。

你们一点点退后，上帝的声音再次传来："孩子，不要再退后了，你内心很恐慌、很无助，但是你要做出选择，保住其他两个亲人的命！时间只有30秒，你要知道，你要用心留下你最需要的人。"

男孩子放弃了弟弟，女孩子放弃了另一个长辈。此时，班上已经有很多哭声。

第五步，你闭上眼，把放弃的人推向蟒蛇，你倒在了地上，父母搀扶你起来，"孩子，他们不会怪你，因为生活中的危险，谁也不想发生，谁也不想放弃生命，但是他们爱你，无论你做出什么样的决定，他们都不会怨恨你，因为只要你幸福！"

你睁开双眼，眼前，一切都恢复了正常，天空晴朗，前面的道路变得如此平坦，似乎风雨过后，一切都让人心情愉快。

可惜，你高兴不起来，那些逝去的亲人在你的脑海里盘旋，他们的笑，他们的好，都让你纠结。

父母牵着你走，鼓励你去迎接新生活。你点点头，沉默地向前走。天有不测风云，人有旦夕祸福，所以，你只能面对。

有一个词语叫"晴天霹雳"，你还没能从阴影中走出来，天空一道道闪电，向你们扑来，凡是闪电到处，东西都被烧焦了。

你们无处可藏，眼睁睁地看着闪电袭来。

上帝说："孩子，你要放弃一个人的手，和另一个人走向新生，请问你会放弃谁的手？"

你不想再放弃任何人，这两双温暖而有力的大手的主人给了你生命，一步步呵护你成长，你的每一个进步都是他们的爱哺育出来的。你生病的时候，谁心急如焚；你犯错的时候，父母那无奈的眼神；你进步时，父母欣喜若狂的表情……

可是，你必须做出选择，你知道，你不选择，都只有死，你还没有回报过你深爱的人，你怎么能放弃机会呢？

男孩子留下了母亲，因为母爱是世界上最伟大的。而女孩放弃了母亲，因为母亲是残疾人，今后还要经历那么多痛苦，怕母亲承受不了！

教室里，大多数孩子都哭了。

第六步，当你放弃你父母中任何一个人的时候，你的心都碎了，而被放弃的那个，眼神是如此的坚定，他（她）微笑着离开，因为上帝说：今后不会再有危险！

现在只有你和剩下的唯一的亲人，你对他更珍惜了，你们一起向前走，前面有一道门，你推开那道门，门外却是天堂。

你所有逝去的亲人都在微笑着迎接你们的归来。

同学们，你们刚刚经历了一次次生离死别，对于亲人的爱、老师的爱有了更深层次的体会。亲爱的同学们，请问今后，你们怎样来回报你们还健在的亲人呢？是在学校做个好学生，在家做个好孩子，在社会上做个好公民，让父母放心，让老师舒心，还是依然做个任性的孩子，埋怨父母没有陪你玩，没有给你丰厚的物质生活，抱怨爷爷、奶奶太唠叨，饭菜不可口，讨厌老师批评你呢？

你们现在无法给父母、给长辈提供好的物质生活，那你们是不是应该努力来学习，长大后回报这一份无私的爱呢？

请同学们用作文的形式来写这一件事吧！

第三件事：受得委屈。别人误解你是很正常的，你要学会"忍一时风平浪静，退一步海阔天空"。

第四件事：相信自己。

第五件事：适应环境。

第六件事：学会学习。

第七件事：学会与同学友好相处。

第八件事：学会规范自己的行为。

第九件事：合理安排时间。

第十件事：认识早恋的危害。

这一周就围绕这十件事展开教学。一件件事情，用事例来说明，让孩子切身感受到做一个合格的公民应具备的条件。

我想并不是每一个孩子的学习都会相当优秀，但是我相信，学会了做人，有优秀的品德，就是社会优秀的一分子。学习只是人生的一个方面，而做人，却是一辈子的事情！

很多教师仅仅做到了传授知识，而不懂得如何教学生去做一个合格的人，所以，有些学生尽管成绩很优秀，品行却很差，这样的孩子，将来可能就是一个高智商的坏人！

当你抱怨学生这个道理不会，那个道理不懂的时候，请问，你示范了多少？你教会了学生多少？

我们想建立理想的课堂，前提是要有理想的学生，而理想的学生，肯定是会学习的人，是品德优秀的人！

# 给农村初中生筑一道阳光防线

　　《中小学心理健康教育指导纲要》（2012 修订）指出：中小学心理健康教育是提高中小学生心理素质、促进其身心健康和谐发展的教育，是进一步加强和改进中小学德育工作、全面推进素质教育的重要组成部分。中小学生正处在身心发展的重要时期，随着学生生理与心理的发育和发展、社会阅历的增加及思维方式的变化，特别是面对社会竞争的压力，他们在学习、生活、自我意识、情绪调适、人际交往和升学就业等方面，会遇到各种各样的心理困扰或问题。因此，在中小学开展心理健康教育是学生身心健康成长的需要，是全面推进素质教育的必然要求。而农村初中生是千万学生中特殊的一个群体，相比城市完善的教育体系，教师更需要关注其心理健康。

　　农村初中生大多是留守儿童，父母在外务工，很难关注孩子的心理健康，即使每周打电话回来，关注的也只是孩子的成绩和表现。而爷爷奶奶只关心孩子身体是否健康，很少和孩子进行心灵的沟通。而农村初中生和城市学生一样，经历着社会转型时期的各种阵痛，经历着自己的青春期，表现出一些不健康的心理，如自私、任性、妒忌、叛逆、浮躁、忧郁、自卑……看看芒果台的《变形计》，很多叛逆的孩子在特定的环境下重新认识了自我，成功逆袭。我在思考：为什么不早给这些孩子修筑一道阳光防线，让其有健康的心理，人生少走弯路呢？

　　要给这些留守的农村初中生筑起一道阳光防线，需要从以下几个方面入手。

## 一、群体"预防针"

　　农村初中生是一个大的群体，有其共性。作为教师要把握这些共性，从共性入手，进行群体心理健康教育。

共性教育主要包括如下几个方面：

（1）换个角度想问题，懂得感恩。

为了生存，为了让你有好一点的生活条件，父母不得不背井离乡，奔赴他乡务工。

如果在家就能赚钱，父母何必放下你这块心头肉外出奔波？所以你要理解父母的苦衷。可怜天下父母心，你要学会感激父母。

父母是伟大的，不仅给了你生命，还不断努力给你一个富足的家。

如果你是父母，你是不是一样为了自己的孩子忍痛割爱，在外面辛苦赚钱？

如果你是父母，你会不会一边工作，一边想着远在家乡的孩子的一切？

如果你是父母，你会不会在周末打电话给自己的孩子，唠叨着一切？

如果你是父母，你会不会只给孩子报喜不报忧？

如果你是父母……

古语说："羊有跪乳之恩，鸦有反哺之义。"作为一个孩子，从母亲怀胎十月的痛苦中走来，点滴成长都离不开父母的关怀，难道你们不知道感恩吗？

为了让孩子体会父母的不容易，我带着孩子体会妈妈的痛苦。我让每一个孩子准备一个枕头放在肚子上拴好，一天一晚任何时刻都不能取下来。很多孩子一天就受不了。我引导孩子想一想：妈妈需要几个月这样生活，还担心流产，睡不好觉，吃不好饭，走不好路……

我还让孩子观看一些感恩父母的视频，读一读感恩父母的文章，想一想父母为自己付出了哪些，让孩子全方位体会父母的好，学会感恩父母。

（2）远离父母，学会与人交往，走出心灵的孤单。

父母在外地，孩子有心事如果不找人倾诉，就会心里烦躁，久而久之就会内心封闭，变得自卑、多疑，慢慢厌学，最终出现严重的心理问题。

解决这个问题的方法。就是结交一些心理健康的朋友，相互信任，相互鼓励，让自己过得充实起来，正确面对眼前的一切。选择朋友的标准是善良正直、懂得感恩、讲原则、心态阳光、乐于助人。朋友这些优秀的品质会让处于孤独寂寞的孩子获得阳光般的温暖，让自己快乐起来。

为此，我特别给孩子们推荐了一首歌《同学》，希望孩子们珍惜学生时代那种朋友情谊：

读过同一本书/一起干的那些坏事/原来所谓青春日子/是从我们相遇才开始/恋爱全凭本事/互相打气彼此讽刺/学校没有教的知识/我们一起去尝试/当全世界所有的目光/都关心我飞得高不高/只有你真的想知道/我有没有烦恼/过得好不好/喔/同学/我的兄弟/越来越难再见上一面/回想起当年许下的心愿/还有多少没能实现/同学/亲爱的兄弟/就算有一天沧海桑田/那些笑或泪共同的画面/永远留在我心里面不曾改变

讲起自己外出读书的时候，一是因为路远，二是因为穷，所以一学期我才能回家一次。周末的时候，学校附近的同学总热情地邀请我去玩，天气冷了，还送被子到学校给我用。这些让我度过了人生最寂寞、最苦闷的时光，我看到了这个世界的温暖，感觉到朋友的可贵！

我也讲起有些班级的同学相约几十年后相聚天安门，时间到的时候，差不多都在那一时间聚首，往昔峥嵘岁月都不重要，重要的是那份友情，经历了岁月洗礼弥足珍贵！

沈阳第一中学1965届高三甲班，50年相聚，时隔半个世纪的重逢，除了唏嘘，还有什么？

所以珍惜同学情，珍惜友情，这是人生的经历和财富！

爷爷奶奶虽然年纪大，和自己不是同一个年代，但是他们经历了许多，有些老理还是实用的，所以有些事情，还是要学会和爷爷奶奶沟通。

父母虽然在外地，在通信极其发达的今天，周末与父母通通电话，说说心里的苦闷还是可以的，不要觉得父母在外地，帮不上自己的忙。如果父母认为这是重大问题，一定会想尽一切办法回来解决。如果他们认为不严重，一定会给孩子一些安慰与指导。

（3）自我保护教育，加强安全意识。

农村留守儿童由于父母不在身边，容易给坏人可乘之机。而坏人脸上没有标注他是坏人，所以老师要教会这些善良单纯的农村初中生识别坏人的方法。

第一，别太相信聊天工具。有些人会在聊天工具那端装一个好人，反正你也不了解他，他会特别关心你、理解你，让你心里感受到温暖，甚至离不开他。这时候他就会做下一步，约你见面，然后他的本性就暴露出来了。我常常给学生讲2007级1班女生小雪，父母在外地务工，只有爷爷在家照顾她，她常常感到孤单寂寞，她在班上成绩很一般，找不到自信。初三她迷上了上网，在网上

49

认识了一个网友，这个网友经常安慰她、鼓励她。我发现她沉迷于上网后，多次劝说甚至在网吧找过几次，但是她已经迷上了那个安慰她的人，我说的话她怎么也听不进去。有一天早晨我发现她没有到校，打电话告诉她爷爷后，她爷爷反映说她今天早晨没带书到学校去，还偷了家里的钱，我就意识到问题的严重了，于是立即报警，让当地派出所通知成都火车北站派出所，然后马上破解她的QQ，发现对方劝她不要读书了，去西安和他见面生活。还好，由于发现及时，她及时被找回来了，而对方的真实面目也被揭开：一个专骗学生卖淫的犯罪分子。小雪得知真相后，心里受到巨大打击，在班上无法抬起头，虽然班里学生都很善良，理解她，但她最终还是离开了这个班级。

第二，天上不会掉馅饼，提防身边不常来往的亲戚或者邻居和社会上不熟悉的人。网上经常曝光有些人利用同学关系、亲戚、邻居的身份，让学生减少心理提防，然后吹嘘外面的世界有多精彩，钱有多好赚，让这些没见过多少大世面的农村初中生信以为真，最终受骗……

此外，社会上的不良分子利用一些女孩子的虚荣心，给这些女孩子好吃好喝好玩的，给零花钱，引其掉入陷阱。也有贩毒分子利用小恩小惠让学生感觉心里过意不去，然后让学生运送毒品……

总结出来的老理儿就是"害人之心不可有，防人之心不可无"。

（4）其他共性的集体教育。

如何克服自卑的心理，如何避免考试的焦虑，如何摆脱目光短浅的问题，如何根治自己存在的厌学心理，等等，这些通过积极的心理暗示，树立正确的人生观，都可以起到一定的预防作用。

## 二、个体"专用针"

花开百样红，人各有不同。虽然这些农村初中生有许多共性的东西，但个别的差异却挺大的。这就需要我们去了解每一个学生的情况，做到知根知底，知己知彼，以便有针对性地解决个体问题。

教师要对每一个学生建立心理健康档案，平时注意观察学生的变化，从细微处挖掘学生可能存在的心理问题，及时引导，避免学生心理问题扩大化。

"专用针"是因人而异的，有的是缺少爱的教育，需要多加一分关爱在里面；有的是杞人忧天，过度忧郁，需要引导他们换个角度看问题；有的相当叛逆，需要的不是堵，而是开渠引导；有的太任性，就要让他们学会冷静思考任性可能带来的后果……

例如，小薇，女，16 岁，2014 年 9 月转入我班。之前一直跟随马戏团到处游走，单亲家庭，由于父亲又娶了老婆，生活安定下来，返乡就读初三，江湖习气很浓，爱抽烟、喝酒、打架；任性、易怒；觉得男人都不是好东西，却又谈恋爱，下课就和男生打闹；不喜欢读书，没有明确的读书目标，也没有生活目标，得过且过。

面对这样一个学生，我首先与其父亲通电话，了解她过去的生活和学习及变成这样的原因。

父亲解释说小薇小时候其实是一个挺乖巧的孩子，但是父母之间发生矛盾之后，她的性格受到一些影响。小薇 10 岁那年，他们离婚了，离婚后，他一个人带着孩子，为了生活，就跟着一个农村剧团到处跑，孩子也在剧团里学习东西。这一段时间，他对孩子关心少，有时候都是剧团里的女人帮助照顾她，她性格变得越来越古怪，到了初一，就在河南一所农民工学校就读。其实她不喜欢读书，就喜欢在剧团里混，他发现她抽烟时打过她，结果不管用。现在父女关系相当紧张，小薇除了要钱，基本不开口和他父亲说话。父亲再婚后，想到孩子要回当地读高中才能参加高考，所以返乡就读初三。

了解基本情况后，我开始寻找解决小薇心理问题的突破点。恰好每学期班级有一个班委改选活动，在选举之前，我先找到她。因为她在马戏团生活过，挑选节目的眼光不错，而且听说也有几个拿手节目，所以我希望她参加文艺委员的选拔，为班级做一点贡献。

她开始的态度是无所谓，我说："希望你能尽快融入 2015 届（2）班，大家对你的过去不了解，现在是你塑造全新自我的最好时机，我觉得最好的方式就是大家认同你，感觉到你的优秀，那最直接、最有效的方式就是展示你的才华，当一个为大家服务的班干部！"

我捕捉到了她的眼神里一闪而过的那一点光，我想，她是想改变自己的。于是，我趁热打铁，说道："你的过去我不在乎，我只需要现在一个阳光、自信、努力的你，我相信你内心是渴望得到大家的认同的。既然有这个想法，何不尝试去改变一下？"

她这才说："我怕我做不好，同学笑话我！"

我说："你在外这么多年，见多识广，还担心什么？拿出你平时的勇气和干练来，老师相信你能做得好！"

她终于笑了，一拍桌子："既然老师这么相信我，推荐我，我参加，我小薇如果能竞选成功，保证当好这个文艺委员，为班级争光！"

这个泼辣的妹子！我心里暗暗想，今后如何真正转变她？

"亲其师，信其道。"小薇情况特殊，她需要的是多关心，取得她的信任，才有机会真正转变她呢。

在班委选举中，她那种干练而泼辣的性格，加上两个拿手的节目，一个唱歌，一个小杂技，一下子就赢得了大多数学生的喜欢！

我祝贺她取得了人生第一个胜利！

她说这不是第一个胜利，她表演的节目在河南地区是小有名气的。我说："现在你对我来说是全新的一个人，你在我面前表现出了一个优秀的班委的才华，值得祝贺。"

她拍拍我的肩膀，说："老师，你够哥们儿！"

我笑笑："是你自己优秀，以后要用心管理班级哦，国庆的节目就正式交给你准备了！"

同时，我和她父亲通了电话，对她这次竞选成功表示祝贺，同时希望她父母能鼓励她、奖励她，希望她的继母主动去表扬她，给她礼物！这样做的目的是争取亲情的支持，慢慢缓和父女关系，拉近继母与女儿的关系，让家庭的温暖洗涤她过去的不愉快！

第二天她穿了新裙子来，同学们都赞叹漂亮极了，她也喜滋滋的。我说她很有眼光，裙子选得好，她说这是阿姨给她的。

我心里很高兴，说："你应该叫她妈妈了，她没有把你当外人，你就应该把她当成自己家人。"

她说她还接受不了，她小时候，妈妈对她很好，现在还没有真正接受这个继母。

不久就有学生来诉苦，说她国庆排演街舞，她是主角，对每一个队员要求异常严格，做不好不是骂就是打！

自习课的时候，我看到她正带领几个同学训练，她很认真，示范之后，队员做不到位，她就开始打。有队员赌气走了，她就在后面骂"没用的东西，一个动作都做不好！"

最后，她就叫其他人走了，一个人在那儿生气，扔东西。

我走过去，说："怎么不排练了？"

她气呼呼地说："没见过这么笨的，讲了他们几句，他们就不练了！"

我说："我在旁边看了，你示范得不错，不过你想想，你学了多久，他们没有任何基础，怎么可能很快学会，不过以他们的表现来看，参加学校表演拿奖没问题。"

"我是一个演员，是一个导演，也是文艺委员，我必须严格。我以前在剧团的时候，他们还不是打我、逼我！"

"我想，开始你也恨过那些打你的人，只是你后来发现自己真的可以上台了，才明白他们的良苦用心，是不是？"

"嗯。"这一声虽然很小，但是我听清楚了。

"那你知道应该怎么做了？"

"嗯！"

她请假去购买了矿泉水，然后又跑到教室请那些队员来，给他们喝水，给他们道歉，很快节目又开始正常排练了！

节目很成功，当之无愧是一等奖！

这个消息我第一时间告诉了她父母，晚上还开了庆功会，奖励全班看电影。

她很兴奋，第二天，她多了一样东西，一个白色的 OPPO 音乐手机。班上的同学都很羡慕她，私下叫她"大姐大"。

对于手机，学校一向是禁止的，但是我想让她再兴奋一下，就没有收她的手机，只是告诉她手机可以带，但上课不能玩，晚上休息也不能玩。

一段时间算是风平浪静，我工作事情太多，也就没有再过多关注她。心想她现在应该有很大成就感，应该有了正确的方向。

事实上，2015 年 1 月其他老师反映她学不进去，提醒她，她也无所谓。同学反映，现在她骄傲得不得了，周末约男生喝酒，还抽烟、打牌，男生都喜欢和她交往。

我找到她，先给她读了一小段文字：

明朝都察院御史王廷相曾对新御史们讲过这样一件事，一个轿夫穿了双新鞋。恰巧那是雨后，开始轿夫还小心地挑着干净的地面落脚，但后来一不小心踩进了泥水里，之后他就再也不顾及新鞋了。新御史们明白，王廷相院长是告诫他们：身居官位，一定要防微杜渐，洁身自好。

人的心理很微妙，一个人的心理防线也许可以很坚固，但只要其中有一点崩溃，那么再坚固的防线也有可能轰然倒塌。那个轿夫开始还一直小心翼翼地保护着他的新鞋，但一旦踩进泥水，就不再顾忌了。看看那些吸毒的，看看那些贪官污吏，他们往往就是在迈出了错误的第一步以后破罐子破摔，在错误的道路上越走越远，最终走上了不归路。

我问她读了之后有什么想法。

她说："没有。"

我说："周末你的表现我不是很满意哦！"

她说："周末不是学校，我想怎么样就怎么样，在学校我的表现已经是我最好的时候了！"

对于她这种态度，我真的有点生气，但我还是克制着自己的情绪。

"人是内外的统一，不能在学校一个样，在家一个样。如果人都表现出两个样，怎么判断哪个是真正的自我，别人怎么和你交往和工作？"

"我让你读这个文章，就是希望你能明白，很多事情是需要防微杜渐的，你应该把你的毛病改掉，展现一个阳光自信的自我！"

"我现在不是有朋友吗？班上的男生差不多都喜欢我，主动找我喝酒、打牌、抽烟，还叫我大姐。"

"这是学生的表现，还是江湖的表现？你要分清你的身份！"

"我就这个样子，怎么了？至少我表现出来我的本性，不虚伪、不假正经！"

"对，你表现出你的天性，但是任何事情都有规矩，没有规矩不成方圆。"

"规矩是对那些所谓的乖娃娃讲的，我在外面闯荡的时候，不公平的事情见多了，要保护自己，就是要有个性，要狂！让别人都怕你！"

看来，她对自己现在的生活很满意，现在怎么说都听不进去了！

"送你两句话：第一句，出来混，迟早要还的；第二句，人间正道是沧桑。"我说。

我们这次谈话不欢而散了。第二天上课，她一点精神也没有。

我下课后找到她，没有批评她，只是提醒她，在学校要像个学生的样子，她轻蔑地笑了，"你的意思是同意我在校表现好点，周末无所谓了！"

"我不是这个意思，我一向强调做人要表里如一，一个人有缺点不可怕，可怕的是不去改正。你现在还比较任性，我暂时说服不了你，但时间和经历会让你后悔的。"

"老师，我不会后悔，我自己选择的道路，哪怕是跪着也要把它走完。"

我笑了，说道："道路是错的，也要走下去，不怕前面是万丈深渊？"

"我认为我的道路是正确的，是光明的。"

"好吧，我现在也说服不了你，你也说服不了我，让我们先约定，在学校要像个学生的样子，还有在父母面前表现好点，别让他们对你再次失望，想一想他们对你的好吧！"

我想现在适当示弱，等更好的机会说服她，强迫这样的学生是不行的，即使表面上应承了，背地里还是会我行我素。

2月份，放寒假，我给她的评语是：一块好玉，却蒙上了灰尘，我希望你能自己把它擦干净，让玉光芒四射。

2月份我看到一篇文章《在利比亚战乱中，唱中国国歌原来真的能"保命"！》，我立即推荐给她，其中有这样的描述：

2月27日大约下午两点的时候，北京建工集团的一位负责人焦急地找到我们，说后续车辆全被扣在一个检查站了，肯定是出问题了。听到这个情况后，我和使馆经商处的李庆生二秘开着面包车沿途找了回去。就在距离边境大约3公里的地方，终于找到了这几十名同胞。但因在撤离途中丢失了护照，他们已被当地检查站扣留了。我们立刻给检查站人员亮明了身份，并一遍遍解释，但无论怎么说，他们就是不放人。值守人员的理由是：你怎么证明他们是中国人？

当时这确实是个难题：没有了护照，如何才能证明这几十名工人的中国公民身份？就在工人们情绪几近崩溃时，我们灵机一动，对着队伍高声喊道："全体都有，集合，全体立正，唱国歌！"一时间，原本绝望的工人兄弟们都站了起来，唱起了我们幼儿园、小学、初中、大学里唱过一次又一次的"起来，不愿做奴隶的人们，把我们的血肉，筑成我们新的长城！……"我敢保证，那是我人生中听到过的，最五音不全，但又最庄严、认真的国歌合唱。当时的情景震撼了现场所有人，周围的各国难民也好，利比亚的检查人员也好，当嘹亮的国歌声飘荡在检查站上空时，大家都把目光投向了我们。国歌没唱完，检查人员就打开关卡，将我们放行了。后来虽然离开了检查站，但工人们的歌声并没有停止，几十名中国工人就这么一路唱着中国国歌，走了 3 公里的路，赶到边境与大部队会合，顺利撤离利比亚。

我说："很多人在国内的时候一点都不爱国，指责国家这不公平那不公平，但是当身处国外的时候，才会感觉到祖国的强大和对祖国强烈的认同感。你现在就是认不清自己，我作为你的朋友，希望帮助你认清形势，少走弯路。你也看过《变形计》，你见过李耐阅，她任性的时候让人讨厌，但是现在她却是家喻户晓的好学生。你不想和她一样吗？"

她打电话来说："好了好了，你跟唐僧一样，我服了，随时都想到怎么改变我。我是孙悟空，被你戴上了紧箍咒。"

我说："别不情愿，你看孙悟空最后成佛的时候，经历了九九八十一难，你现在经历这么少，就能意识到，很不错了。"

她笑了，电话那头，笑声很爽朗。

我向她推荐了电影三部曲《青春期》，让她看看，然后自己思考，不需要告诉我自己是怎么想的。

开学后，她又恢复上学期开学那个冲劲了，这一点让我很满意。

为了巩固效果，我让她看关于抽烟危害的资料及视频，也让她读关于早恋的文章，让她自己去理解，反正说多了，人都会烦。

有空的时候，我鼓励她一下，和她说说话，让她感觉到我在关心她，我也经常提醒她父母注意她的变化，多一些精神和物质上的支持。

五四青年节，她被评上了优秀团员，班上的节目也依然第一，而她二模的成绩也上升了 100 多分，尽管考重点高中还差点，但是我已经相当满意了，相信她会在今后的道路上走得更好。

回过头来看，我发现，对于打好个体的"预防针"需要做到以下几个方面：

一是取得家长的支持。毕竟孩子的主要生活场所是学校和家庭，和睦幸福的家会给孩子安全感。

二是教师的耐心，学生的心理问题需要反复抓，抓反复，找准机会，对症下药。教师要有一种理想主义的情怀，无限相信每一个学生能在自己的关心下会有或多或少的转变，这样才有信心去做好对学生心理健康的关爱工作。

三是对于学生的鼓励和关心。人都是有感情的，你真正关心学生了，学生是能感受到的。人都是需要动力的，尤其是内驱力，虽然教师和家长给予的只是外力，但是这种力量却是不可缺少的，外因会导致内因的变化。

四是给学生一个展示自我的舞台，让学生发挥其长处，慢慢去掉其杂质，让其青春光芒展示出来，赢得自信。

五是教育方式的多样性。单纯地说教已经起不到多大的作用，需要用多种形式的教育方式和手段。其实最重要的一种方式是在不伤害学生的基础上让他去经历、去感受，如通过电影去感受。我想《青春期》这个系列电影对小薇的影响是巨大的，虽然我没有让她说出来自己的感受，但是我能看到她收敛起自己的坏习惯，内心真正地懂得了怎样面对这些问题。

六是"导"比"堵"好。现在的孩子叛逆心都比较重，农村留守学生的孤独感导致的任性更可怕。在这种情况下，教师就要擅于引导这些学生正确地看待自己存在的心理问题。

七是防微杜渐，给学生的心理防线筑上一道阳光大坝，使他们不会被不良的心理状况击溃。其实，教师所做的一切都是防患于未然，不要到事情发生了，才想到去教育，这样可能产生的后果是难以想象的。教育部印发的《中小学心理健康教育指导纲要（2012 年修订)》指出："坚持发展、预防和危机干预相结合。要立足教育和发展，培养学生积极心理品质，挖掘他们的心理潜能，注重预防和解决发展过程中的心理行为问题，在应急和突发事件中及时进行危机干预。"

八是教师要有个人魅力，多完善自我，让自己成为缺少关爱的农村初中生的父母、朋友、兄长，打开学生封闭的心灵之门，解决他们存在的问题，这样修筑的阳光防线才有效果。

农村这些年变化挺大的，农村学生的心理之路也发生了很大变化，这就需要我们教师把握时代脉搏，与时俱进，了解农村初中生的心理变化历程，了解他们各个时期存在的突出心理问题，逐一解决，修筑起一道阳光防线，让农村初中生更阳光、自信地成长。

# 第二辑

# 数学教学

作为农村初中的数学教师，我明显感觉到农村初中数学学科面临着许多亟待解决的问题。很多时候，数学教师都是为了农村初中生"愿学、会学、乐学"开展一系列思考与探索活动。尤其在让农村初中生"会学"和"乐学"方面，努力搭建一些平台，改革课堂教学模式，努力做到"授人以渔"，给学生一双可以飞翔的翅膀，让他们能够在数学学科上得到长足的发展。

# 构建农村初中数学阳光课堂

## 一、当前农村初中数学教育现状

众所周知，留守儿童的教育问题是农村教育面临的最大问题。大部分留守儿童缺乏基本的家庭教养，加上大多数父母没有良好的教育方法，不重视子女的学习，甚至不配合学校工作，大多数农村家长文化水平不高，在和家长聊天的时候，他们普遍反映到小学中高段，根本无法对孩子在数学方面进行辅导，更谈不上初中数学的辅导了。家长无法教育，自己没读什么书，反正靠打工日子似乎还过得去，对于孩子未来的发展也就不谈什么希望了，反正有打工这条道路可以走。家长对子女要求低，子女对自己要求更低，所以遇到数学这样相对难又比较抽象的学科，学生学不好是难免的。

由于农村条件相对滞后，一些富裕起来的农民把自己的子女送到城里读书，导致农村初中留下来的孩子优秀的比例偏少，学生的竞争意识不强烈，学风不浓。由于基础不扎实，很多小学六年级都换有经验的教师针对数学考点集训，这样培养出来的学生，无上进心，无良好的学习习惯，没有掌握数学本质的东西，根本适应不了初中的数学学习。

由于生理、心理和社会环境等原因，农村初中生在初二时的分化尤为明显，早恋的现象在初二相对突出。初二学科增多，学习更加紧张，学生精力有限，因此对于公认的教师难教、学生难学的数学科目，学习时间更难保证。对于数学，一些学生上课听一听，下课后根本就不再做练习与钻研，甚至还有一些学生因为基础差，上课听着就想睡觉，竟放弃了对数学的学习。而初中数学教学内容对知识的理解、思维的抽象、说理及推理的逻辑性都有较高的要求，学生精力分散后，只喜欢机械的、记忆的东西，不注重逻辑思维的培养，这样的数学学习当然没有任何实质的提高。

大班额现在依然在偏远农村存在，学生普遍基础差，再加上一个班70～80人，教师教学任务重，一般至少两个班，这样教师根本无法完成对这么多学生的辅导。这样的恶性循环导致学生对数学学习更加无进取心，以烂为烂的心理相当严重，到了初三，学困生成片的现象比较突出。

对于农村学生来说，初中数学不仅难学，还因为课堂枯燥，被当成容器进行灌输，变得索然无味，甚至让人排斥。即使一些想学好数学的学生，也是靠自己的意志去克服这种无味自觉来学习的。农村学生本来就缺少关爱，学习兴趣不浓，如果数学课堂再无趣，学生的精力自然会转移到其他地方，如捣乱、睡觉等。

## 二、农村教育改革的出路在于建设阳光课堂

阳光数学课堂的思路如下。

### （一）数学课堂操作的基本要求

（1）落实"三主"——教为主导、学为主体、练为主线。

（2）倡导"三自"——自主学习、自主探究、自主交流。

（3）提高"三效"——课堂效益、学习效率、教学效果。

（4）构建"三精"——精讲、精练、精评。

（5）发展"三维"——认知、情感、技能。

（6）鼓励"三动"——动脑、动口、动手。

（7）实现"三会"——学会、会学、会用。

### （二）数学课堂总体模式——"精讲精练二一一教学"模式

| 教学流程 | 教师活动 | 学生活动 | 操作要点 |
|---|---|---|---|
| 课前 | ①解读教材。<br>②拟订课案。<br>③下发"问题生成单" | ①明确任务。<br>②自主预习。<br>③完成"问题生成单" | 一元：独立预习，完成"问题生成单"。<br>师：认真设计预习作业——"问题生成单"。<br>生：在"问题生成单"的指导下，限时学习教材，理解教材，学会初步把握教材，初步建立知识和方法体系 |

续 表

| 教学流程 | 教师活动 | 学生活动 | 操作要点 |
|---|---|---|---|
| 课中 | ①了解学情，搜集信息。<br>②筛选问题，引导探究。<br>③参与研讨，合作交流。<br>④质疑问难，总结提升。<br>⑤目标检测，巩固拓展。<br>⑥教师评价，情感升华 | ①汇报预习情况，提出问题。<br>②自主探究，尝试体验。<br>③小组合作，交流分享。<br>④提出质疑，完善提高。<br>⑤即课检测，思维冲浪。<br>⑥学生评价，丰富内涵 | 二元：高效热情的小组学习。<br>生：小组对预学验收，交流答疑难（群学）；学生通过读、写、算、记等方式巩固预习自学课的全部任务。<br>师：对学生自学、对学、群学尚未弄懂的问题进行精讲点拨；以读教材为主线，教材知识化。<br>三元：巩固所学的综合知识。<br>生：群学，学会，练习巩固、迁移应用。<br>师：精讲、矫正、点拨、拓展。<br>四元：即时把控的课末检测。<br>生：①独学。学生完成即课检测单。②群学相关的拓展知识。<br>师：①精讲要点，矫正点拨；②知识和思想方法梳理构建 |
| 课后 | ①教学思考：正思与反思。<br>②作业反馈：关注学困生。<br>③新知链接：下发预习单 | ①完成作业，组内互评。<br>②查漏补缺，互帮互学。<br>③预热新知，习惯养成 | 五元：下一步预习链接。<br>生：①错题集反思；②新课预习。<br>师：教师认真设计预习作业——"问题生成单" |

**（三）配套措施**

（1）还课堂给学生，不断追问，碰撞出思维火花。

一个学生遇到了怎样的教师，就遇到了怎样的教育。因此，我们教师必须有责任感和使命感。而我一直在想：如何真正把课堂还给学生，让学生真正成为数学学习的主人？我想既然是主人，当然是对学习有自己的见解，有自己处理的方式，而我可不可以作为一个旁观者来看学生是如何学习的，是什么地方存在思维障碍导致学生无法学懂这个数学知识？于是我不再是讲台上那个口若悬河、滔滔不绝的讲授者，而是讲台下那个倾听者，让学生走上讲台，讲述他对于数学试题的理解。而其他学生需要判断"小老师"的讲解是否是正解，提出自己的方法或者见解，我则是学生思想碰撞的见证者和最终评判者，同时用不断追问的办法启迪学生思考、发现数学的本质。对于讲解的学生要求其讲清思路和解题的依据。

【例题】

已知：如图 1 所示，$AB /\!/ CD$，求证：$\angle B + \angle D = \angle BED$。

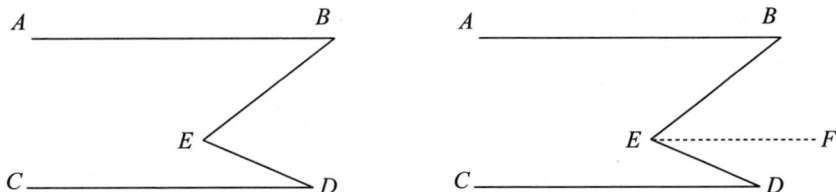

图 1

小老师："我们看到这道题，就知道需要做辅助线来进行转化，我们过点 $E$ 作 $EF$ 平行于 $AB$，根据平行的传递性知道 $AB /\!/ CD /\!/ EF$，利用平行线的性质——两直线平行，内错角相等，即可证明。具体解答如下（略）。"

小老师："大家听懂没有？如果听懂了，看一看还有没有其他办法．知道的同学可举手，然后上台来讲。"

台下有不少学生举手，小老师指名一位同学上台讲解。

同学 A："可延长 $BE$ 交 $CD$ 于点 $F$（图 2），根据 $AB /\!/ CD$ 得到 $\angle EFD = \angle B$，根据三角形的外角等于不相邻两个内角之和可以得到 $\angle BED = \angle EFD + \angle D$，再根据代换得到 $\angle B + \angle D = \angle BED$。"

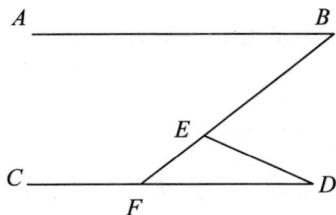

图 2

小老师："我们给同学 A 掌声，相当不错。然后，请问还有其他方法吗?"

学生又有人举手，小老师又指名一位同学上台讲解。

同学 B："我延长 DE 交 AB 于点 F，后面的思路跟 A 同学一样。"

小老师看了一下："方法是对的，很好，给他掌声。请问还有吗?"

学生开始相互探讨，然后又有学生举手。

同学 C："我把同学 A 过 E 点向右作的平行线，改成过 E 点向左作平行线。（图 3）根据平行的传递性，这三条直线平行，于是我根据同旁内角互补，得到 $\angle BEF + \angle B = 180°$，$\angle DEF + \angle D = 180°$，而 $\angle BEF + \angle DEF + \angle BED = 360°$，得到 $\angle B + \angle D = \angle BED$。"

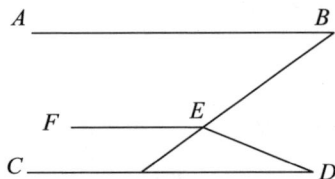

图 3

小老师："很好，我看懂了，同学们都看懂了吧，利用了周角。我想方法差不多了，好，我们看下一个题。"

我作为教师，立即打断小老师，站起来说："小老师和上台的同学表现得都不错，我感到很欣慰，但是解这道题的方法不止这些，各位同学，你们能不能再思考一下呢?"

学生开始讨论，大约过了 5 分钟，学生又想出了连接 BD 的方法，过 E 点作垂线的方法，过点 E 作一条平行于 AB 的直线的方法（利用同角的补角相等的办法）等一系列方法。

最后点评的时候，我说："不想不知道，思维真奇妙，这就是我们动脑想到的妙招，充分利用了我们所学的知识来解决问题，值得表扬。探究，会让我们走向阳光未来。"

（2）分层教学与小组合作学习相结合。

针对农村学校班级人数过多，学生水平参差不齐的问题，建议实行分层教学和小组合作学习相结合。

学生一般分三层：优生、中等生、后进生。各个层次的要求不一样，层次可上可下，督促学生竞争。

为了实现后进生快速转化，我们建立了后进生互助小组，形成了一套行之有效的模式和方法："一二三"模式，即一个优等生辅导两个中等生，两个中等生再辅导三个后进生；"少批评，多鼓励"模式，即找准后进生的长处，以此为切入口，激励后进生努力学习；"检测重复"模式，即一套试题让后进生重复做两次或三次，就会形成一次检测比一次好的效果，这样就会使后进生很快找到自信。

后进生吴芳在自己的日记中写道：

我今天很高兴，我的数学考了120分，我感到很欣喜，因为我从来没有得过这样的分数。我今后一定努力学习，争取考上理想的高中。

后来，吴芳通过刻苦努力，成绩提升很快，中考取得了586分的优异成绩，考上一所国家级重点中学。

同时，我借鉴成都石室中学的经验，让学生每天花10分钟练基础题，加强基础过关训练，增强学习的信心，慢慢过渡到难题的学习。

熟能生巧，掌握了知识点，学生做 A 卷的速度就快多了，对于数学的感觉也越来越好。

（3）建设有趣的数学课堂，重视数学思想的渗透。

有趣的数学课堂建设：①增加数学背景；②传播数学渗透的美学；③发现有趣的数学现象。例如，图4非常有趣，也相当励志。

| 励志·数学篇 |
| :---: |
| $1.01^3 \times 0.99 < 1.01$ |
| $1.01^{365} = 37.8$<br>$0.99^{365} = 0.03$ |
| $1.01^{365} = 1377.4$<br>$1.01^{365} = 37.8$ |
| $1.02^{365} = 1377.4$<br>$1377.4 \times 0.98^{365} = 0.86$<br>只多了一点怠惰，亏空了千份成就 |

图4

初中数学中常用的数学思想方法有化归思想方法、分类思想方法、数形结合思想方法、函数思想方法、方程思想方法、模型思想方法、统计思想方法、用字母代替数的思想方法、运动变换思想方法等。

而我们在平时的数学教学中，在读题后不忙着让学生解题，而是让学生思考此题考查的是什么数学思想，如已知 $(a^2+b^2)^2 - (a^2+b^2) - 6 = 0$，则 $a^2 + b^2 =$ ____。

这道题考查的是整体思想，直接看成一个一元二次方程来解决，也可用换元的办法来解决。这样学生遇到类似的题，就能准确地定位方法。

（4）家校沟通，共建阳光环境。

我们走进学生家庭，进行实地家访，了解学生的家庭情况，了解学生真实的生活状态，这样才能做到有效地关心学生。我们进行家长培训，要求家长从哪些方面去关爱学生，虽然人在异地，但爱可以通过电话传播。另外，改变爷爷奶奶的管教方式，努力克服"5+2=0"带来的影响。

无论学生在校还是在家都有人关心，让学生感受到温暖，这就是阳光环境的力量。

（5）心理辅导，让阳光温暖学生的心灵。

在和学生的真诚交谈中，学生对教师才可能做到畅所欲言。在交谈中，发现后进生形成的原因其实是复杂的。

下面是一次谈话的记录：

师兄："你能说一说导致你对于学习没有兴趣的原因吗？"

学生："第一，对于未来的迷惘。在农村这种'读书无用论'的大环境下，感觉不到人生的前途在哪里，没有目标，浑浑浑噩噩地活着。正因为没有目标，过得无聊，才会无事生非，给自己无奈的生活增加一点活力。第二，受到网吧和手机的影响。游戏给自己空虚的生活带来了快乐，智能手机功能强大，看电影、看小说、听歌、聊天，这些填补了精神上的空白。第三，情感的失落带来的早恋。作为留守儿童，没有父母在身边，和爷爷奶奶一辈有代沟，能够倾诉的只有能给自己一点点安慰的异性，而这种依赖会因为不良影视的影响更加强烈，甚至越过道德的界限。而本来学习精力就不足，早恋再分散一部分精力，对学习就更加没有兴趣可言了。第四，对于教师的管理，严厉的老师或许会让我们有一点动力学习，在严厉的老师面前我们不敢玩手机睡觉，只能呆呆地看着黑板，其实根本就没有思考。而一些老师看到我们不认真，说一次，说两次，我们不回应，甚至不理睬，老师也不再管我们了，我们也乐得其所，更加嚣张。这就会导致一些学科学得稍微好一些，一些学科就学得一塌糊涂。第五，班级环境的影响。一个班有一两个不爱学习的学生不可怕，可怕的是传染。其实我们初一进校的时候，对于自己今后还是有点打算的，但是因为好奇好斗参与了一些事情，导致自己偏移了方向，一步步沦落为不爱学习的学生。班上不爱学习的学生越来越多，大家比的不是认真完成作业，而是以不做作业为骄傲，尤其是数学、英语这些需要大量用脑的学科。想一想，自己在村小，班级有良好的学习氛围，每天在学校里比赛哪个先把数学作业做完，而且要求全对，甚至上厕所都要比谁先到。怀念那种竞争的日子，如果初中班上还是这种学习氛围，我相信我自己一定还是那个优秀的我。第六，对于外面的世界，有太多天真的幻想。总想走出学校，就没有人会管我们了，我们就自由了。我们幻想着自己工作，自己赚钱养活自己。其实，进入社会，才感觉到学校是一个温暖的集体，在外面工作不到一个星期，就感觉到自己的未来更加迷惘，感到自己没有任何本事，只能做一些社会底层的工作。而此时再想读书，已经晚了。我们其实希望遇到许多严厉的老师，这会对我们的成长有利。只是在和老师的斗争中，很多老师采取了退让的态度，才让我们的阴谋得逞。"

师兄："你对于我的数学课，有什么感觉？"

学生："感觉很新颖，一个数学老师，不是班主任，却处处关心我们，放励志电影，让我们找到一些动力，可惜，我们自己已经太堕落了，有些阳奉阴违，坚持不了多久，就又动摇了。感谢你每周的电影，让我们持续感动；感谢你每周的寄语，每天几分钟的哲理故事，每周一首充满激情的歌曲，每周的亲情、友情、爱情的传输，都让我们喜欢上了你。你构建的阳光数学课堂让我们有了展示的舞台，有小组长关心我们的成长，所以数学这一科我们学得相对认真得多。但是初一、初二错过太多，所以想提高成优等生就很困难了！"

"现在我还记得这些话：堕落不需要理由，只需要借口；没有方向的船，无论遇到什么风都不是顺风……"

师兄："我还有什么地方做得不到位？"

学生："你再努力，也代替不了父母的爱，代替不了早恋带来的感受，无法彻底改变我们在农村这种环境下根深蒂固的思想。"

师兄："我虽然无法彻底改变你们，但是我尽力让你们觉得数学是好玩的东西，觉得数学是有情感的。"

与学生的谈话让我写下了主席说过的一句话："与天斗，其乐无穷；与地斗，其乐无穷；与人斗，其乐无穷。"我们需要有与命运抗争的精神，有和学生"战斗"的勇气，我们每一个人都是战士，在和"学生"的战斗中，我们需要全胜。要改变一个人的确很难，尤其是现在的学生，什么都"无所谓"，仿佛什么都"看透了"，习惯已经到根深蒂固的地步，要触动其筋骨，进行类似关公的"刮骨疗伤"，的确很难：一是其主观意志是否愿意改变；二是承受从随意懒散到自觉的转变是一个艰难的过程。很多学生在别人的鼓动下，有了改变的意识，可一落实到行动上就打了退堂鼓。所以很多时候，学生改变的过程很艰难，甚至消磨了作为教师的意志，以失败而告终。所以，我们转化了一个学生就是一种成功的欢乐，也是一种游戏，让我们更加明白教师的责任，尤其是作为农村初中数学教师，与学生战斗需要更大的勇气。

因为有了阳光数学课堂，作为教师，我看到了教育的希望；作为学生，成了数学学习的主人，得到了心理的安慰，有了阳光的心态。最近几年，我年年接手学校最差的毕业班，看到学生从原来的无所谓到对数学有着浓厚的兴趣，看到他们的成绩缓慢地提升，看到他们在阳光课堂上自信的表现，看到他们能够参与讨论，即使他们今后没能升入重点高中，我想，至少他们在数学课堂上获得了人生的自信，懂得了人生的哲理，享受了那份阳光般的情意。作为一个农村数学教师不再着急他们的成绩，而是送给了他们阳光的青春！这就是成功。当然，成绩也是突出的，就今年接手这个班而言，刚接手时，只有一个学生数学及格，而现在 A 卷，只有几个学生不及格，A 卷能上 80 分的学生达到 50%，虽然 B 卷还不理想，还没有学生能够总分上 120 分，但是学生却非常高兴，因为这是他们前所未有的巨大进步。看着他们灿烂的笑容，我想到了初三下学期，一定会有学生突破自己的瓶颈，走向全面优秀的自己！

# 找准一个支点 给学生一片蓝天

教育的发展是社会发展的必然，因为教育是为社会服务的。进入 21 世纪，素质教育对教育提出了更高的要求："教育要为学生服务，教育要为学生的发展服务，教育要为学生的健康成长服务。"而农村学生的现状是：学生厌学，读完初中就打工，甚至初中都不读就去打工的学生都存在。试问如何提高他们的素质？我在研究中走访了大量学生，发现这些学生除受"读书无用论"的影响外，还有一个原因是觉得数学和英语太难，怎么学也不懂，越学越没兴趣，继而觉得再怎么读也考不上好高中，以后读书是没有出路了，不如趁早打工。作为一个教育者，我们面对学生今天的成绩与表现，不得不高声呐喊：救救这些孩子吧，提高全民素质，其实需要从农村抓起。

为什么学生特别是农村学生会觉得数学难学？作为教师，我们需要思考如何解决这个问题。在一线工作多年，我认为我们需要找到一个支点，让学生在这个支点的作用下翱翔在数学世界里，亲身体会数学学科的乐趣，去感受数学学科获得成功的喜悦。只有这样学生才会感受到数学学科学习的乐趣，这样数学课堂就会因学生的激情投入而高效。

面对学科教学的现实，作为老师我们觉得课本相当简单，为什么学生还是觉得很难？在辅导学困生时，我们不难发现学生的视角其实和教师的视角有一些出入，而这些出入正是导致教师觉得简单，而学生觉得难的地方。因此，找准数学学科教学的"支点"是很有必要的，找准"支点"的关键是解决教师自身存在的对学科教学的有效方法的探索与创新的问题。

## 一、面对新课改，教师需要充电，要在"新"字上多下功夫

时代在不断发展，教育理念在不断更新；就是生活习惯用语也在不断出现

新的名字，不断以年代来划分一个群体，因此教师需要充电，需要与时俱进，需要不断学习，需要更新理念，需要探索新形势下如何引导现在的学生运用新方法。教师要细心了解学生，走近学生，理解他们思维的方式。教师在备课的时候不只是精选例题，更要学会从学生的角度思考解题思路；在工作中找到学生与教师的共同点，从中寻找共同的语言，这样才能促进学生有效学习，才能真正提高课堂教学的效率。如果教师只是一味地抱怨现在的学生计算能力差、分析能力差、推理能力差，学生懒，这样于事无补，长此以往，不仅学生会产生厌学的心理，教师也会心态不平，缺乏改变学生的动力。

为了取得好的教学效果，教师在努力；为了提高学习成绩，每个学生在拼搏；为了提升学校办学品质，师生在奋进。

教师在努力探求新的教学方法。现在大多数农村教师，尤其是年轻教师对于多媒体技术运用于课堂已经不陌生。这对学生来说刚开始有一种新鲜感，但久而久之，学生对于利用多媒体演示一遍的快节奏的教学也失去了兴趣，导致运用多媒体教学的数学课依然是和平时课堂一样的效果。因此，教学方法不仅要在"新"上下功夫，还要有吸引学生学习的"新理念、新途径、新手段"。在一次县级有效课堂竞赛中，教培中心给十位选手的课题是一样的，北师大版初中数学教材（简称"北师大教材"）七年级下册"变化中的三角形"，大多数教师都采用 PPT 展示三角形变化过程中变量之间的关系，大家都习惯了，尽管课上得很精彩，但没有独到之处，而有一位教师采用几何画板，更形象、更生动地展示了这一过程，立刻吸引了学生和评委，最终获得一等奖。这说明教师不仅要会使用多媒体，还要会创新操作，会设计，创设新课堂。

教师要走出去。农村教师尽管走出去学习的机会较少，但是相互之间也要开展交流，共同讨论，构建校本化教材。教材是面向全国学生的，不单一针对农村学生，甚至更偏向城市学生。因此，校本化教材找到了与农村学生生活经验的结合点，让学生感觉到数学在实际生活中的运用，这样学生才会产生学习兴趣。比如，在制作教学方案时，教师做了如下设计：

爸爸在家种地，是一个种地高手，一亩地产小麦 600 千克，付出人工费、种子费、肥料费、农药费合计 400 元/亩，共种地三亩，小麦生长周期需要近 9 个月，还可领取粮食补贴 600 元。如果出去务工，每个月能够挣 2500 元，也只打工 9 个月，路费与生活费需要 6000 元，有 3 个月回来照顾家庭。请比较这两个方案，帮爸爸选择一个方案。然后教师提出为什么爸爸妈妈要外出打工，不在家陪着学生成长的问题。学生一下子明白了爸爸妈妈的苦衷。教师又提出，后来爸爸学习了种植技术，把三亩地种成了药材，每亩成本1000元，9个月后，每亩药材能卖7000元。现在请比较三个方案，应该选择哪个方案？指出技术在生活中的作用，如果爸爸妈妈多学一点知识，多学一点技术，既能赚钱，又能陪伴你们成长，这是一举两得的事情。我们每一个学生现在就要学好，不要让下一代再重复你们没有父母陪伴成长的经历。学生自然就受到相应的启发，能重视起自己的学习来。

教师要多研究学生。俗话说："知己知彼，百战不殆。"教师对学生存在的共性问题提前了解后，上课时就能有针对性地讲解，突破教学的重难点。教师也应该向相声演员学习：相声演员能够掌握观众的心理，知道什么时候平静，什么时候抖包袱，教师也应该如此，让课堂吸引学生，在关键点引起学生共鸣。例如，在北师大教材八年级上册"勾股定理"一课证明勾股定理时，教师提出：勾股定理是人类伟大的十个科学发现之一，是初等几何中的一个基本定理。有资料表明，勾股定理的证明方法已有500余种，仅我国清末数学家华蘅芳就提供了20多种精彩的证法，这是任何定理都无法比拟的，除了课本提供的证明外，还有美国总统证明法、赵爽证明法等典型代表证明方法。下面我们来看一看当初的历史故事……在阐述了故事和证明方法后，教师指出："同学们可以发现一个基本事实，那就是'条条道路通罗马'，我们也可以用自己所学的知识来证明这个定理，今后就会用你的名字来命名这个定理。也许就是张军定理，也许就是罗琴定理。"学生的情绪高涨，下课还有学生跑到办公室来追问，这时教师让学生到网上搜查已经公布的证明方法，去简化、创造自己的证明方法。这样的学习激发了学生内在的需要，这样的教学就是有效的。

## 二、要实现课堂有效的教与学，教师还需要具有个人魅力

数学这门学科的特点不仅要求教师具备渊博的知识，还要求教师有责任心，有爱心和亲和力，这样教师与学生才会形成合力，达成一致的教学目标。但在现实生活中，很多农村教师不喜欢读书，新知识大多源于网络新闻和网络游戏。他们已经熟悉教材后，没有想过结合其他学科来学习数学。我们要知道：数学

是一种文化，既然是文化，就有文化的共性在里面，就连诗歌也与数学有关，如秀才进京赶考写的诗：一叶孤舟，坐着二三个骚客，启用四桨五帆，经由六滩七湾，历尽八颠九簸，可叹十分来迟；十年寒窗，进了八九家书院，抛却七情六欲，苦读五经四书，考了三番二次，今天一定要中。若教师上课的时候能够偶尔给数学来点插科打诨，犹如厨师给精心烹饪的菜加上调味品，让数学摆脱呆板，这样的课堂教学学生是不会厌倦的。

责任心和爱心的核心是关心学生。在改革开放的今天，农村初中生大多已经经历了几年没有父母陪伴的日子。小学，学生由于小学课程压力不大，没有父母陪同，部分时间都放在网络和朋友身上。中学，由于学科知识的加深，学生对于读书更没有感觉，尤其是对推理性强的数学根本就没有兴趣。一个学生就这样说过："难道我上个街买个菜还需要用二次函数吗？"因此，教师这个时候一定要认真研究学生，教师能够区分出初一学生需要什么关心，初二学生需要什么关怀，初三学生需要什么爱，然后给予学生如兄长、父母般的爱，一定会抓住学生的心，学生就会愿意学这一学科。反之，教师对学生爱答不理，甚至讨厌他在数学学科上的表现，那么学生就会和教师作对，更加不学，甚至影响课堂纪律。

亲和力不仅是教师与学生形成合力的有效手段，更是提高课堂教学效率的关键。亲和力来自教师如朋友般的关怀。农村孩子最缺真正的朋友，虽然有同学，但是同学之间掌握的东西都差不多，而作为过来人的老师，能够正确点拨和帮助学生。亲和力来自上课时教师的一个微笑、一个眼神、一个笑话、一句关心，来自课下教师的无私辅导，来自遇到问题时教师的帮助。

有一个学生这样说道："由于自己以前不喜欢读书，数学成绩相当差，但是现在的数学老师对我可好了，我如果学不好数学就对不起他。'数学伤我千百遍，我待数学如初恋。'我相信在老师的辅导下，我中考没问题。"

### 三、要实现有效的教与学，教师要努力创新教学模式

前面提到了多媒体的使用，其实除了多媒体辅助教学外，还需要一些好的新教学模式，这几年一些学校成功地推出了适合学生发展的教学模式，如山东杜郎口模式、成都蒲江幸福教育、成都龙泉学案导学、江苏洋思教学模式……

任何一个模式都有地域特点，都需要符合当地学生的情况，不能简单地嫁接，要借鉴和找准切入点，形成自己学校的适合本班学生的教学模式。我所在的农村学校正在推行"阳光教育模式"，主张：教学模式新颖，教师教得愉快，学生学得轻松，课堂效率高，学习生活充满阳光。对于数学这门学科，主要是课前激趣，课中学案导学，课外学生辅导和运用数学解决生活中的问题。

当然，教无定法，只要适合学生学习的模式都是有效的模式。

（1）对于学生，首先需要改变对数学的态度。学生要改变数学在实际生活中无用的观点。其实数学是思维的体操，是一种思维的训练，学习数学不一定要成为科学家。我校一位教师在教学中做得非常好，他是这样操作的。他把公安干警列出的案例编成数学竞赛题：

2009 年 12 月 14 日，韦某、莫某、冉某三个犯罪嫌疑人租车到东兰县，在东兰镇至武篆镇公路沿线，用事先准备好的毒饵丢给狗吃，待狗昏倒后用出租车偷走，被公安民警当场抓获。公安局已经掌握了以下事实：①罪犯不在韦某、莫某、冉某三人之外；②冉某作案时总得有韦某做从犯；③莫某不会开车。

在此案中能肯定的作案对象是（　　　）。

A. 犯罪嫌疑人韦某　　　　　B. 犯罪嫌疑人莫某

C. 犯罪嫌疑人冉某　　　　　D. 犯罪嫌疑人韦某和冉某

这个例题能使学生明白：一个人无论今后从事什么职业，都离不开思维、推理、表达等能力。今天的社会竞争很激烈，一个人如果没有较强的能力，是难以适应社会发展的。作为农村学生，没有学到那么多特长，要和城市学生一同竞争，需要在某些方面做得更好。农村学生没有那么多锻炼的机会，见识也相对较少，这需要利用好数学这个工具，训练自己的思维，让自己成为一个聪明的人。

其实这样的例子还有很多，由于这位教师的精心设计，他的课堂学生有激情、有设想：有的学生想当警察，交警会利用函数来解决事故是不是超速造成的问题；有的学生想当医生，其实很多机器首先是数学模型……

（2）对于学生，要有目标，要形成自己的学习方法。有这样一句话：没有方向的船，无论遇到什么风都不是顺风。因此，教师要引导学生，对于数学学习，目标的制定要根据学生的学习现状形成近期目标、中期目标、长期目标。我经常给学生讲，你现在考 0 分不可怕，可怕的是你考了 0 分，没有想法去改变。就像今后你工作，你做得不好，没拿到什么钱，你都不想去改变，那么这以后就是这个工资水平了，甚至会被炒鱿鱼。你现在考 0 分，就要想 10 分、20 分、40 分、60 分、70 分、100 分，为此一步步去努力，学会给自己奖励，奖励自己的进步，相信自己会做到最好。

学习犹如砍柴磨刀。俗话说："磨刀不误砍柴工。"对于学生来说，找到适合自己的学习方法很重要。对于数学学习来说，不是做题越多越好，而是要学会思考，学会归纳。因此，农村初中数学教师首先要教给学生学习的一般方法，学生再根据自己在这一科的学习水平进行调整，实现高效地学习。

农村初中生下午 4：30 放学，普遍一个小时能回家，到晚上 9：00 点休息之前，有的是时间来安排学习。首先是复习当天所学，完成作业，然后是预习新课。晚上睡觉前可回味今天的课堂，知得失。一章学习完之后，要及时形成知识体系；考试之后，要及时总结，找到优势，改正缺点，树立信心，争取更上一层楼。此时教师不要只看到分数，更要看到学生的进步，多鼓励，少批评，多辅导，不放弃。

（3）对于学生，一定要有不服输的精神，要勇于提出问题。传统的教育要求学生"循规蹈矩"，教师就是权威，这一点在农村初中更为明显。学生普遍是被动地接受教师的灌输，缺乏主动探求的精神，长此以往，学生主动思考的能力消磨殆尽，只能完成教师讲过的题型，无法突破自我。

虽然我们一直在提倡学生自主探究学习，但农村学生普遍水平不高，教师也就跟跟风，在公开课上做做样子，而在实际课堂中还是以教师为中心。

其实学生是有这方面能力的，只是我们没有给学生展示的舞台。一旦学生的潜力被挖掘出来，他们就能一步步充当好小老师的角色。记得当年我读初中的时候，我的数学老师在讲授三角形三边关系的时候，提出结论：构成三角形时，两边之和大于第三边。当时我就觉得，如果相等也可以啊。于是就在草稿本上试着画图，觉得能够成立，就大胆举手说这个结论是错误的。数学老师让我上台画，我却画不好，数学教师让我思考：不能只画图，画图有误差，必须有理论依据。看着黑板上的图，我突然发现我错了，并对数学老师说我发现问题了，而且有理论支持。数学老师问我是什么，我说就是两点间线段最短啊！数学教师表扬了我，而且鼓励大家向我学习，学会思考，学会推理。我心里别提多美了，数学也越学越好，到今天当了数学教师。

因此，我在上课的时候，经常在一个学生解决问题后，再问还有没有其他的方法。看似很简单的一个提问，却让学生进行再思考。

## 四、要实现数学教学的有效性，培养学生拓展思维是关键

为什么我们培养不出创新型人才，就是因为我们的教育出现了问题。传统教育扼杀了学生提问的诉求。学生只是学习的机器，而不是学习的主人。教育要改革，首先要改革课堂教学理念，新课改理念是教师进行教育教学改革的方向。教育要"以人为本"，教学要"以学生为本"，这是我们推进教育教学改革的核心。

我现在上课的班是我们这个片区在八年级考倒数第一名的班。下面以我的一堂课为例。

教学内容：北师大九年级上册"证明三"有这样一个问题：顺次连接四边形各边中点，会得到怎样的四边形？

教学目标：学生通过连接原四边形的对角线，形成三角形，利用三角形中位线定理可发现，这个连接起来的四边形一组对边平行且相等，肯定是平行四边形，或者利用两组对边分别平行或两组对边分别相等，都可以说明这个图形是平行四边形。

教学实录（片段）：

师："同学们有没有与之相关的问题需要提？"

生（甲）："连接平行四边形各边中点会得到什么四边形？"

师："这个问题提得非常好！大家来帮助他解决这个问题。"

学生直接就能发现是平行四边形。

师："现在大家还有没有结论呢？"

生（乙）："肯定有，因为我们还学过矩形、菱形、正方形、等腰梯形，不同的图形应该有不同的结论。"

师："非常好，掌声鼓励，他一口气就提到这么多图形，现在我看哪些同学会很快知道结论。"

（学生活动）学生开始去找结论，有的自己画，有的一起讨论，很快就有了结论。

生（丙）："矩形得到菱形，菱形得到矩形，正方形得到的还是正方形，等腰梯形得到菱形。"

师："同学们的结论很好，这充分说明我们的学生只要肯动脑，办法总比困难多。我们现在再想一想还有没有结论。"（学生有点茫然了，我说，那么我提示一下，这些结论和对角线有关系吗？）

生（丁）："原四边形对角线不等的时候，顺次连接各边中点得到平行四边形；如果对角线相等，行到菱形；如果对角线垂直得到矩形；如果对角线相等又垂直得到正方形。"

师："非常好，我们这一节的结论就是这 4 个。其他同学听明白了吗？"

教学经验告诉我：学生提出问题，说明他已经开始思考了，在一种求知的驱使下，才能达到认真学习的目的。

在 2012 年期末考试的时候，这个全片区倒数第一的班级，只有一个学生差几分没有及格，及格率是全片区第一名，虽然 B 卷分还不高，但是这已引起了震惊，其他教师纷纷询问我是如何做到的。我说很简单，就是学生有问题让他提，一个个地解决；上课鼓励学生思考，每次考试学生做好总结和再思考。我想简单的问题能解决，学生下学期在 B 卷的能力方面，学生也会有兴趣、有信心去改变。

其实，农村学生并不差，差的是教师合理地引导，差的是一个伯乐的关怀，差的是良好的学习习惯。因此，我们农村的初中数学教师不要墨守成规，而要完善自我，用微笑感染学生，用语言鼓励学生，用幽默愉悦学生，用关爱触动学生，这样才能实现师生之间的和谐。找准一个支点，给学生一片蓝天，相信我们的努力一定能实现课堂教学的高效，我们的学生一定会有一个美好灿烂的明天！

# 给农村学生插上飞翔的翅膀

## ——浅谈农村初中生数学核心素养培养

党的十八大提出："立德树人是教育的根本任务。"而数学学科教育的核心任务是"数学育人，发展学生的核心素养"。数学素养已经由培养学生运算、逻辑推理、空间想象三大能力逐步发展为数学抽象、逻辑推理、数学建模、直观想象、数学运算、数据分析六大核心素养。对于农村学生来说，数学是学起来比较困难的学科之一，如何让农村初中生获得核心素养要求的"个人终身发展和社会发展需要的数学思维品质与关键能力"呢？

近年来我结合核心素养的要求和教学实际，对课堂与学生、教学模式与课堂效率、作业设置与学生学力等进行了一些研究，我认为要培养农村初中生数学学科核心素养，应该从以下七个方面入手。

### 一、融会贯通，学会抽象概括，发现数学的本质

数学家华罗庚曾强调："能把书读厚，又能把书读薄。"把书读厚，是对数学知识的圈解、注解，拓展与延伸；读薄，就是把握数学的核心。

现在农村初中生受一些电子游戏和影视剧的影响，对于读书越来越没有兴趣，厚厚的书，根本就没有心思去读，他们喜欢形象直接的东西。例如，几年前很火的《三生三世十里桃花》，很多学生追剧、追星，成天迷恋于剧中情节。虽然网上早就有免费的电子版学科知识课件，或讲习，或趣味学科知识小视频，可是学生就是不愿意看。由此可见，让数学简洁、清晰易懂，就是要把书变薄，变得更概括，变得更加符合学生学习的口味，这是我们每个教师都应该深入研

究的问题。

简单地说，就是学生能够通过例题进行总结和归纳，形成相应的数学结论和解题办法。这对于公式、定理、法则的学习尤为重要。

又如，我在七年级教授整式除法的时候，引导学生明确乘除之间的互逆关系，可以采用类比的办法来学习和归纳整式除法法则（见下表）。

| 步骤 | 单项式相乘 | 单项式相除 |
|------|-----------|-----------|
| 第一步 | 系数相乘 | 系数相除 |
| 第二步 | 同底数幂相乘 | 同底数幂相除 |
| 第三步 | 其余字母不变，连同其指数作为积的因式 | 只在被除式里含有的字母连同其指数一起作为商的因式 |

类似的学习还有很多，如代数中乘方和开方是互逆关系，学生在学习乘方的基础上，就可以通过互逆关系掌握开方的法则。

几何中有互逆的定理，如"两直线平行，同位角相等"和"同位角相等，两直线平行"。通过对命题互逆关系的学习，学生可以探究事物的正反两个方面，促进抽象理解概括能力的发展。

北师大教材七年级上册对于几何体的学习，通过实物的观察，抽象出数学中的几何体形状，教师可让学生明确什么是棱柱、球……

在特殊的平行四边形学习中，通过平行四边形边、角、对角线的变化得到菱形、矩形、正方形，教师可让学生明确它们之间的集合关系，有助于学生掌握它们之间的区别与联系。

在三角形相似的证明中，让学生总结三角形相似的基本模型：X 型、A 型、K 型、母子型……在复杂图形中，学生会找到或构造基本图形来解决问题。如遇到证明等积式成立的问题，往往归纳的方法就是等积式变比例式，找相似三角形，找等量代换。

在学反比例函数时，教师可引导学生发现参数 $K$ 的作用和一次函数的 $k$ 的作用的共同点都是确定图像所在的象限：$k>0$，图像经过一、三象限；$k<0$，图像经过二、四象限。

**教学感悟：**通过这种融会贯通的学习方法，学生就会自然地生发学习兴趣，产生对数学学习的激情，从而逐渐产生对学科的求知欲，学习生活更有趣，学生学习生活更愉快，学习变得更轻松！这样学生的学习能力就会显著提高，我们的课堂效率就会显著提升，我们的学科质量就会达到令人满意的效果。

## 二、抽丝剥茧，厘清关系，培养学生逻辑推理能力

由于区域的限制，农村学生对问题的思考往往比较简单，这种现象在学科学习方面也表现得淋漓尽致。在数学学科学习中，学生习惯直接得出结论，往往忽略过程，尤其是几何题，能得到答案或结论，但是却没有严密的推理过程。还有一部分学生厘不清楚关系，往往几何解答或证明题是放弃的。

如何让农村学生学会逻辑推理呢？

教师可以尝试让学生观看动画片《名侦探柯南》，阅读侦探小说《福尔摩斯》，让学生首先明确逻辑推理的重要性，同时让学生明确解决问题需要找到关键的蛛丝马迹，然后顺藤摸瓜、抽丝剥茧地解决问题。

下面以一道中考题第一小问来说明如何抽丝剥茧。

如图 1 所示，已知点 $C$ 是以 $AB$ 为直径的 $\odot O$ 上一点，$CH \perp AB$ 于点 $H$，过点 $B$ 作 $\odot O$ 的切线交直线 $AC$ 于点 $D$，点 $E$ 为 $CH$ 的中点，连接 $AE$ 并延长交 $BD$ 于点 $F$，直线 $CF$ 交 $AB$ 的延长线于点 $G$。

（1）求证：$AE \cdot FD = AF \cdot EC$。

（2）求证：$FC = FB$。

（3）若 $FB = FE = 2$，求 $\odot O$ 的半径 $r$ 的长。

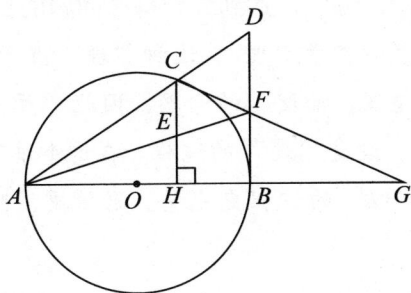

图 1

首先，读题。读题的目的是读懂题意，厘清已知条件与未知条件之间的关系，以便抽丝剥茧。（告诉学生，在这个环节，在图上标注已知条件，方便从图

形中找到关系。勤思、动脑、动手是学好数学的常用学习模式，是每个学习者，特别是学生所应该养成的基本素质。）

其次，从问题入手，根据问题找方法、找条件，进一步厘清已知条件与未知条件之间的关系，为严密表述奠定基础。

此题第一问是证明等积式成立。前面提到，等积式要变比例式找相似三角形。为了让农村学生更形象地理解如何变比例式，此处提醒学生用口诀："左比右等于右比左。"由此得到 $\dfrac{AE}{AF}=\dfrac{EC}{FD}$。再引导学生横看或竖看比例式找相似三角形。于是我们得到两个三角形：$\triangle AEC$、$\triangle AFD$。要证明三角形相似，需要找基本模型，于是观察图发现，这两个三角形构成了 A 型。接下来想一想 A 型证明相似的办法：平行线截得的两个三角形相似；两组对应角相等的三角形相似；对应比成比例及其夹角相等的两个三角形相似。观察图形，除了一个公共角外没有给定其他角的关系，更没有边的关系，于是选择证明 $CE /\!/ DF$ 的办法。

要证明两条直线平行，方法有五种：①同位角相等，两条直线平行；②内错角相等，两条直线平行；③同旁内角相等，两条直线平行；④平行于同一直线的两条直线平行；⑤垂直于同一直线的两条直线平行。从此题发现有 $CH \perp AB$，于是可采用垂直于同一直线的两直线平行。但是另一个垂直关系在哪儿呢？仔细读题，发现有切线，看到切线就要想到过切点的直线和切线垂直，顺理成章得到了 $DB \perp AB$，问题就迎刃而解了。

最后，教师引导学生把推理过程倒过来，就是证明的过程。一点点发现线索，根据线索来思考相应的办法，达到综合解决问题的目的。

**教学感悟：**理科的教学在于"理"，这种"理"在于"厘"，厘清的意思主要来自厘，"厘"有"整理、治理"的意思，因此"厘清"就是整理清楚的意思。这种"厘"的过程，就是"理"的过程。在这个过程中，我们要教给学生"厘"的方法，从而使"理"的过程更完整、思维更清晰、逻辑更严密、表述更准确。

## 三、理解实质，提炼模型，提高应用与拓展能力

根据百度百科的解释：数学建模就是构造数学模型的过程，即用数学的语言、公式、符号、图表等刻画和描述一个实际问题，然后经过数学的处理（计

算、迭代等）得到定量的结果，以供人们分析、预报、决策和控制。

数学建模者认为：数学无所不在、无所不能，具备数学素养的学生会在现实生活中不断地发现数学问题，并利用掌握的数学知识来解决问题。

北师大初中数学教材 2014 版九年级上册 163 页至 172 页的"综合与实践"内容，无论是"制作视力表"还是"池塘里有多少条鱼"，都渗透了数学建模思想。由于受应试教育的影响，这样的内容往往都被农村教师所忽略。恰恰这部分内容体现了数学既源于生活，又为生活服务的本质，是提高学生数学核心素养的关键之一。

应试教育下的农村初中数学教师仍然可以根据学生已把握的数学模型来渗透建模思想，鼓励学生掌握每种基本数学模型的实质，运用数学模型来解决问题。大纲要求学生运用的数学模型包括：根据现实生活中常见的等量或不等量关系，建立方程（组）或不等式（组）；根据变量关系，建立函数关系；根据图形的性质特征，建立几何模型；根据测高问题，建立三角函数模型；根据数据的收集与整理，建立统计模型；等等。

现以不等量关系建立不等式组解决问题为例进行说明。

实质：问题存在不等量关系。关键词有不大小、不小于、不超过、大于、小于、不等于等。

"保护好环境，拒绝冒黑烟。"某市公交公司将淘汰某一条线路上"冒黑烟"较严重的公交车，计划购买 A 型和 B 型两种环保节能公交车共 10 辆，若购买 A 型公交车 1 辆，B 型公交车 2 辆，共需 400 万元；若购买 A 型公交车 2 辆，B 型公交车 1 辆，共需 350 万元。

（1）购买 A 型和 B 型公交车每辆各需多少万元？

（2）预计在该线路上 A 型和 B 型公交车每辆年均载客量分别为 60 万人次和 100 万人次。若该公司购买 A 型和 B 型公交车的总费用不超过 1200 万元，且确保这 10 辆公交车在该线路的年均载客总和不少于 680 万人次，则该公司有哪几种购车方案？哪种购车方案总费用最少？最少总费用是多少？

通过阅读题目，我们发现第一个问题涉及的等量关系是单价×数量＝总价，可建立方程组模型来解决问题。

第二个问题，我们会发现"不超过""不少于"这两个关键词，这就需要学生列不等式组来解决问题。也就是说，在平时的教学中，教师要让农村学生把握各类数学模型的实质，如测高问题，在初中阶段，利用三角函数解决问题，必须放在直角三角形中，那么第一步就是找直角三角形，没有直角三角形，就要保留特殊角构建直角三角形，才能根据条件选择适当的三角函数解决问题。

我们可求得：第（1）小题购买 A 型和 B 型分别需要 100 万元和 150 万元。第（2）小题涉及两种型号的总费用和载客总量，可设 A 型有 $x$ 辆，则 B 型有（$10 - x$）辆，根据数量关系可得两种型号公交车的总费用为 $100x + 150（10 - x）$，总费用不超过 1200 万元，则 $100x + 150（10 - x）$ 应该小于等于 1200 万元，因此建立不等关系：$100x + 150（10 - x）\leqslant 1200$；同理，可建立另一个不等式关系：$60x + 100（10 - x）\geqslant 680$，从而建立不等式组解决问题。

**教学感悟：**教学在于心，教学的过程是师生之间心与心沟通的过程，在这个过程中，教师要用心走进学生的心灵，这样才能产生心心相印的显著效果。

因此，在教学过程中，教师应鼓励农村学生运用数学模型去解决生活中的问题，提高他们学习数学的兴趣（这个兴趣就是我们教学中的心与心的沟通效应）。农村学生的观念是实用主义，既然学习数学是有用的，学生自然就会加强这方面的学习。例如，中考中也常常运用"将军饮马"这个模型来求最值，这个模型既有现实的有趣生活背景，又能激发学生建立数学模型解决问题的兴趣。

## 四、直接感知，以形促数，形成几何直观

教学方式在教学过程中对学生的学习效率有着至关重要的作用，特别是直观教学所产生的效果更为显著，因为直观教学可以使学生产生直接的感知效应，这比抽象的推理讲解要好得多。正如荷兰数学家弗赖登塔尔所说："几何直观能告诉我们什么是可能重要，可能有意义和可接近的，并使我们在课题、概念与方法的荒漠之中免于陷入歧途。"

下文以一道中考题为例进行说明。

阅读材料：

例：说明代数式 $\sqrt{x^2 + 1} + \sqrt{(x - 3)^2 + 4}$ 的几何意义，并求它的最小值。

解：$\sqrt{x^2 + 1} + \sqrt{(x - 3)^2 + 4} = \sqrt{(x - 0)^2 + 1^2} + \sqrt{(x - 3)^2 + 2^2}$。

如图 2 所示，建立平面直角坐标系，点 $P（x，0）$ 是 $x$ 轴上一点，则 $\sqrt{(x - 0)^2 + 1^2}$ 可以看成点 $P$ 与点 $A（0，1）$ 的距离，$\sqrt{(x - 3)^2 + 2^2}$ 可以看成

点 $P$ 与点 $B$（3，2）的距离，所以原代数式的值可以看成线段 $PA$ 与 $PB$ 长度之和，它的最小值就是 $PA+PB$ 的最小值。

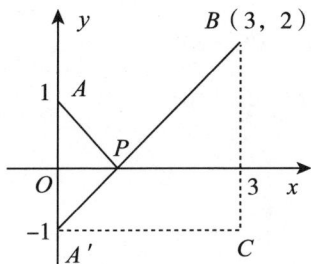

图2

设点 $A$ 关于 $x$ 轴的对称点为 $A'$，则 $PA=PA'$。因此，求 $PA+PB$ 的最小值，只需求 $PA'+PB$ 的最小值，而点 $A'$、$B$ 间的直线段距离最短，所以 $PA'+PB$ 的最小值为线段 $A'B$ 的长度。为此，构造直角三角形 $A'CB$，因为 $A'C=3$，$CB=3$，所以 $A'B=3\sqrt{2}$，即原式的最小值为 $3\sqrt{2}$。

根据以上阅读材料，解答下列问题：

（1）代数式 $\sqrt{(x-1)^2+1}+\sqrt{(x-2)^2+9}$ 的值可以看成平面直角坐标系中点 $P$（$x$，0）与点 $A$（1，1）、点 $B$ _____的距离之和。（填写点 $B$ 的坐标）

（2）代数式 $\sqrt{x^2+49}+\sqrt{x^2-12x+37}$ 的最小值为 _____。

此题如果用代数方法来求，对于农村学生来说是丈二和尚摸不着头脑。通过阅读材料，可以用几何直观来解决问题。

解：（1）∵ 原式化为 $\sqrt{(x-2)^2+1^2}+\sqrt{(x-2)^2+3^3}$ 的形式

∴ 代数式 $\sqrt{(x-2)^2+1}+\sqrt{(x-2)^2+9}$ 的值可以看成平面直角坐标系中点 $P$（$x$，0）与点 $A$（1，1）、点 $B$（2，3）的距离之和，故答案为（2，3）

（2）∵ 原式化为 $\sqrt{(x-0)^2+7^2}+\sqrt{(x-6)^2+1^2}$ 的形式

∴ 所求代数式的值可以看成平面直角坐标系中点 $P$（$x$，0）与点 $A$（0，7）、点 $B$（6，1）的距离之和

如图3所示，设点 $A$ 关于 $x$ 轴的对称点为 $A'$，则 $PA=PA'$

∴ 求 $PA+PB$ 的最小值，只需求 $PA'+PB$ 的最小值，而点 $A'$、$B$ 间的直线

段距离最短

∴ $PA' + PB$ 的最小值为线段 $A'B$ 的长度

∵ $A$（0，7），$B$（6，1）

∴ $A'$（0，−7），$A'C = 6$，$BC = 8$

∴ $A'B$ $\sqrt{A'C^2 + BC^2}$ + $\sqrt{6^2 + 8^2}$ = 10

故答案为 10。

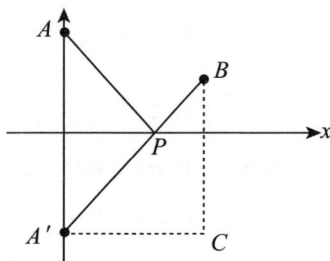

图 3

此题就建立了"将军饮马"的几何直观模型来解决代数问题。

农村学生生活的环境有大量可观察、可操作的东西存在，教师要鼓励学生多角度地去观察生活中的物体，发展空间想象能力，动手验证自己的猜想。例如，北师大八年级数学上册第一章学习勾股定理时，有一道题是探索长方体上蚂蚁所走的最短路径的问题。教师可让学生动手做长方体模型，体会最短路径的来源，然后发展到几何直观想象，这样更有助于农村学生掌握几何直观。

**教学感悟：** *几何直观，以数促形，解决问题，效果显著。*

## 五、掌握算理，神机妙算，提高学生运算能力

以前农村初中生运算能力还不错，中考计算题型基本能掌握，可现在农村初中生缺乏学习动力，对学习不感兴趣，导致计算能力严重下降。对于实数的运算、分式化简、解方程与不等式组、分式方程、一元二次方程等几类常见运算类型都存在问题。

有这样一个现象，你今天教什么，学生会什么，明天再做，又回到原点，什么都不会了。例如，对于九年级的学生，今天复习了 4 的平方与算术平方根的区别，今天会做了，但明天再练时，又是混淆的，甚至，换成 8 的立方根，

他的答案也是 ±2。面对农村学生存在的运算问题，教师首先要激发学生的学习兴趣，然后让学生认真分析、仔细审题，掌握基本的概念，厘清运算顺序，提高运算技巧。

对于提高学生的运算兴趣，办法很多，如教师可以讲三国最著名的军事家诸葛亮，他精通天文、地理、数学、军事等方面的知识，所以能神机妙算地借得东风火烧赤壁。

对于基础特别差的农村学生，最浅显的口号就是"认对人，走对门"（让学习过程产生兴趣效应，让学生的学习过程无懒散的缝隙可钻）。以 2016 年四川绵阳市中考题为例：

$$\left(\pi - 3.14\right)^0 - \left|\sqrt{12}\sin 60° - 1\right| + \left(\frac{1}{2}\right)^{-1}$$

教师让学生先观察有哪些运算，达到"认对人"的目的，可发现有零指数、负指数、绝对值、二次根式化简、特殊三角函数值等几种运算。

接下来是"走对门"，要让学生牢记方法：一个非零的数的零次方为 1，负指数运算的口诀是"底倒指反"（底数变倒数，负指数变正指数）、会背特殊三角函数值，不会背的东西必须掌握三角函数的定义，通过含有 45° 和 60° 两个直角三角形三边关系来推导，但建议对于基础差的农村学生最好是熟记特殊三角函数值。二次根式化简要求化成最简二次根式，要明确最简二次根式的概念；掌握绝对值运算法则，尤其是多项式的绝对值化简，绝对值里面为负数，结果一定要取每项的相反数，绝对值前面有减号，结果一定要先带括号。

**教学感悟：**要提高学生的数学学习能力，兴趣是关键。要提高学生的学习兴趣，就要让学生克服学习过程中的懒散。要使学生克服懒散，兴趣教学是关键。

说实在的，教师只有明确考试大纲要求，让学生明确算理，对症下药，才能事半功倍地解决学生的计算问题，提高农村学生的运算能力。

## 六、循序渐进，学会数据统计与分析，成为数据时代的决策者

社会在发展，时代在进步，新思维、新理念、新技术进一步加深了"大众创业，万众创新"的内涵。

大数据时代，网络上有这样一个调侃的段子：

某比萨店的电话铃声响了，客服人员拿起电话。

客服："××比萨店，您好，请问有什么需要我为您服务?"

顾客："你好，我想要一份……"

客服："先生，烦请先把您的会员卡号告诉我。"

顾客："16846146＊＊＊。"

客服："陈先生，您好！您是住在泉州路一号12楼1205室，您家电话是2646＊＊＊＊，您公司电话是4666＊＊＊＊，您的手机是1391234＊＊＊＊。请问您想用哪一个电话付费?"

顾客："你为什么知道我所有的电话号码?"

客服："陈先生，因为我们联机到CRM系统。"

顾客："我想要一个海鲜比萨……"

客服："陈先生，海鲜比萨不适合您。"

顾客："为什么?"

客服："根据您的医疗记录，您的血压和胆固醇都偏高。"

顾客："那你们有什么可以推荐的?"

客服："您可以试试我们的低脂健康比萨。"

顾客："你怎么知道我会喜欢吃这种比萨?"

客服："您上星期一在中央图书馆借了一本《低脂健康食谱》。"

顾客："好。那我要一个家庭特大号比萨，要付多少钱?"

客服："99元，这个足够您一家六口吃了。但您母亲应该少吃，她上个月刚刚做了心脏搭桥手术，还处在恢复期。"

顾客："那可以刷卡吗?"

客服："陈先生，对不起。请您付现款，因为您的信用卡已经刷爆了，您现在还欠银行4807元，还不包括房贷利息。"

顾客："那我先去附近的提款机提款。"

客服："陈先生，根据您的记录，您已经超过今日提款限额。"

顾客："算了，你们直接把比萨送我家吧，家里有现金。你们多久会送到?"

客服："大约30分钟。如果您不想等，可以自己骑车来。"

顾客："为什么?"

客服："根据我们CRM全球定位系统的车辆行驶自动跟踪系统记录，您登记有一辆车号为 SB-748 的摩托车，而目前您正在解放路东段华联商场右侧骑着这辆摩托车。"

顾客当即晕倒……

虽然是调侃，但也充分说明了大数据时代给生活带来的各种可能。

前文刚刚提到的诸葛先生是古代数据统计与分析的杰出代表，现在身处大数据时代的我们，分分钟都能感受到数据分析带给我们的生活便利，如天气预报，现在墨迹天气，根据卫星云图的演变推算，可以预测大概什么时候下雨，持续时间有多长，让人们不再为天气预报的不准确而发愁。

怎样在生活中取胜？自然是统计各种数据，运筹帷幄，分析概率，找出解决问题的最佳方案。

农村学生对于统计知识的掌握在于基本概念的理解，对于统计办法之间的区别与联系认识还不够。

2016 年成都中考有这样一道选择题：

学校准备从甲、乙、丙、丁四个科创小组中选出一组代表学校参加青少年科技创新大赛，各组平时成绩的平均数 $\overline{x}$（单位：分）及方差 $s^2$ 见下表。

| 成绩 \ 科创小组 | 甲 | 乙 | 丙 | 丁 |
|---|---|---|---|---|
| $\overline{x}$ | 7 | 8 | 8 | 7 |
| $s^2$ | 1 | 1.2 | 1 | 1.8 |

如果要选出一个成绩较好且状态稳定的组去参赛，那么应选的组是（　　）。

A. 甲　　　　　B. 乙　　　　　C. 丙　　　　　D. 丁

此题错误率相当高，尤其是农村学生的得分率相当低。教师平时引导学生分析此类题，只考查一个方差知识：方差越小，波动越小，成绩越稳定。而此题有两个方差一样小，农村学生的综合分析问题能力欠缺，没有考虑到平均数越高，成绩也越好。于是随便蒙了一个，造成了失误。

因此，对于统计知识的学习，一定要稳扎稳打，弄清方差与平均数之间的区别与联系，学会综合运用统计知识解决问题。

实践能力需从小培养，我交给农村初中生的任务是运用所学的统计知识，给父母提供种植或养殖建议，让学生体会统计知识的重要性，分析数据得出方案，而不是父母盲目地跟风。为什么种植的蔬菜滞销，为什么会出现"蒜你狠""天价樱桃"？这些问题会驱动学生思考，使他们体会到数学的核心作用。

**教学感悟：** 教学要紧扣生活，贴近实际，循序渐进，让学生学会数据统计与分析，成为数据时代的决策者，使他们学会自主，产生梦想，实现理想，成为未来生活的主人，这比我们很多次的思想教育要好得多。

## 七、授人以渔，学会让题"变脸"，提升农村学生数学核心素养

有一部分农村学生只会做老师教过的类型的题，稍微变化一下题目，就放弃思考。这说明部分农村学生学习相对死板，缺乏灵活性。我们需要教给学生更科学的学习方法，让他们掌握其中的诀窍。

最近几年成都市中考数学考查的类型相对固定，按理说教师按大纲和考点复习，学生考试应该没有问题，但实际上，农村学生类型题的得分率比城市学生要低得多。究其根源，还是教师在平时的教学中忽略了变式练习，忽略了一题多解。

川剧有一个绝活叫作"变脸"，让川剧刻画人物性格更出色，也让表演更精彩，更吸引人。数学教师也应该拥有这项技能，让数学题"变脸"，但千变万变不离其宗，让农村学生在变式训练中找到解题的本质，这就是我们通常所说的知识迁移。

数学是思维的体操，教师要通过变式练习和一题多解搭建学生的数学思维平台，建构其基本数学知识模型，逐步培养学生的数学核心素养。

北师大七年级数学教材下册第二章"相交线与平行线"有这样一道题：

例：如图 4 所示，已知 $\angle ABE + \angle DEB = 180°$，$\angle 1 = \angle 2$，求证：$\angle F = \angle G$。

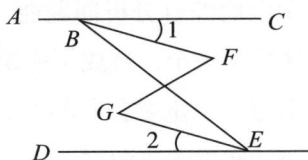

图4

这里抛砖引玉说一下图形可以这样变化（图5）：

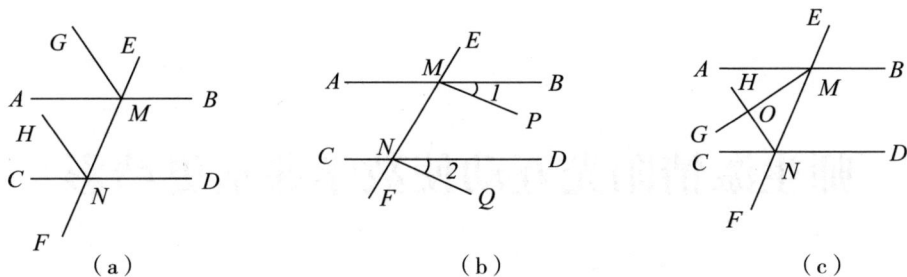

（a）　　　　　　　　（b）　　　　　　　　（c）

图5

**教学感悟：**方法是学好知识的钥匙，通常是一把钥匙开一把锁。但是对于学习我们要学会"一把钥匙开多把锁"，这就是我们日常生活中的"万能钥匙"。这样我们生活中的数学问题都不是问题。

总之，只有广大农村初中生数学核心素养的提高，才可能推动全民数学核心素养的提高。为此，教师要围绕数学核心素养的六大方面，采取相应的教学策略，激发农村初中生的学习兴趣，逐步完善培养途径和机制，促进农村初中生数学核心素养的全面提高。这相当于给农村初中生插上可以飞翔的翅膀，让他们在数学学习中飞得更高，也为今后农村初中生适应大数据时代社会发展奠定了基础。

# 师生激情阳光互动使数学课堂更精彩

新课程改革是 21 世纪中国教育领域的重大改革。这次改革的核心是将传统的"教师传授、学生接受"转变为"学生主讲、教师主导"。朱永新教授在阐述新教育理念时强调："现在我们的课堂要让'师生过一种幸福完美的教育生活'。"因此，我认为，"学生主讲"就是让学生结合已有的知识，在学习新知识的过程中，充分发表自己的见解和看法；"教师主导"就是在"学生主讲"的过程中，若学生出现理解和看法上的差异，教师进行恰如其分的点拨。"学生主讲"与"教师主导"有机结合，从而构建出一种新型的师生对话与交往的关系。

我们要相信，每个学生都有创新能力，每个学生都有可以挖掘的内在潜质。因此，我们的课堂教学要重视培养学生的创新精神、实践能力、科学和人文素养，这是我们时代对教育的要求。这就要求教师在开展课堂教学时把学生放在工作的首位。在教学过程中，教师应与学生积极互动、共同发展，要注意培养学生的独立性和自主性，引导学生质疑、调查、探究，在实践中学习；教师要引导学生主动学习，并进行富有个性的学习。在课堂教学中，教师要尊重学生的人格，关注学生的个体差异，满足不同学生的学习需要。在设计课堂教学模式时，教师要注意创设能引导学生主动参与的课堂教学环境，努力激发学生的学习主动性，培养学生掌握和运用知识的态度和能力，使每个学生都能得到充分发展；使每个学生在学习过程中都看到自己的希望，我想这是我们每个教师所期盼的。

新教育提倡课堂"活"起来，只要有行动，就有收获。因此，在课堂上，教师要让每一个学生都有展示自我的机会，要让每一个学生都有获得成功的体验，要让每一个学生都享受成功的喜悦，从而更有利于培养学生的自信、自尊、自爱、自强，使学生养成优秀的、健康的、向上的人格。在课堂教学过程中，教师要有"爱的春风",让学生在爱的教育过程中相信自己,养成正确的世界、人生观、价值观。我相信只要付出努力,就能获得好的收获。

　　近5年来,我致力于课堂教学模式与效果关系的研究。在研究的过程中,我尊重学生的平等权利,力求为每一个学生创设平等表现、平等参与的机会。我认为,教育是一种心灵感悟,是一种教育灵魂的升华。因此,在我们的课堂教学中,教师要时时关爱学生,处处关心学生,教师要牢固树立"一切为了学生,为了学生的一切"的理念,学生要有"一切为了同学,为了同学的一切"的思想。这样我们的课堂才会师生幸福,教学效果显著。

　　2014年10月21日,我承担了片区七年级的数学公开课。我选了北师大数学七年级上册第三章"整式及其加减"第四节"整式的加减",然后我对这节内容进行了整合,选取了一个专题《化简求值》。

　　下文是这节课的课堂实录。

　　师:"现在我们通过课前开心一刻,拉开今天快乐数学学习的序幕。"

　　(PPT展示)

---

**课前开心一刻**

　　一数学老师去超市购物,一乞丐伸手说:"哥,给点钱吧,一块、五毛都可以。"

　　数学老师愤怒地对他喊道:"哥一月工资2500,每天工作8小时以上,除去节假日一个月10560分钟赚2500,每分钟赚0.226元,你花7秒说13字,就跟我要的1块钱,哥要花265秒才能挣回来,你居然还敢跟我要钱?"

　　乞丐听后给了老师2块,……痛哭流涕地握着数学老师的手说:"兄弟!这样吧!加入我们队伍吧,上下班自由!"

---

学生会心一笑。

　　师:"这个小笑话反映了这位数学教师扎实的数学功底,今天我们的数学学习的内容也是计算,看我们能不能比他厉害!"

　　生:"我们能!"

　　师:"好,现在我们开始今天的学习:《整式化简》。"

　　(设计理念:学生的学习效果与学生的学习激情有着密切的关系。俗话说:

"兴趣是最好的老师。"学生没有兴趣，就没有积极主动学习的激情，学生没有积极主动的学习激情，就没有主动参与课堂教学环节的信心，也就没有踊跃发言的勇气。因此，我们在课堂教学时把应课堂情境的营造放在首位。课前"开心一刻"，就是营造"一种好的课堂环境"，创设"一种好的学习气氛"，以达到激发学生学习兴趣，提高课堂教学效果的目的。）

（PPT 展示）

---

一、我们来回顾（1）

1. 简单的有理数计算（口算哦！）

(1) $-5+3=$      (2) $-5-3=$

(3) $3\times(-3)=$      (4) $-6\div(-2)=$

(5) $-\dfrac{1}{3}\times(-6)+2=$

(6) $\left(\dfrac{2}{3}+\dfrac{1}{12}-\dfrac{5}{6}\right)\times(-24)=$

---

师："现在请这一列同学来回答。"

学生依次站起来回答，都正确。

（这个环节的目的是强化学生的计算能力和口算能力，为合并同类项系数奠定基础）

师："接下来，我们回顾。"

（PPT 展示）

---

一、我们来回顾（2）

1. $-\dfrac{1}{3}\pi a^2 bc$ 与 $2ba^2c$。

2. 什么是同类项？请问上边这两个单项式是不是同类项。

3. 怎样对 $-3a+2b-3(b-2a)$ 合并同类项？

---

学生回答，并上台完成第三题，正确。

（这个环节的目的是让学生为化简求值第一步奠定基础，化简的第一步是合并同类项。）

师："同学们对合并类项掌握得不错，接下来我们自觉学习以下内容。"

（设计理念：学习知识的过程就是一个对学科问题探究的过程。数学是理科的范畴，学科重在"理"。这个"理"就强调了数学学科新旧知识的衔接关系。我们所说的"温故而知新"就是这个道理。因此，我设置的"我们来回顾"这一环节就是新旧知识衔接的一个有效措施，这不仅做到了学科知识的有效衔接，还可以更有效地调动学生对问题的探究，这对提高学生学习效率很有帮助。）

（PPT 展示）

> 二、我们来自学
>
> 教材 P91，做一做，求代数式 $-3x^2y + 5x - 0.5x^2y + 3.5x^2y - 2$ 的值。
>
> 其中 $x = \dfrac{1}{5}$，$y = 7$。
>
> 说说你是怎么做的。
>
> 要求：各小组讨论，找出解题方法，并上台来讲解此题。

师："请各小组进行讨论，找出解题方法。"

（各小组立即行动起来，开始进行讨论，全班分成了十二个小组，每个小组由四名学生构成，每小组由一名尖子生、两名中等生、一名后进生构成。由尖子生组织大家讨论，商量解题方法。平时的辅导，即所谓的"兵教兵"也是组内完成，组长不能解决的问题，要及时和其他组长讨论或者到各办公室找老师帮忙解决，然后再给小组其他同学讲。）

（教师巡视各小组，观察各小组讨论的情况，并参与个别小组的讨论。）

师："通过刚才的讨论，我发现三种方法，请第三小组的同学介绍你们的方法。"

生："我们小组是直接把 $x$，$y$ 代入代数式，然后算得结果是 $-1$。"

师："好，我们再请第七小组的同学介绍你们的方法。"

生："我们小组是把每个单项式的值求出来，再求它们的和，结果也是 $-1$。"

师："好的，现在请第二小组的同学来汇报你们讨论的结果。"

生："我们这个小组同先合并同类项，然后再代入已知数值。"

师："请上台来展示你们的解题过程。"

（课堂气氛热烈，学生踊跃展示。）

（设计理念：课程改革的核心是要以学生为主体。因此，我们在课堂教学时，必须根据学生身心发展和数学学习的特点，培养学生的好奇心、求知欲，鼓励学生自主学习、自由表达，充分激发他们的问题意识和进取精神，关注学生的个体差异和不同的学习需求，积极倡导自主、合作、探究的学习方式。教学内容的确定、教学方法的选择、评价方式的设计，都应有助于这种学习方式的形成。"我们来自学"这个环节旨在培养学生的自学能力、相互合作能力以及学生对问题的探究能力。）

（PPT展示）

---

三、我们来展示

$-3x^2y + 5x \quad -0.5x^2y + 3.5x^2y - 2$

其中 $x = \dfrac{1}{5}$，$y = 7$。

解：原式 $= 5x - 2$。

当 $x = \dfrac{1}{5}$ 时，原式 $= 5 \times \dfrac{1}{5} - 2 = -1$。

---

师："好，我们先给第二小组的同学掌声，然后大家比较三种解题方法，哪种方法更简便？"

生："第三种。"

师："很好，这就是我们今天学习的课题，先化简后求值，这样做就会使计算更简单。大家再回顾一下第二小组是如何完成的。"

生："先把多项式中的同类项合并，直到不能合并为止，再代值进去。"

（课堂教学在学生积极、主动的交流与探究中有序地推进。课堂上，学生感受到的是一种快乐，教师感受到的是一种愉悦，师生共同体现的是一种幸福。）

师："非常好，现在我们就用这种方法来解决下面两道题，看看哪组做得又快又正确。"

（设计理念：学生都有展示自己学习成果的愿望，在设计教学环节的时候，教师要多给学生创设一些展示的平台，多给学生提供一些表演的机会。这比"教师课后发现作业问题，再解决作业问题，然后再次巩固知识点"要好得多，效率也要高得多，学生学习也要有兴趣得多。"我们来展示"这个环节就让学生自己去展示学习效果，自己去发现问题，自己去解决问题，自己去探究学习方法与策略，从而达到课堂高效的效果。）

（PPT 展示）

> ### 四、我们来巩固
> 教材 P91 随堂练习 3，求代数式的值。
>
> （1）$8p^2 - 7q + 6q - 7p^2 - 7$，其中 $p = 3$，$q = 3$。
>
> （2）$\frac{1}{3}m - \frac{3}{2}n - \frac{5}{6}n - \frac{1}{6}m$，其中 $m = 6$，$n = 2$。

（各小组开始计算，并讨论计算过程是否正确。5 分钟过后，教师随机抽取了两个小组的练习本，通过投影展示他们完成的情况，发现两组都做得不错。）

师："看来大家掌握得不错，有没有兴趣再提高一点难度？"

生："有。"

师："好，下面我们来看往年的一道期末考试题。"

（设计理念：讲练结合是学生掌握新知识的有效途径。根据多年的教学经验，我知道，课堂练习比课后练习更有效，更能发现学生学习中存在的问题，更有利于有针对性地解决问题。江苏洋思中学提出"不给学生留下遗憾，坚持堂堂清"，旨在强调课堂学习过关的重要性。"我们来巩固"的目的也在于此。）

（PPT 展示）

> ### 五、我们来提高
> （3）已知 $2a^2 - \left[\frac{1}{2}(ab - 4a^2) + 8ab\right] - \frac{1}{2}ab$，其中 $a = -\frac{1}{2}$，$b = \frac{2}{3}$。
>
> 求代数式值。

师："各小组先讨论如何解决这个问题，然后一起完成此题，最后再展示成果，这次需要小组上台来讲解具体的过程，而不是只展示做题的结果。"

（各小组开始讨论，教师在课堂检查各组讨论情况。）

师："好，时间到，请第一小组的派代表上来一边展示，一边说过程。"

生："我们小组认为此题一样是需要合并同类项，和刚才的题不同的地方是多了括号，我们知道有括号去括号，这里有中括号和小括号，我们有三种方法去括号，但是我们习惯从外到内去括号的方法。我们把中括号里面看成两项，按照'同号正、异号负'的办法去掉中括号，然后，我们去掉小括号，小括号前面的系数不是 1 或 $-1$，需要用乘法分配律，依然是'同号正、异号负'。最后，合并同类项，合并结果是 $4a^2 + 9ab$，然后代值求得结果为 4。"

师："其他各小组认为第一小组的做法是否正确？"

生："正确。"

师："很好，给第一小组掌声。"

师："现在我们来总结一下解题方法。"

（学生的学习情绪高涨，小组讨论热烈，整个课堂充满着快乐、和谐、阳光的气氛。）

（设计理念："我们来提高"这个环节就是教师引导学生把所学的新知识加以运用。我在研究中发现：学生对新知识提高的关键是促进学生有效地掌握。这种掌握就是我们对学生进行有效的、快速的训练。"我们来提高"环节让学生既有"我们来"的主动性，又有"提高"的学习激情。因此，我设置这个环节既能充分调动学生学习的兴趣，又起到了巩固新知识的显著效果。）

（PPT 展示）

> 六、我们来总结
>
> 你做化简求值用到了哪些知识？
>
> 你能说出化简值的一般步骤吗？

师："请各小组组内交流。"

（学生交流，然后进行汇报。）

师："很好，大家总结得都很到位。我们做化简求值时需要运用有理数运算、去括号法则、合并同类项法则。做化简求值题，有括号一定要先去括号，然后合并同类项，再代值求结果。"

师："下面我们来拓展一下所学知识。"

（设计理念：本环节教学的关键是学生学。因此，我们的教学过程中要教会学生怎样学，这是课堂教学的核心，也是课堂教学的关键。在课堂上，我们激发学生参与；在课堂上，我们调动学生探究；在课堂上，我们引导学生归纳。这些都是学生学习的好平台，这些都是学生展示学习效果的好舞台，这些都是学生畅游数学王国的海洋。"我们来总结"环节不仅培养了学生分析问题的能力，还培养了学生综合概括的能力。因此，"我们来总结"环节就是教会学生怎样学。）

（PPT 展示）

> 七、我们来延伸
>
> 已知 $A = 4ab - 2b^2 - a^2$，$B = 3b^2 - 2a^2 + 5ab$，当 $a = \dfrac{3}{2}$，$b = \dfrac{1}{2}$ 时，求 $3B - 4A$ 的值。

（学生开始主动讨论解题方法，教师指导。）

师："经过小组讨论，大家找到解题方法了吧。现在请第五小组来说说你们的解题方法。"

生："我们把 $b$ 乘以 3，然后把 $a$ 乘以 4，再求它们的差。"

师："你们能不能说说 $b$ 乘以 3 是怎样书写的？"

生："把 $b$ 看成一个整体，加一个括号，3 写在括号前面。"

师："其他小组们认为第五小组这种写法正确吗？"

（其他小组发言，比较认同。）

师："第五小组的方法是完全正解的，无论是乘以还是除以一个多项式，这个多项式都需要带括号。另外，平时我们一直在强调，减去一个多项式，这个多项式也需要带括号。"

（学生完成题后。）

师："现在请大家注意课外巩固。"

（设计理念：课堂拓展训练有利于学生深度思维能力的培养，典型题型训练有利于学生学习潜能的开发。"我们来延伸"环节的设置目的就是在学生掌握已学知识的基础上，对学生进行思维拓展与潜能开发训练。我在多年课题研究中发现，学生思维能力的培养与学生潜力的拓展与开发是提高学生学习效能的有效途径。因此，在课堂教学过程中，教师要有意识地对学生进行这方面的培养。这样我们的课堂教学会收到令我们意想不到的好效果。）

（PPT 展示）

> 八、我们在课外加油
>
> 教材 P97，第 2 题求下列各式的值（1）～（2）小题。
>
> 练习册，P62（6）先化简后求值。

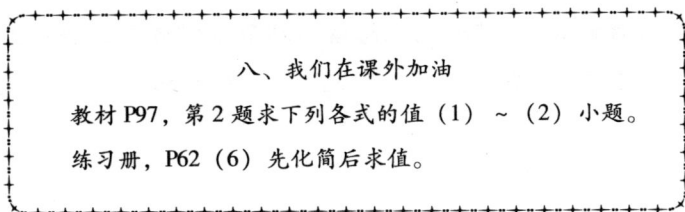

师："最后，我们要开心地说再见了，同时我们一起感谢片区来参与我们课堂的各位老师！"

学生起立向听课的教师致敬！

（设计理念："我们在课外加油"环节旨在培养学生课外学习的自觉性。"加油"就是要求学生在完成相关作业的同时，对自己所学的知识进行有效的反思，并从中不断改进自己的学习方法，以便更有效地提高自己的学习能力。）

（PPT 展示）

> 开心说再见！
>
> 兄弟打来电话："大哥，有个工程项目，我负责招标，分 4 个标段同时施工，由于赶工期，可直接进场施工，目前还有一个标段，你考虑下做不做？"我欣喜若狂："我现在过去和你谈。"赶到约定地点，原来是打麻将，三缺一！

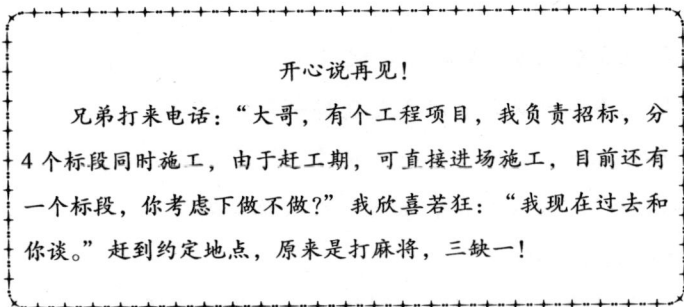

（设计理念：开课学生有好心情，课堂结束也要给学生留下余韵。设置"开心说再见"环节，这样就会收到"学生学习中快乐，课后学生也快乐"的效果。学生在"开心说再见"的同时，也会自然而然地生发一种好心情，盼望下一节数学课的到来。）

教学反思：这一节课是基于又新学校阳光课堂模式设计的。又新学校阳光课堂模式是从县教培中心"533"生命课堂模式改版而来。所谓"533"课堂教学模式是"课堂五环、教师三导、学生三实"的简称。其中，"课堂五环"即课堂主要由"自主学习、交流展示、归纳点拨、训练反馈、拓展延伸"五个基本环节构成；"教师三导"即教师在课堂上的三种主要教学行为"导学、导思、导练"；"学生三实"即学生在课堂上达成的三种目标（学习效果及情感体验）"双基牢固扎实、思维训练落实、情感体验丰实"。

又新学校阳光课堂模式提倡"五自"：①创设氛围，自由开放；②围绕目标，自主学习；③合作交流，自信沟通；④总结归纳，自然生成；⑤巩固延伸，自身发展。

研究概述：这一节课由"开心一刻"环节进入一个快乐的氛围，设计了以下几个环节：①"我们来回顾"这一环节是为整式化简奠定基础，通过有理数的口算，复习有理数运算法则，通过复习同类项的概念、合并同类项法则为化简求值奠定价值。②"我们来自学"这一环节体现阳光课堂围绕目标、自主学习的要求。这一节课的目标是会通过合并同类项，对多项式进行化简后求值，所以课堂围绕化简求值展开。在这一环节，传统课堂是告诉学生如何做更简便，而阳光课堂是让学生通过小组合作探究，亲自动手去发现最好的解题方式。在这一节课，学生发现了三种解题的办法，我让学生判断哪一种更简便，从而得出了化简求值的方法：就是要先用合并同类项的办法来化简再代值求解。在这一环节，"兵教兵""兵帮兵"，学生之间沟通无障碍。③"我们来巩固"这一环节主要是对刚才所获得的方法进行巩固练习，看学生是否能准确把握解题方法。在这里，各小组组内讨论完成，回顾了方法，同时促进后进生对这一知识的认知能力进行强化提高。④"我们来提高"这一环节是在学生基本掌握了简单的化简求值后，增加了带括号的运算。这里要用到乘法分配律，而在口算环节，已经让学生有所体验，使学生能很快找到解题的方法。事实上各小组明确总的方法是化简求值后，遇到括号去括号。⑤"我们来总结"这一环节是在解题水平提高的情况下，水到渠成地进行一个完整解题方法的归纳，体现了阳光课堂自然生成的要求。⑥"我们来延伸"这一环节的主要目的是学生能够学以致用，解决一些难题，此题需要学生自己正确建立运算整式，然后化简求值。⑦"我们在课外加油"这一环节主要是通过课后作业巩固所学的知识，让学生获得发展。⑧"开心说再见"这一环节让学生带着愉悦的心情结束一次开心的数学教学，对下一节课充满期待。

研究经验告诉我：师生激情、阳光互动就是要给学生搭建提高学习效率的平台。

给学生一个平台，让他们自己去锻炼；

给学生一个目标，让他们自己去实现；

给学生一个权利，让他们自己去选择；

给学生一个时间，让他们自己去安排；

给学生一个空间，让他们自己去交流；

给学生一个机会，让他们自己去展示；

给学生一个冲突，让他们自己去解决；

给学生一个问题，让他们自己去寻答案。

这样的课堂，使学生激情飞扬；只有这样的课堂，使学生充满阳光；这样的课堂，使学生快乐成长；只有这样的课堂，才能充分调动学生学习的积极性与主动性，实现师生情感的交融；只有这样的课堂，才会收到课堂环节紧扣、课堂气氛热烈、学生展示精彩、教师执教愉悦的显著效果；只有这样的课堂，才会在精彩中绽放出前所未有的异彩，从而实现"师生都过一种幸福完美的教育生活"。

# 雾里看花，也要看得真真切切

## ——浅谈初中数学教学策略

数学这门学科对农村初中生来说，有一层神秘的面纱。这层面纱让不少学生面对数学，就如雾里看花，亦如是，亦如非，看不真切，所以这些学生在做题时老是出错，长此以往将会导致这些学生对学习越来越没有兴趣，成为数学这门学科的后进生。教师应该怎样让学生拨开云雾，看清楚数学的本质，找到正确解题的钥匙呢？从我十几年的一线教学经验来看，我觉得应该从以下几个方面入手，才能让学生"雾里看花，也要看得真真切切"。

策略一：把握关键词，用问题驱动教学策略

教学就是传授知识与解决相应问题的集合。传授知识的关键是把握知识的核心，并在此核心基础上做相应知识拓展，以此获得新的知识。这个过程是一个问题连接另一个问题的过程。在这个过程中，我们要把握知识的核心与关键，用问题来驱动教学，促使教学更有效。在长期的教育教学实践中，我认识到，数学作为一个学科整体，应该有一个比较统一的数学教育核心观念，才有利于形成教育合力，提高学生学科学力，整体提高数学教学质量与效率。

在北师大版教学八年级下册第二章"一元一次不等式与一元一次不等式组"中，有这样一道数学题：

幼儿园把新购进的一批玩具分给小朋友。若每人 3 件，那么还剩余 59 件；若每人 5 件，那么最后一个小朋友分到玩具，但不足 4 件。这批玩具共有多少件？（特别说明：当时做此题时学生刚学列一元一次不等式解决应用题，还没有学习列不等式组解决应用题）。

师："同学们一边读题一边找关键词。"

（学生读题，找关键词。）

（课堂氛围在互动中热烈，教师使每个学生都置身于这种自主快乐的学习氛围中。）

师："读完之后，你找到的关键词是什么？和小组成员分享，看是否一致？"

生："关键词是'不足'，它表示的意思是'小于'。"

师："那么这道题我们要怎样解决？"

生："列一元一次不等式解决。"

师："那么，怎样用一元一次不等式解决应用题，你们还记得吗？"

生："跟列一元一次方程解决应用题的方法一样，先读题、审题，找数量关系，再列式、解式，检验作答。"

师："那各小组迅速行动起来，一起完成这道题。"

师："好，各小组举手示意完成了。我们来看一看我们的成果。请第一小组展示。"

第一小组："我们发现这道题设直接未知数比较困难，所以我们设了小朋友的人数为 $x$ 件，首先我们表示出玩具的总数为（$3x+59$）件，然后有 5 件玩具的小朋友是（$x-1$）人，现在就可以建立数量关系：玩具总数 − （$x-1$）个小朋友的玩具总数 = 最后一个小朋友的玩具数，最后一个小朋友玩具数不足 4 件，列式（$3x+59$）−5（$x-1$）<4，解出答案是 $x>30$，所以，我们认为小朋友有 31 人，玩具件数就是 152 件。"

（通过小组展示不仅有利于提高学生的自主学习力，还有利于提高学生的学习效果，对整体提高课堂学力是大有益处的。）

师："大家听出什么问题没有？"

生："第一小组说有 31 人，那还有 32 人，33 人呢，因为大于 30 的整数那么多。"

师："有请第一小组回答这个问题。"

第一小组："我们是通过验证的方式来说明的。当小朋友为 32 人时，玩具件数是 155 件，那么此时最后一个小朋友为 0 件，已经不符合条件了，因为不足 4 件代表至少还有一件。"

师："质疑的同学满意吗？"

生："好像挺有道理的。"

师："其他同学还有没有问题?"

生："没有了,赞成第一小组的解法。"

师："你们没有问题了,但我有哦!第一小组,数学讲究的是严谨,你们采用检验的办法来说明只有一个解,是不够严谨的。想一想,我们能不能把这个人数缩小到一定的范围,就不用一个个去试了。各小组试一试。"

学生开始讨论。

(学生在教师的引导下,再次深入探究、自主学习,并产生新的效果。)

教师巡视,5分钟后,教师问有没有找到方法。

生："没有找到。"

师："看来同学们还没预习到后面的内容,其实第一小组已经分析到了不足4件,就是小于4,但是玩具的数量不可能为负数,因此,我们还可以再列一个不等式 $(3x+59)-5(x-1)>0$,这样算出来 $x<32$,这样我们发现小朋友的人数是大于30而小于32,这样整数解就只有31。同学们,明白了没有。"

生："明白了。"

师："在后面,我们还要继续学习列一元一次不等式组来解决应用题,今天,只是给大家见识了一下,后面再系统地完成,同学们也可以预习。另外,刚才第一小组设的是间接未知数,同学们,有没有哪个小组设了直接未知数?"

有的小组反映试了一下,没列出来。

师："看来,大家对于应用题的分析还不到位哦!下面,我们一起来分析。我们设这批玩具共有 $x$ 件,那么你能表示出有多少小朋友吗?"

生："用 $\dfrac{x-59}{3}$ 表示。"

师："对,那么有多少人分得了5件玩具?"

生："$\left(\dfrac{x-59}{3}-1\right)$ 人。"

师："大家还是挺聪明的嘛,刚才是不是觉得用分数表示人数的时候不自信了,就不敢往下走了?"

生："是,怕不好解。"

师："好,我们继续。怎么表示最后一个小朋友分到的玩具?"

生："$x-5\left(\dfrac{x-59}{3}-1\right)$。"

师："非常好，现在我们可以列出不等式了"

生："$x-5\left(\dfrac{x-59}{3}-1\right)<4$。"

师："根据刚才的经验，我们能不能再列一个式子？"

生："$x-5\left(\dfrac{x-59}{3}-1\right)>0$。"

师："你们太棒了，现在就分别将这两个不等式解出来吧！"

学生分别解出的答案是 $x>149$ 和 $x<155$。

师："也就是说，玩具数是在 149 和 155 之间的整数，不包括 149 和 155，那么整数有……"

生："150，151，152，153，154。"

师："同学们还有没有问题？"

生："有。"

师："什么问题？"

生："刚才我们设间接未知数得出的玩具总数为 152 件，但是现在得出了 5 个答案，这不是矛盾了吗？"

师："非常好，那请各小组进行讨论，想一想，为什么两种方法的答案不一致呢？"

生："验证了计算过程，没有问题。"

师："大家想一想第一小组当时说到了一个情况，他们把人数想成 32 人时，玩具件数是 155，已经不符合题意了。你们能不能从这个角度出发，看这些答案中哪些不符合生活常识，应该舍去呢？"

各小组讨论后，教师请第二小组来回答。

第二小组："我们知道人的个数必须是整数，所以，我们把这几个答案代入 $\dfrac{x-59}{3}$，发现只有 152 符合条件。"

师："非常棒！大家给第二小组掌声。的确，应用题要考虑算出来的答案是否与生活常识一致。大家再比较一下两种解题方法，自己习惯哪一种，今后解题就采用哪一种。接下来，请各小组自己总结从这道题中获得的经验。"

生："就是老师所说的把握好关键词，分清数量关系，解决应用题。"

师："我们经常说，看到中垂线想什么？想中垂线上的点到线段两个端点距离相等。看到角平分线想什么？想角平分线上的点到角两边的距离相等。这样，就可以达到数量转化的目的。所以，审题的时候，一定要重视一些关键词，从关键词入手，解决数学问题。"

当前，以新教育为核心的课堂教育教学改革已经全面、深入地体现在教育教学的各个方面、各个环节，如不断更新着的教育教学基本观念、不断进行着的课程改革、不断发展着的现代化教育教学手段……这方方面面的变化都要求教师具有很强的适应能力与应变能力，紧跟时代发展的步伐，与时代同步发展。同时，教师又是一个规律性极强、成果后显的职业，盲目地求新求变，极有可能造成现今还无法预知却贻害长久的恶果。所以，我们需要尽力去把握能反映数学教育本质的教育教学基本理念，要坚定不移地把学生放在课堂第一位，以对不变的本质规律的把握来顺应瞬息万变的外部世界，来改变我们教育教学的新方式、新途径，这样的课堂教学才会高效。

策略二：把握基本数学模型，以不变应万变策略

美籍匈牙利数学家乔治·波利亚指出：解题的价值不是答案的本身，而在于弄清"是怎样想到这个解法的？""是什么促使你这样想，这样做的？"这就是说，解题过程是一个思维过程，是一个把知识与问题联系起来思考、分析、探索的过程。这个过程就是建立起我们熟悉的数学基本模型的过程。数学建模是在具体的问题分析中，尽量通过观察，抽象出主要的参量、参数并与有关的定理、原理间建立起某种关系。这样，一个具体的实际问题就转化为简化明了的数学模型。

道家哲学指出"以不变应万变"，意思是指事物时常变化，我们办事时要注意观察其变化，处变不惊。在没有变化时我们提前进行准备，将事物的变化加以充分考虑，应对千变万化的事态发展。对于数学学习也是一样，数学题号称题海，那么多题不可能一一去完成，我们要注意把数学题型归类，找到相关数学模型，无论题目怎么变化，我们都能找到不变的东西，找到基本的方法，这样解题就轻松容易得多。虽然考试试题不断创新，但无论怎样创新，考点不变。

例如，九年级下期考点复习时，有这样一道题：

（成都 2015 年中考数学 A 卷 19 题）如图 1 所示，一次函数 $y = -x + 4$ 的图

像与反比例 $y = \dfrac{k}{x}$（$k$ 为常数，且 $k \neq 0$）的图像交于 $A$（$1$，$a$），$B$ 两点。

（1）求反比例函数的表达式及点 $B$ 的坐标；

（2）在 $x$ 轴上找一点 $P$，使 $PA + PB$ 的值最小。求满足条件的点 $P$ 的坐标及 $\triangle PAB$ 的面积。

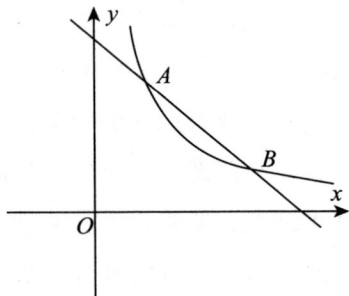

图 1

教师先让学生读题，再根据问题找方法，最后小组汇报解决方案。

（课堂上教师应多让学生自主学习，有时会产生意想不到的教学效果。）

生："要求反比例函数的表达式，一般采用待定系数法。必须知道一个明确的点代入 $k = xy$，求出 $k$ 的值。这道题中 $A$ 点的纵坐标不明确，所以我们要用这个点，必须先求出 $a$ 的值。我们发现，$A$ 点又在一次函数上，点在函数上代入函数，即可求出 $a = 3$，这样 $A$ 点为（$1$，$3$），顺理成章得到 $k = 3$，从而求出反比例函数为 $y = \dfrac{3}{x}$。要求两个函数的交点，只需要把这两个函数组成方程组求解即可，我们求出的 $B$ 点是（$3$，$1$）。"

师："你们认为这个小组汇报得如何？"

学生都认为不错，教师给予表扬。

师："第二个问题，求线段的和最小，大家以前学过这样的数学模型吗？"

生："有，'将军饮马'问题。"

师："非常好，这道题考查的是数形结合思想，要利用基本的数学模型来解决问题。现在请大家完成。"

各小组迅速行动起来，画好了示意图。

（学生动手，胜过教师多次讲解。）

师："两种示意图画好了，我们以一种情况为例来求 $P$ 点。"

师："大家怎样求 $P$ 点坐标？"

生："直接求不了。"

师："我们说数学最重要的是观察和分析。现在大家直接求不了 $P$ 点，看一看，$P$ 在什么位置？"

生："在 $x$ 轴上。"

师："在 $x$ 轴上的话，我们可不可以把 $P$ 点看成一条直线与 $x$ 轴的交点？（图 2）"

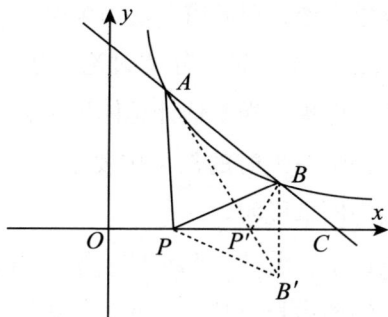

图 2

生："哦，可以看成直线 $AB'$ 与 $x$ 轴的交点。"

师："非常好，你能求出直线 $AB'$ 的表达式吗？"

教师给学生几分钟时间，然后抽取小组回答。

（课堂上让学生说，让学生体验"小老师"的感觉，有利于培养学生的自信心，对培养学生课堂专注力也是一个行之有效的方法。）

生："能，首先根据 $B'$ 与 $B$ 关于 $x$ 轴对称，得出 $B'(3, -1)$，用待定系数法求出直线 $AB'$ 的表达式为 $y = -2x + 5$。令 $y = 0$，得到 $x = \dfrac{5}{2}$，所以 $P$ 点为 $\left(\dfrac{5}{2}, 0\right)$。"

师："很好，方法完全正确。现在你们能求 $\triangle PAB$ 的面积吗？"

生："可以，用分割法。"

师："方法选择正确，虽然图形变复杂了，但是求面积的方法是不变的。各小组比赛，看谁先求出面积。"

学生先找到直线 $y = -x + 4$ 与 $x$ 轴的交点 $C$（4，0），则 $PC = \dfrac{3}{2}$，于是

$\triangle PAB$ 分割成 $\triangle APC$ 与 $\triangle BPC$ 之差，则 $S_{\triangle PAB} = S_{\triangle APC} - S_{\triangle BPC} = \dfrac{3}{2}$。

**教师点评：** 这是 2015 年一次函数与反比例函数结合的题，与 2015 年以前的中考同类型题相比，该题保持了求函数解析式，求交点、求面积这些基本要求，增加了数形结合方面的考查，我们只要能看清基本模型，解题没问题。例如相似，我们能从复杂图形中看到 A 型、X 型、子母型、K 型等，然后利用基本图形很快找到切入点。

策略三：强化数学思想渗透，提高解题能力策略

初中常见的数学思想有整体思想、分类讨论思想、方程思想、转化思想、数形结合思想、归纳与猜想思想、样本估计总体思想、函数思想等。

对每一种数学思想，教师在平时的教学中要注意渗透，并让学生学会灵活运用。现以分类讨论思想为例来说明。

例如，北师大八年级数学下册"三角形的证明"有这样一道题：

已知一个等腰三角形的两边长分别是 3 和 7，则它的周长为_____。

教师首先要指出为什么要分类讨论。因为等腰三角形的边分腰和底边。已知的两边肯定一条边是腰，一条边是底边，这里没明确指出谁是腰谁是底边，所以要分类讨论。

特别要注意两点：一是分类讨论要"不重不漏"，二是分类讨论的结果是否符合题意。如此题，当腰为 3 时，$3 + 3 < 7$，不符合构成三角形的条件，所以必须舍去。

另外，教师还要给学生归纳常见的几类讨论情况：

（1）在几何中主要是由图形的不确定性引起的分类讨论。例如，等腰三角形已知两个锐角，求第三个角；等腰三角形一腰上的中线把等腰三角形周长分成两部分，求腰长的问题；直角三角形已知两边，求第三边等。

（2）在代数中主要是题目含有字母而引起的讨论。例如，北师大八年级数学下册练习题中有这样一道题：若不等式 $ax - 2 > 0$，求不等式的解集。此题则要讨论 $a$ 的三种情况。

（3）在代数中还有因为概念本身的限定条件引起的分类讨论。例如，在七

年级绝对值的学习当中，已知 $|a| = 5$，$|b| = 3$，$a > b$，则 $a - b =$ _____。这道题就是绝对值的概念引起的分类讨论。

有人说："数学思想方法是数学基础知识的灵魂，是数学的精髓，是数学的核心。"数学思想方法按大纲要求，贯穿初中数学三年的教材体系。我们要提高学生的解题能力，必须在教学过程中，让学生领悟好、掌握好这个精髓。

教师要在课堂教学中渗透数学思想，并引导学生把相关思想方法内化成自己的观点，在做题时，多观察、多思考，尤其在解答 B 卷题时，无论是填空题还是解答题，都注重思想方法的运用。例如，2015 年成都中考 B 卷填空题第一题比较大小，就是基本方法，即作差法或者近似值法，B 卷 23 题用归纳与猜想的思想求点的坐标。所以我们在章节复习时，要将本章知识运用到的数学思想方法概括出来，引导和鼓励学生应用数学思想和方法去解决问题，从而提高学生理解、分析、解决问题的能力。

数学难学难教，有很大一个原因是被表象所蒙蔽，但是我们"雾里看花，也要看得真真切切"。作为数学教师要让学生愿学、会学、乐学，就要讲究教学艺术和一些策略，如培养学生兴趣，让学生爱上数学；发挥教师个人魅力；小组合作学习；等等。这些策略都有利于初中数学教学质量的提高，但更重要的是抓住数学的本质，做好相关的教学，更能事半功倍。以上只是粗浅地谈到我在农村教学实践中总结的一些策略，算是起一个抛砖引玉的作用吧！

# 对初中教育教学几个问题的再思考

我从事一线教育二十多来年，看到教育中存在着方方面面的问题，有识之士纷纷献计献策。教育逐步走上正轨，但是初中教育仍然有三个亟待再思考的问题，这不得不引起我们的深度思考。

## 一、表扬与批评的艺术

我始终认为教育是一门艺术。说教育是艺术，关键是教育在于育人，而育人是艺术活，是要讲究方法的。因此，怎样育人，培养什么样的人，这是一个老生常谈的问题。今天我为什么还要谈，因为很多人做得不够，甚至是做得不好，我觉得有必要再谈一谈我个人的想法。在教育工作中，表扬与批评是一对孪生兄弟，运用得好，对于学生的成长是有利的；运用得不好则会伤学生的感情。最关键的是如何恰当、有效地运用这两种艺术。

越来越多的人认为，表扬对学生来说是一种动力，可以激发学生的内驱力。但是表扬泛滥，则让表扬失去了其应有的激励作用。我们常常看到学生回答一个简单的问题，然后教室就出现整齐划一的掌声，让教室看起来热闹非凡，这样的表扬有激励作用吗？初中生已经有独立思考能力了，不是简单地哄哄就能让学生开心半天的年纪，对于这样的掌声，初中生会认为是幼稚和作秀。

表扬的目的是让受表扬的人越来越好，让听表扬的学生向他们看齐，从而形成学习的合力、学科的合力、课堂的合力，使学生的学习生活愉悦，使学生的学习意志坚定，使学生的学习精神不息。我们的表扬方向应该是学生的努力，在于激发学生的内驱力，而不是学生的能力，学生的学习能力是内驱力形成并有效激发的结果。学生的学习能力本来就有差异，表扬能力会让拥有较好学习能力的学生骄傲，让学习能力较差的学生自卑，激发学生的内驱力能有效地激发学生自主学习的积极性。所以，我们应该表扬的是学生的努力，充分激发学生的内驱力，使其产生并形成努力学习的精神。北京市西城区教育研修学院书记王建宗认为，表扬应该有三原则：一是不夸能力夸努力；二是不夸天分夸勤奋；三是不夸起步夸进步。一个学生从几分考到了十几分，这是他不断努力的结果，这就需要给予表扬，让他看到自己的潜力；一个学生上课不敢举手，有一天，他终于鼓起勇气举手了，我们就表扬他敢于突破自己，让他找到自信；一个学生次次都满分，我们表扬的是他勤奋努力的结果，而不是夸他聪明。

对于批评，很多人感到很为难，怕批评重了，学生受不了；批评轻了又没有什么效果。批评本是一种鞭策，让学生看到自身的问题，针对问题进行整改，让自己变得优秀。但是，在现实教学中，教师的批评仿佛是一颗毒药，让一些心理承受能力差的学生走上极端，给教师带来不良的、负面的影响，一些教师甚至不敢批评学生。

如何有效地批评学生呢？前提是了解问题的真相，如果教师不弄清事情的来龙去脉就开始批评，就会让学生反感，让批评适得其反。

当的确是学生的问题时，教师再按照以下原则进行批评：

（1）师生之间有良好的信任基础。"亲其师，信其道。"当师生关系和谐的时候，教师的批评才不会让学生觉得反感和有针对性。"育人先育心，教人先教德"说的就是这个道理。

（2）批评的是其不良行为或过失，而不是进行人身攻击。教师不能把学生其他错误串到一起来批评，应该就事论事。初中生特别反感一些教师教育自己的时候，会把自己身上所有的毛病统统再打击一遍，因为有些毛病自己已经改了，教师仍然揪着不放，会让他们产生逆反心理。"久恨生敌意，久批心不平"说的就是这个道理。

（3）批评之后应该有安慰、有建议，让学生意识到如何去克服自身的毛病。初中生的理性认识已经逐步形成，有人引导，会很快上道。就怕只批评却无好的建议，让这些学生无所适从。"攻心为上，攻城为下"说的也是这个道理："攻心"就是心灵的沟通，形成合力；"攻城"就是使学生的不良行为得到改变。

（4）注重批评的场合，应该是小范围的，让学生觉得有安全感，易于接受。初中生已经有强烈的自尊心和脆弱的自尊心，所以批评一定要谨慎，不要把批评变成一根让人逆反的棍子。常言道："人怕伤心，树怕剥皮。"意思是说，人都是要面子的。因此，我们的批评也要注意场合，这样我们的批评才会更有效。

（5）针对问题的严重程度确定批评的严厉程度。对于小问题，教师可以委婉地指出；对于一般的问题，教师可以明确地指出；对于严重的问题，教师一定要严肃地告诫学生，强调错误的后果及危害性。我们常说的"张弛有度"就是指这个意思。

例如，班上有一个学生，每次考试都会因为特殊三角函数值记不住导致解题错误，每次都差点才及格。于是我把他叫到办公室，他说："老师，我知道我每次都差点及格，你就批评我吧。"

我说："我不是想批评你，而是让你分析一下，这几次考试怎么做才可以及格。"

他说："我知道，就是知识点记不住。"

我说："知道自己的问题的人很聪明，但是如果能改正问题就更具有智慧了。"

他说："我会下去好好记。"

晚上他给我发消息：老师，我记了十多分钟，我记不住，不想记了。

我说："你打游戏的时候，遇到问题怎么过关的？是不是想方设法去过关的，数学也是一种过关游戏啊，你过了这一关，就能及格，你希望自己及格还是不及格呢？"

第二天，他就主动来找我，他说："他记好了。"我一检查，果然记住了。我表扬了他努力的行为，他开心地笑了。后来的考试，他计算基本上没问题，考试也及格了，我趁机又表扬了他晚上回去努力记知识点的行为，鼓励所有学生向他学习，我看到他笑得特别开心。

学生考不好，家长着急，教师也着急，很多人就在班上说某某要去怎么样，甚至挖苦几句，希望学生能有自知之明，下去努力。这种批评是无效的，只有让学生真正发现问题所在，找到解决的途径，这种批评才能真正深入学生内心。

初中生处于青春叛逆期，本身就有诸多烦恼。学习上的问题、教师的批评、家长的指责、同学的嘲笑交织，这些会让学生更烦恼，导致学生厌学、辍学，和同学、父母、教师发生冲突，等等。所以，批评一定要讲究艺术，让学生心悦诚服。

工作经验告诉我：批评是一门艺术，批评的核心是对学生的"爱"，一个爱的眼神，一句激励的语言，一个不屈的动作，一副震撼的容颜，都是"爱"的源泉，都是"爱"的力量。批评式的表扬让学生潜力更旺，表扬式的批评让学生更加努力，这就是批评的艺术。

## 二、知行合一才是教育的真谛

明代哲学家王守仁认为："知和行是相互联系、相互依存的。既然知道这个道理，就要去实践，如果不去实行，就不能算是真正的知道。"中国当代教育家陶行知先生认为："行是知之始，知是行之成。行为是知识的外化。"

传统教育注重知识的记忆，却淡化了知识的生成和实践，让学生感觉不到知识的力量在哪里，于是"读书无用论"才会盛行。纸上谈兵的学习缺乏实践的支持，往往以失败而告终。记得网上有这样一个值得思考的实验，让当年高考优秀的学生，两个月后重做那些高考试卷，学生的成绩普遍比原来的成绩低很多。为什么呢？因为他们已经放松，这些枯燥的知识早就被抛之脑后，再也不想去记了。如果注重知识的运用，学生从小就要去搜集资料写各种报告，他们已经掌握如何获得学习，如何运用知识解决问题，他们就是知行合一很好的践行者。因此，我们的教学要重视知行合一，这样教与学才能真正教学合一，这样的学习才会是最好的学习，这样的课堂才会是最好的课堂。

现在教育处于变革期，尤其是《中国学生发展核心素养》的提出，今后的教育改革都会以培养学生的核心素养为中心。《中国学生发展核心素养》的主要内容是人文底蕴、科学精神、学会学习、健康生活、责任担当、实践创新。而各个学科在这个大前提下提出了学科核心素养，例如，数学这一学科的核心素养有人概括为"真、善、美"。其中，"真"讲的是教导学生理性理解数学文明的文化价值，体会数学真理的精确性和严谨性；"善"讲的是善于运用数学思想分析和解决实际问题；"美"讲的是教会学生带着欣赏的眼光体会数学智慧之美，进而热爱数学，痴迷数学。其实，核心素养强调"学会学习、实践创新"就是知行合一的要求。

作为一线教师，我们应该围绕核心素养的要求大胆地去改革自己的课堂教学，让教学真正成为一把让学生打开和寻找知识宝库的钥匙。

北师大八年级数学下册第五章"分式及分式方程"中有一节"分式的加减"，这一节内容如何教学呢？我想很多教师的想法都是类比学习，就是用类比分数的加减法来生成分式加减法法则，这无疑是一种很好的学习方式，以教师新课讲解引导为主。但是这一节课完全可以列出学习清单，让学生自己去探究完成。

我的做法是：给出导学案，由学生预习完成并在课堂讲解。下面简略介绍一下我的做法。

1. 请完成以下计算，回顾一下分数加减法法则。

(1) $\dfrac{1}{2} + \dfrac{3}{2} =$ 　　　　　　(2) $\dfrac{1}{3} - \dfrac{2}{3} =$

2. 请思考以下两道题如何完成。

(1) $\dfrac{1}{a} + \dfrac{3}{a} =$ 　　　　　　(2) $\dfrac{1}{b} - \dfrac{2}{b} =$

3. 根据第 2 题的解答过程，你能得出同分母分式的加减法法则吗？请试着用字母表示出法则。请各小组推选一人课堂上汇报你们的学习成果。

4. 请试着解答以下计算题。(略)

5. 如果是异分母分式的运算，你们能找到解决问题的办法吗？请提出你的学习方案。

这里我先回顾了同分母分数的加减法法则，然后让学生自己去思考如何完成同分母分式的运算，并进行小组探究，归纳总结同分母分式加减法法则，通过巩固练习，让学生进一步强化运算的细节处理，如符号、整体思想等。然后在此基础上直接提出异分母分式的计算如何完成，学生会从刚才的学习中获得经验，并找到解决途径。

此时，教师"授人以渔"，搭建了一个学习的平台，真正的学习者是学生，学生顺势而上，这就是让学生"学会学习"。知识的获取是学生自己行动实践的结果，达到知行合一的培养目的。

学习了轴对称与中心对称、旋转和平移，教师完全可以结合中国传统文化剪纸来进行实践，让数学与生活紧密相连，让学生看到数学的功能。一朵朵漂亮的窗花，一幅幅精彩的剪纸，既让知行结合得天衣无缝，也达到了实践创新的目的。这样的例子，只要有心去发现、去探索，一定会让课堂产生奇妙的化学反应，让学生真正爱上学习。

马云乡村教师奖获得者邓建平老师的数学课堂就特别有创新。他会拿着可可尤里唱数学知识点，会把数学知识编成《八戒学数学》一书，让学生跟随八戒进行闯关学习……；广西的王秀娅老师也是马云乡村教师奖获得者，她的独特之处是进行汉字字理教学，让学生从汉字的演变中体会到汉字的魅力，从而爱上语文的学习，学会对事物的思考。他们的课堂改革可以归纳为从知识的本源出发，通过一定的手段让知识在学生身上内化，让知识生成在情境实践中，这一过程为学生知行合一创造了条件，也让学生的核心素养得到真正的培养。

中国古代哲学家认为，不仅要认识（"知"），尤其应当实践（"行"），只有把"知"和"行"统一起来，才能称得上"善"。因此，我们的教学要在"知"方面多下点工夫，让学生的认知得到提高；我们的教学要在"行"方面多想点办法，让学生的能力得到提升。多让学生思考，学生就会积累更多的知识；多让学生动手，学生就会展现更好的自我。这就是"知行合一"的"善"的结果。

## 三、关注学生生存　提倡生命教育

人要学会生存，人要会生存，这是人类社会的共识。因此，我们的教育要关注学生生存，提倡生命教育。然而，在现实中学生的存在状态应该是很多教师忽略的地方，甚至是一个盲区——重视学生学科知识传授，而忽略学生"人"的教育。一些教师总以为学生不喜欢读书，可以骂到他读书；学生成绩好，就什么问题也没有，实际上这是十分危险的。我们都知道"立人先立德"，这个"德"就是我们常说的人格，这里的人格就是我们所说的人性，这里的人性就包括我们人的生存与生命。

开学初我去家访，走进一个初三男生家里。他在学校时属于少言寡语的类型，成绩勉强及格，经常在周末的时候蹲在街道口蹭网玩手机游戏。我已经提醒过他多次，但仍然会发现他在周末的时候，一个人在那里入迷地玩手机。

其实，我并不知道他的家就那附近，那是一个阴暗的地下室的角落，家里陈设相当简单，几乎没什么像样的家具与家电。他父母离异，跟随奶奶生活。

奶奶改嫁到此，把他带到了这儿，由于户口不在这儿，无法在这儿取得低保资格。

他的奶奶是一个很要强的人，她说家里穷，就不敢让孙子去同学家里玩，怕孩子看到同学家里的情况会失落。这样想来，他的沉默少语，他一个人蹲在街角玩手机，他的成绩不好也很正常了。因为他缺少朋友，他自卑，他觉得以后考上高中也拿不出学费，怎么有心情读书呢？

我当即向他奶奶表态，解决初三所有费用，今后读高中也会提供帮助，让他完成学业。因为，知识和技能才会真正改变他的命运。

然后我希望他奶奶能让孩子出去和朋友交流，与人沟通和交往是生存的技能。我也给他谈困难是暂时的，我们必须阳光面对，很多人都是在苦难中找到动力和方向的。"苔花如米小，也学牡丹开。"每一个人都会努力开出自己的花朵。

这一次家访让他有了好的转变，我再也没看到他在街角玩手机，下了晚自习，他也会带书回去看，成绩也及格了。我想，他的转变源于我对他生存状态的关注和提供的力所能及的帮助。

在另一起事件中，一个刚考上重点高中的孩子读了一个多月就辍学了，原因是他适应不了高中那个环境。我们教会了他知识，却没有教会他如何生存。这就是教育的斑点，也是育人的斑点。因此，我们的教育就是要减少或消除这些斑点，让一个人健康地生存，幸福地生活。这就是生存与生命教育的核心。

农村初中生现在的生存状态好吗？他们作为留守儿童，缺乏良好的家庭教育引导，他们获得各种经验的途径很多是网络，而且他们三观还在形成阶段，不良的网络信息，让一小部分农村初中生从单纯变得复杂。我们不可回避女生抽烟、打架、堕胎等问题，男生就更不用说了。

农村初中生近几年已经有多起抑郁症案例出现，有教师认为是家庭教育的结果，家长会指责学校教育不力。到底是哪里出了问题，其实，就是学生的成长缺少了关注和引导，缺乏生命方面的教育。

教育是一个长效工程，是没有时间节点的浩大工程。我们要培养一个人格健全、身体健康、善于学习的人。有些人认为人格培养是班主任的事，我们科任教师的任务就是让学生掌握知识，应付考试。这完全错了，机械地、急功近利地学习，只会让学生对学习失去兴趣，把更多的精力转移到玩乐上去，这样他们的心态才会平衡。于是习惯越来越差，成绩也越来越差。然后就是教师抱怨、家长指责的恶性循环。因此，我们的教育应该以人为本，而不是简单的功利。

怎样在课堂上实现生命教育呢？

第一，教师眼里要有学生，做有温度的生命教育。

在《于漪知行录》中有这样一段话："人的成长是一辈子的事，教育从来不是一个结果，而是一个生命展开的过程，它永远面向未来，不会结束。"因此，教师要和学生一起展开生命，不断成长。一个不重视成长，也不会成长的人，他的视野将越来越逼仄。生命本来没有名字，没有职位、荣耀、金钱之类的东西，生命是一种责任，就是生命个体的成长、生命精神的永恒、民族精神的璀璨。

教师要关注每一个生命个体，尊重生命之间的差异，寻找他们的闪光点，找到激励他们内驱力的爆发点，让每一个生命个体都自信阳光地生长。尊重学生就是尊重生命，关心学生就是教会学生生存。

例如，对于班上喜欢篮球的学生，我鼓励他们只有学习好，才有机会在高中考体校，才有机会开开心心地打球，因为那时，篮球是你的专业，也是你今后生存的动能。

每一个层次的学生，都要让他们找到自己的价值。要知道条条道路通罗马，成绩好可以考大学，成绩普通的学生可以读技校，一样可以找到自己成长的舞台。不是每一个学生都必须学习优秀，都必须去上高中去考大学，只有适合自己的才是最好的选择。

第二，家校沟通，找准学生问题的根源，对症治疗。

我们要让家长明白，虽然家长都希望自己的子女能上大学，但现实是不可能的，因为每一个孩子存在个体差异，我们完全可以发现孩子的特长，进行扬长教育，让孩子依靠自身的优势获得发展，而不是苦逼孩子读书，让孩子因为成绩达不到父母的要求而产生心理疾病。

家庭教育和生存环境让孩子的认知有了偏差，教师要做的是让孩子有正确的认知。

第三，教师的关爱要真诚，切忌肤浅和片面。

教师要给学生讲述生命的奇迹、生命的意义，珍爱生命，拥有生命，才可能改变一切，开始新生。

对于存在问题的学生，教师应真诚地引导他们走出阴影，拥抱阳光。

我曾遇到一个抑郁的学生，他发狂，又哭又闹，家长和班主任都对他束手无策。我走过去，蹲下来，抚摸他的头，问他怎么了，有什么问题不想和班主任谈，也不想和家长谈，可以和我谈，我是学校里大家喜欢的、值得信任的老师。

他看了我一眼，还是止不住哭，我扶他起来，让他到我办公室里坐，我说在这里哭，让同学看到影响你的面子，蹲在这里哭你也难受。我站在他的角度看问题，让他觉得我是真心为他好。

他跟我去了办公室，他坐着，我就在他旁边，拉着他的手，和他聊天。他说出了原因，我也真诚地解答，我告诉他生命是第一位的，你只有配合治疗，调整好心态，你才能变回阳光帅气的自己。只有珍惜自己，才可能成长，才有能力去做好一切，感恩回报父母。最后，他终于安心回去治疗了。

第四，以一些个案来引导学生。

有句话是这样说的："看别人的问题，是一看一个准，看自己的问题，却总看不清。"我们可以用别人的案例来作为镜子，照照自己的问题，这种办法是比较恰当的方法，让学生学会自我反省。

我会把新加坡、日本、美国的生命教育故事讲给学生听，让他们知道国外的年轻人的生命价值观。

我经常会把往届学生的成长故事讲给现在的学生听，让他们去寻找这些学生成长的轨迹，发现这些学长的问题。有时，我也会请一些学长回学校现身说法，让学生明白生命的意义所在。成长，有时会有痛。

教育有的流行语也许是流行病毒，如"不要让孩子输在起跑线上"，孩子本身出身的家庭环境就不同，起跑线怎么可能相同。作为教师，我们要有清晰的认知，应该静下心来，真心面对每一个学生，把每一个学生视作不同的花朵，用心呵护，静待岁月的魔力，让每一个生命绽放出不同的花朵。

总之，批评和表扬是一门艺术，只有运用得当，才能顺水推舟，事半功倍，让学生行为更加规范。知行合一的教育才能让知识在学生头脑里真正建构，也才能让知识为生活服务。关注学生状态，注重生命教育，学生才能成长，才不会误入歧途。这是农村初中生面临的最重要的几个问题，关乎学生的一生，作为教师，做好立德树人教育，是历史的使命。

学生是发展的，阳光是灿烂的，教育是神圣的。我们每个教育工作者都要重视学生，只有学生学会了生存，我们的民族才会生存；我们每个教育工作者都要热爱学生，只有学生成才，我们国家才有希望；我们每个教育工作者都要关注教育，只有教育的腾飞，中华儿女才会昂扬世界。这是我们每个教育工作者的神圣使命！

# 给学生关键的钥匙打开数学解题之门

每年参加中考数学阅卷的时候，我都会发现农村学生中有 5% 的学生只做选择题，而其他题他们不会做也不想做，已经完全放弃自己，选择题答案也全靠蒙；有 10% 的学生只做选择题、填空题和计算题，不做解答题，因为解答题他们找不到解题的方法；有 20% 的学生虽然全部题做了，也不知道所以然，完全是形势所逼完成答题而已，但是没有正确的解题方法，导致没有多少得分。还有一大部分学生在解题的时候总是觉得痛苦，要思考很久才能勉强找到方法，耽误了时间，无法完成整个中考试卷。究其根源，这些学生手里没有一把打开数学解题之门的关键钥匙。

怎样获得这把关键钥匙呢？必须过好"五关"，然后合体形成正确解决问题的钥匙，从而打开数学之门。

第一关，心理关

有人说："教育的基本规律有两条：一是必须遵循和处理好教育发展与社会发展之间的关系，二是必须遵循和处理好教育与人的身心发展之间的关系。教育的本意是促进人的发展，让一个人从懵懂无知到充满智慧，最终成为一个有用的人。"农村学生大多属于留守儿童，学习上得不到家长的有效监督和帮助，没有形成正确的学习方法，当无法完成作业时，他们心里产生了焦虑、恐惧。久而久之，对于数学，敬而远之，最后自我放弃，无法再向数学之门靠近。然后因为一科没学好，想到升学无望，干脆其他科也不学，彻彻底底成了学困生。

对于这一关，我们往往应该采取心理疏导，让学生看到希望，重拾信心。有这样一句话："世上无难事，只怕有心人。"俗话说，学好学科的关键在于兴趣，说的也是这个道理。因此我们要让学生用心去面对数学，重新认识数学，不要对数学产生畏惧心理。哪怕是考 0 分都不可怕，可怕的是自我放弃，不能从 0 分中站起来。因此我们在每次测试后，要带领学生，将最基础、最容易得分的题分析到位，让他们明白原来数学只要掌握基础的公式定理就能解决这些问题，让他觉得从 0 分提高到 40 分，从 40 分提高到及格是可以通过努力实现的。对于及格的学生，我们要帮助他们分析失误的地方，让他们减少失误，以达到成绩优良；对于已经优秀的学生，我们要帮助他们分析如何有效地利用时间，争取不存在不必要的失误，对于其无法突破的难点，告诉他们如何摆正心态，坦然面对。例如，成都市 B 卷压轴题第三问，能做对的学生就不少，千万不要因为做不来而对自己的学习丧失信心，只能说慢慢去突破，突破不了也没关系，争取其他不失误一样能得高分。

当然除了学习的心理问题之外，其他心理问题也会对学生产生消极的影响，不要只把这些问题抛给班主任，作为科任教师也应该责无旁贷地帮助学生渡过心理危机！

第二关，师生关

融洽的师生关系会让学生觉得舒服，放松心情，缓解压力，能进入最佳的学习状态。

作为教师，应该具有强大的亲和力和幽默感，让学生在课堂上感觉到心情愉快，觉得这样的课堂是一种享受。教育家杜威曾说："教师的首要任务在于唤起学生理智的兴趣，激发学生对探究的热情。"伟大的科学家爱因斯坦也说过："兴趣是最好的老师。"数学教师就是数学兴趣的一个源头，知识的讲解应浅显易懂，易于学生掌握，课堂有趣生动，学生对教师产生仰慕和崇敬之情，然后"亲其师，信其道"，让学生感受到学习的乐趣，感悟学习是一种快乐幸福的生活。这样学生就会走上喜欢上数学、认真学习数学的道路。

当然教师要让学生产生好的学习心态就要创设丰富的现实生活情境，让学生感觉到数学源于生活，并能为生活服务，达到大纲的要求：人人学习有用的数学。历年来成都的中考试卷也体现了这样一个要求。

2013 年成都中考第 12 题：2013 年 4 月 20 日在雅安市芦山县发生了 7.0 级的大地震，全川人民众志成城，抗震救灾。某班组织"捐零花钱，献爱心"活动，全班 50 名学生的捐款情况如图 1 所示，则本次捐款金额的总数是_____元。

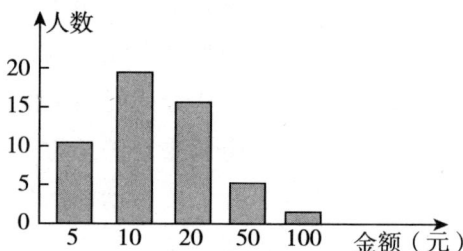

图 1

（学科理念：爱是社会的主旋律，也是人应该具有的本心。让学生明白：我们既要学好数学，还要用我们所学的数学知识解决日常生活中的实际问题。）

2014 年成都中考第 3 题：正在建设的成都第二绕城高速全长超过 220 千米，串起我市二、三圈层以及周边的广汉、简阳等地，总投资达到 290 亿元。用科学计数法表示 290 亿元应为（　　　）。

（学科理念：社会在发展，家乡在巨变，这是我们国家的幸福，也是我们每个华夏子孙的幸福。让学生明白：我们要学好数学，要把学科基础打牢固。）

2014 年成都中考第 18 题：第十五届中国"西博会"将于 2014 年 10 月底在成都召开，现有 20 名志愿者准备参加某分会场的工作，其中男生 8 人，女生 12 人。

（1）若从这 20 人中随机选取一人作为联络员，求选到女生的概率。

（2）若该分会场的某项工作只在甲、乙两人中选一人，他们准备以游戏的方式决定由谁参加，游戏规则如下：将四张牌面数字分别为 2，3，4，5 的扑克牌洗匀后，数字朝下放于桌面，从中任取 2 张，若牌面数字之和为偶数，则甲参加，否则乙参加。试问这个游戏公平吗？请用树状图或列表法说明理由。

（学科理念：交流是地区文化相互学习的载体，服务是我们每个人的义务。让学生明白：数学是充满乐趣的，学科中蕴含着许多梦幻与神秘。）

2015 年成都中考第 3 题：今年 5 月，在成都举行的世界机场城市大会上，成都新机场规划蓝图首次亮相。新机场建成后，成都将成为继北京、上海之后，国内第三个拥有双机场的城市，按照远期规划，新机场将新建的 4 个航站楼的总面积约为 126 万平方米，用科学计数法表示 126 万为（　　　）。

2016 年成都中考第 3 题：成都地铁自开通以来，发展速度不断加快，现已成为成都市民主要出行方式之一，今年 4 月 29 日成都地铁安全运输乘客约 181 万乘次，又一次刷新客流记录，这也是今年以来第四次客流记录的刷新，用科学计数法表示 181 万为（　　　）。

（学科理念：新发展，新生活，新希望，这是人们对未来的向往。让学生明白：我们要学好数学，要把学科基础打牢固，只有这样我们才能更好地把家乡建设好。）

我认为：数学教师要把学生团结起来，共同进步；把学生按数学成绩和共性进行分组，让学生在小组合作中融洽相处，避免学生在小组合作学习时产生不必要的矛盾。

学生之间，生生合作是现在流行的做法，它的积极意义已经得到证实，这里不再赘述。

第三关，目标关

数学教师要给班级定位，提出目标：远期目标（中考目标）、阶段目标（初一目标、初二目标、初三目标）、眼前目标和个人目标。根据眼前目标形成小组竞争机制，提高小组成绩，从而逐步提高班级整体水平，然后去实现阶段目标和远期目标。同时强调个人目标，即每一个人因人而异地明确自己的阶段目标，并为之奋斗。在学生没有达到既定目标时，教师要安慰学生并协助他们分析存在的问题，让他们看到希望，千万不要打击学生的信心。

一个女生在月考后给我留言：人生旅程上，您丰富我的心灵，开发我的智力，为我点燃了希望的光芒。谢谢您，老师！

这个女生在普通班，对数学学习已经采取了放弃的态度。我接手这个班后，逐一与学生谈心，根据他们的情况制订学习计划和学习目标。

对于这名女生，解决了她的心里顾虑之后，我就鼓励她制定自己的目标。她这一年的目标是考上理想的高中，半月目标是提高各科成绩，尤其是数学成绩，首先能达到毕业标准。月目标是各科形成良好的学习习惯，争取每次考试都有进步。对于数学这一科，主要是过五关：一是先过基础关，解决选择题和计算题；二是过解答题关，解决代数应用题；三是过证明关，能解决简单的证明问题；四是在 A 卷达到 80 分以上时，过 B 卷中等难度题关；五是能够在综合大题中得到基础分。这样她的学习就更明确了，就不会因为整张试卷完成不了而产生焦虑恐惧。每次考试都能从容面对，心态好了，学习就有信心了，上课也更努力了，加强了练习，成绩自然而然就上升了。

所以帮助学生过好目标关，找到自己的方向很重要。教师要让学生给自己定一个长远的目标，然后，把它分解成一年、半年、三个月、一个月的目标。这样，学生才能找到自己的目标和方向。

第四关，数学问题解决关

过数学问题解决关需要数学教师做到以下几件事情。

### (一) 让学生学好语文

为什么数学课要强调学好语文呢？因为语文学科有助于学生对于题目的理解，能帮助学生正确理解数学概念，从题目中找到关键词，明确数学题的考点。

现在中考数学中有几类大题特别需要语文知识。

(1) 新概念题。这些概念教材上没有，大多来自高中或大学数学中一些能让学生读懂的概念。如果学生的语文知识不好，看到这样的题目只会找借口说没学过。例如：

(2013 年·成都) 若正整数 $n$ 使得在计算 $n + (n+1) + (n+2)$ 的过程中，各数位均不产生进位现象，则称 $n$ 为"本位数"。比如，2 和 30 是"本位数"，而 5 和 91 不是"本位数"。现从所有大于 0 且小于 100 的"本位数"中，随机抽取一个数，抽到偶数的概率为＿＿＿＿＿＿。

2013 年这道题考查的概念是"本位数"；2014 年成都中考考查了"格点多边形"的概念；2015 年成都中考考查了"倍根方程"的概念；2016 年成都中考考查了"大小黄金数"的概念。

(2) 应用题。历年成都中考第 26 题大都是与二次函数有关的应用题，如果不能理解题意，学生就无法完成此类题。例如，2016 年成都中考第 26 题：

某果园有 100 棵橙子树，平均每棵树结 600 个橙子。现准备多种一些橙子树以提高果园产量，但是如果多种树，那么树之间的距离和每一棵树所接受的阳光就会减少。根据经验估计，每多种一棵树，平均每棵树就会少结 5 个橙子，假设果园多种 $x$ 棵橙子树。

(1) 直接写出平均每棵树结的橙子数 $y$ (个) 与 $x$ 之间的关系式。

(2) 果园多种多少棵橙子树，可以使橙子的总产量最大？最大为多少个？

2016 年成都中考第 26 题，对于题意要求就相当高，甚至还引入了物理知识，很多学生都没有正确完成此题。

某物体从 $P$ 点运动到 $Q$ 点所用时间为 7 秒，其运动速度 $v$（米/秒）关于时间 $t$（秒）的函数关系如图 2 所示。某学习小组经过探究发现：该物体前进 3 秒运动的路程在数值上等于矩形 $AODB$ 的面积。由物理学知识还可知：该物体前 $n$（$3 < n \leqslant 7$）秒运动的路程在数值上等于矩形 $AODB$ 的面积与梯形 $BDNM$ 的面积之和。根据以上信息，完成下列问题：

（1）当 $3 < n \leqslant 7$ 时，用含 $t$ 的式子表示 $v$。

（2）分别求该物体在 $0 \leqslant t \leqslant 3$ 和 $3 < n \leqslant 7$ 时，运动的路程 $s$（米）关于时间 $t$（秒）的函数关系式；并求该物体从 $P$ 点运动到 $Q$ 总路程的 $\dfrac{7}{10}$ 时所用的时间。

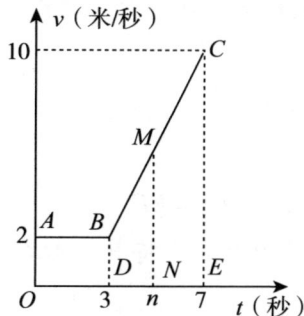

图 2

该题考查了待定系数法求一次函数的解析式、分段函数的求法、路程与速度时间之间的关系的运用，解答时求出 $P$ 点运动到 $Q$ 点的路程是解答本题的关键。

（3）很多题渗透了分类讨论思想或者选择正确的做法，都需要运用语文知识准确把握题意。

在等腰三角形中，两边分别是 6 和 4，求周长。通过读题，我们会发现此题没有说哪个边是这个等腰三角形的腰，就需要判别 6 是腰还是 4 为腰。

在直角三角形中，会说两边分别为 6 和 8，求第三边。通过读题理解，此题只讲了两边，没有明确这两条边同时为直角边，还是一条为直角边一条为斜边，如果是第二种情况，应该明确哪条边为斜边。

在三角形相似的证明题中，求证的结论是否使用相似符号还是用语文"相似"两个字，解法都不一样。使用相似符号的证明题只有一种情况，而使用语文"相似"这个字眼就要分类讨论。

（4）一些省市中考题中专门设计了阅读理解题。

例如，湖南省的中考题：

探究问题：（1）**方法感悟**：如图3中①所示，在正方形 $ABCD$ 中，点 $E$，$F$ 分别为 $DC$，$BC$ 边上的点，且满足 $\angle EAF = 45°$，连接 $EF$，求证：$DE + BF = EF$。

感悟解题方法，并完成下列填空：将 $\triangle ADE$ 绕点 $A$ 顺时针旋转 $90°$ 得到 $\triangle ABG$，此时 $AB$ 与 $AD$ 重合，由旋转可得 $AB = AD$，$BG = DE$，$\angle 1 = \angle 2$，$\angle ABG = \angle D = 90°$

$\therefore \angle ABG + \angle ABF = 90° + 90° = 180°$，因此，点 $G$，$B$，$F$ 在同一条直线上

$\because \angle EAF = 45°$

$\therefore \angle 2 + \angle 3 = \angle BAD - \angle EAF = 90° - 45° = 45°$。

$\because \angle 1 = \angle 2$

$\therefore \angle 1 + \angle 3 = 45°$，即 $\angle GAF = \angle$ _____。又 $AG = AE$，$AF = AF$

$\therefore \triangle GAF \cong$ _____

$\therefore$ _____ $= EF$，故 $DE + BF = EF$

（2）**方法迁移**：如图3中②所示，将 $Rt \triangle ABC$ 沿斜边翻折得到 $\triangle ADC$，点 $E$，$F$ 分别为 $DC$，$BC$ 边上的点，且 $\angle EAF = \dfrac{1}{2} \angle DAB$。试猜想：$DE$，$BF$，$EF$ 之间有何数量关系，并证明你的猜想。

（3）**问题拓展**：如图3中③所示，在四边形 $ABCD$ 中，$AB = AD$，$E$，$F$ 分别为 $DC$，$BC$ 上的点，满足 $\angle EAF = \dfrac{1}{2} \angle DAB$，试猜想：当 $\angle B$ 与 $\angle D$ 满足什么关系时，可使得 $DE + BF = EF$。请直接写出你的猜想（不必说明理由）。

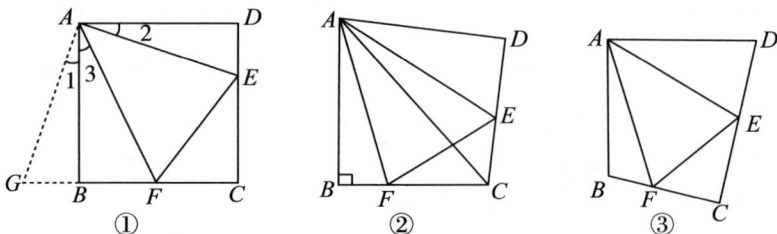

图3

通过对中考题的分析，我们发现学好语文有助于学生更准确地把握数学题意，从而正确地解决数学问题。

**（二）让学生明确数学概念，准确把握概念的特征**

例如，北师大八年级上册第四章"一次函数"，如何让学生明确什么是一次函数，什么是正比例函数？首先从生活实例中建立基本的数学模型，然后通过观察和类比，采用不完全归纳法，形成一次函数和正比例函数的模型。

一次函数为 $y = kx + b$（其中 $k \neq 0$），正比例函数为 $y = kx$（其中 $k \neq 0$）；如果这时就让学生来做题〔在下列函数中①$y = 3x^{-1}$，②$y = x - 5$，③$y = -4x$，④$y = 2x^2 - 3x$，⑤$y = \sqrt{x-2}$，⑥$y = \dfrac{1}{x-2}$，⑦$y = kx + b$（其中 $k$，$b$ 是常数），其中 $y$ 是 $x$ 的一次函数的是_____，$y$ 是 $x$ 的正比例函数的是_____。（请写序号，并说明你的理由）〕，虽然教师给学生建立了一次函数与正比例函数的数学模型，但是教师没有引导学生去理解数学模型的特征，往往学生在真正做题的时候错误百出。有教师认为，先让孩子错，然后归纳，这也是一种方法，但是对于初学知识的学生来说，本来有着学习的热情，但是一尝试解决问题，结果错了，学习的热情之火就被浇灭了。学生想到自己认真学习了，依然解决不了问题，这对于他们的打击是非常大的。

正确的做法是建立一次函数和正比例函数的模型后，教师与学生一起来分析它们的特征。通过一起分析和归纳，学生就会发现一次函数的特征：①$x$ 的次数为 1 次；②$k \neq 0$；③常数 $b$ 可以为一切实数；④$kx + b$ 为整式。特别是当 $b = 0$ 时，一次函数变成正比例函数。由此可以看出，正比例函数是特殊的一次函数。此外，教师还可以引出集合的概念，让学生明确一次函数包含正比例函数。这样学生再来完成刚才那道填空题，就十拿九稳了，学生获得了成功的体验，自然而然会对自己的数学学习充满信心。

**（三）强调熟能生巧**

数学学习不是一蹴而就的，需要有一个日积月累的过程，尤其是通过反复的训练强化和巩固所学的知识。大家都记得中学语文课本上有一篇古文《卖油翁》，他把一枚铜钱放在葫芦口，然后把另一个葫芦的油通过这个铜钱口倒进去，油会通过铜钱口的中央全部倒进去，不会打湿铜钱，更不会洒一丁点儿在葫芦外，当世人赞叹其时，他说了一句：惟手熟尔！他说这只是经常训练的结果。所以，数学学习也一样，也要通过不断地、有效地训练，达到巩固的效果。众所周知，德国心理学家艾宾浩斯发现了遗忘曲线，表明人的记忆具有周期性，所以要达到记牢知识的目的，教师必须让学生进行阶段性的练习，让学生对所学知识不遗忘。但教师的精力有限，怎么办？这就是前面提及学生关的问题，发挥小组相互监督检查的作用，促进学生共同进步。尤其是利用零散时间检查学生的知识点是否过关，计算题是否会做。这种"兵教兵""兵与兵"之间相互检查的方式，能让学生放松，不至于在教师面前答错感到丢丑，从而造成心理压力！

例如，在学习完一元二次方程解法后，教师天天要求数学科代表组织练习直接开平方法、配方法、公式法、因式分解法的计算题，要求学生首先在组长面前讲述每种题型的解题步骤，然后再完成解答，交给组长检查。组长对组员的作业进行打分，然后有问题给组员指出来，让组员整改。

学习完特殊三角函数值后，教师要让学生记数学模型，或者直接按规律背诵特殊三角函数值。教师在课堂上会随时抽查某一个特殊三角函数值，督促学生牢记。

**（四）授人以渔**

只有教给学生"点石成金"的方法，学生才会感觉到学习是轻松的。这是学科教学的关键。数学学习强调学生的自学能力，培养学生发现问题、提出问题，并能想方设法解决问题的能力。

（1）改变课堂教学模式，让学生学会自学。

传统数学课堂的"满堂灌"或者"填鸭式"教学让学生被动地接受知识，缺乏对知识的探究，这只能达到应试的目的，无助于学生真正学会学习。

根据美国科学家爱德加·戴尔1946年发现的学习金字塔观点："教别人"或者"马上应用"，可以记住90%的学习内容。因此，我们提倡学生采用"先学后教、当堂训练"的学习模式，让学生在小组内相互讨论，掌握课本知识，通过小组内的讲解，强化小组成员的知识过关；然后通过当堂训练掌握本堂课的知识。

（2）对于具体的题解法，注意归纳与总结。

教师要让学生准备错题本，记录自己做错的题，搞清错误的原因，达到不再犯同样错误的目的。历年中高考状元的共同经验已经表明了这一做法的重要性，无须赘述。

对于某一问题的解决办法进行归纳。例如，证两线段相等，常用的方法包括：①利用三角形全等证明其为对应边相等；②利用等角对等边、等腰三角形三线合一，证其为平行四边形或特殊平行四边形的一组对边；③利用矩形或等腰梯形的两条对角线，证其为三角形或梯形中位线所分成的两线；④利用等量代换，证其都与第三条线段相等；⑤线段中垂线性质与判定；⑥角平分线的性质；⑦三角形的中位线或平行线等分线段定理等。

该问题归纳的目的是让学生看到证明线段相等题时，能快速找到解题的思路。

同样，对于三角形相似的判定，我们总结出相似的几种常见模型，让学生能够在复杂图形中分离出基本的数学模型，有助于学生迅速找到相似的条件，达到正确解题的目的。例如，教师与学生一起总结出了 A 型、反 A 型、X 型（或 8 字型）、子母型、双垂直型、K 型、旋转型等。

（3）用一些易记的口诀帮助学生记忆。

完全平方公式：$(a \pm b)^2 = a^2 \pm 2ab + b^2$，其口诀为：首平方，尾平方，积的 2 倍在中央。口诀朗朗上口，帮助学生很容易理解和记住完全平方公式。

学生也可以自己总结一些方便自己记忆的口诀，如 $a^{-p} = \left(\dfrac{1}{a}\right)^p$（其中 $a \neq 0$）。

教师可能给学生讲的是"负指数运算有两变，底数变倒数，负指数变正指数"，而学生总结成四个字"底倒指反"，这样更简单、更方便。

（4）让学生学会分析题目，找关键词，在图形上标注条件。

怎样快速地解决问题？学生看到题目后，先阅读题目，然后找到关键词，根据关键词来解决问题。

例如，成都市 2016 年中考数学题 15 题（2）：

已知关于 $x$ 的方程 $3x^2 + 2x - m = 0$ 没有实数根，求实数 $m$ 的取值范围。

此题的关键词是"没有实数根"，那么考查学生的是一元二次方程根的判别式，也就是"$\Delta$"，$\Delta = b^2 - 4ac$，那么就要分清 $a$、$b$、$c$ 是多少，代入这个根的判别式，然后根据"没有实数根"，知道 $\Delta < 0$，从而求出 $m$ 的取值范围。

看到几何题在图形上面标注条件，能更清楚地看到证明题或计算题已有条件是什么，还缺少什么条件，缺少条件怎么解决。这样问题就更清晰了，解决问题的方向就正确了。

对于证明三角形全等的题，学生在图上标注了一组对边相等，一组角相等，就想到可以采用"SAS""ASA"或"AAS"来解决，如果是第一种就找边的关系，如果是第二、三种方法就找角的关系。

第五关，信息技术关

课后使用信息技术，推行微课教学。

美国数学家波利亚曾说："数学教师的首要责任是尽其一切可能来发展学生的解决问题的能力。"作为数学教师，就要不断创新自己的教学，让学生有新的学习方式，促进学生"愿学、会学、乐学"，进而发挥信息技术功能，让信息时代下的学生能够利用信息技术辅助手段学习。

有很多人在运用信息技术方面已经做了很好的探索，这里我不再探究，只推荐以下一个办法。

腾讯公司在QQ群研发了一个新功能，就是作业布置功能，不仅可以面向学生布置数学作业，还可以提供初中所有课程的微课和相应的练习。

这一功能能够辅助教学，让学生可以自学或者反复学，达到巩固所学的目的。这一技术已经在农村学校进行推广，让学生每天通过手机客户端进行学习，然后答题。答题后，有相应的解析供学生参考，还有强大的数据统计功能，让教师能够知道同一知识点的正确率和错误率是多少，有助于教师改进自己的教学。

这一作业布置方式受到了农村学生的欢迎，唯一不足的是家长对于学生使用手机的监管不到位，有些学生没有真正利用好这一功能。

教学有法，教无定法，关键是我们要把课堂还给学生，让学生发挥课堂教学的主体作用，让学生自主学习，学会学习，愉快学习，他们就是冲锋陷阵的士兵，让他们练就"过五关"的本事。因此，在教学中，我们应"尊重学生的个性，充分激发学生的学力"，这样学生基本上能够形成自己的数学解题方法，修炼出属于自己的解题钥匙，然后打开数学之门，扬起前行的风帆，欢喜地进入数学殿堂，遨游在数学的知识海洋，尽情地享受数学所带来的无穷幸福与快乐！

# 让学生在数学课堂上沐浴阳光，享受幸福

现在农村初中生普遍在茫然地学数学，对于枯燥的数学没有感情，除了少数自制力强、有明确学习目标的学生能够坚持认真听课外，很多学生在上课的时候提不起精神。教师管教严格一点，他们虽强打精神看着黑板，但头脑不思索。这样虽然教师完成了教学任务，但学生其实没有多大收获，最终是无效的数学课堂。

为了解学生数学学习的现状，找到解决数学课堂教学无效的方法，我做了一次调查——关于农村初中数学学习现状调查。

（1）你对数学学习的自我感觉是（　　　　）。

A. 有兴趣成绩优秀　　　　　　B. 虽然有困难但愿意学

C. 不愿意学　　　　　　　　　D. 讨厌数学

（2）你觉得影响你学习数学的课堂因素是什么？（　　　　）

A. 数学课太枯燥

B. 数学教师讲课方式有问题

C. 数学作业太多

D. 数学教师会因为我们做错题而在全班批评

（3）数学教师对你学习数学影响积极的因素是什么？（　　　　）

A. 人格魅力　　　　　　　　　B. 关心和鼓励我成长

C. 上课有趣　　　　　　　　　D. 严格有耐性

（4）数学教师对你学习数学带来的消极因素是什么？（　　　　）

A. 长相　　　　　　　　　　　B. 上课呆板

C. 经常骂人，发脾气　　　　　D. 知识水平有限

（5）你数学学习的目标怎样？（　　　）

A. 无目标　　　　　　　　　　B. 有明确的目标

C. 随心情而定　　　　　　　　D. 无所谓

（6）你数学学习的方法（　　　）。

A. 有实用的方法

B. 无学习方法，每天上课完成作业即可

C. 学不懂，一天混，抄作业

D. 按老师的要求学习

（7）对于数学作业做错了，你的态度是（　　　）。

A. 看一看，叹一叹

B. 看一看，问一问，想一想

C. 看一看，问一问，想一想，做一做

D. 看一看，问一问，想一想，在作业上或正误本上更正

（8）周末回家后，你的数学学习状况是（　　　）。

A. 好好睡一觉，好好玩一玩，时常忘了一些作业

B. 休整休整，保证完成作业

C. 休整休整，完成作业，挤点时间复习、预习、拓展

D. 基本和学校一样作息，保证足够的学习时间

（9）影响你数学学习的外在因素有（　　　）。

A. 学校学习氛围　　　　　　　B. 电脑与智能手机

C. 父母　　　　　　　　　　　D. 老师与同学

（10）请你写出你想要的数学课堂。

现摘录两则：

如果我是数学教师，我希望我能给学生点燃求知欲望，让学生喜欢上数学，然后刻苦钻研，步步高。

我想要的数学课堂是每个学生都在我的带领下快乐启航，我能够设计出最佳教学方式，让学生轻松易懂。另外，学生和我关系非常好，能主动和我探究问题。

问卷一共制作了 1046 份，全校学生每人一份，共回收 1042 份，从这 1042 份问卷中，我们发现学生学习数学的态度不容乐观，真正对初中数学有兴趣的学生仅占 15%，大多数学生都是被动学习，甚至有 30% 的学生不愿意学，有

10%的学生是讨厌数学课的。

数学课堂的枯燥、数学教师的呆板、数学教师的上课方式对学生学习数学的影响最大，占到85%以上。

学习的方法不恰当、周末不能自我管理、沉迷于网络和手机是导致学生学习数学困难的三大方面。

学生在"请你写出你想要的数学课堂"一题中，敞开心扉，述说着自己对课堂的希望。

在调查问卷分析中我们发现，要让学生对数学学科产生兴趣，教师就应该有创新设计、创新实践、创新开拓的精神，只有这样，学生才能爱上数学，这样我们的课堂才真实有效。

多年的教学经验告诉我以下几点：

（1）好的方法是成功的开始。在创建幸福数学课堂之前，首先要培养学生良好的数学学习习惯，解决学生学习方法的问题。

要让学生走上讲台，那就要像教师一样，提前做好备课，而学生备课就是预习，对要讲的内容进行思考。而对于所学内容的前后联系要讲清楚，就需要学生复习以前所学。

例如，在教授北师大八年级下册"分式的加减法"一节时，学生就拿了他的学案来给我看。

首先是复习小学所学有关分式的加减法法则，然后分两种情况进行授课：一是同分母分式的加减，二是异分母分式加减。

在具体细节处理上，学生在讲解同分母分式加减法时，设计了直接运用的方法。

在教学异分母时，学生没有注重先学会通分环节，在这儿我给了学生建议。而异分母分式加减是难点，学生在设计时却相对简单，在这儿我也提出了修改意见。

在具体上课中，学生利用了小学分数的加减法，让全班学生能够很快掌握方法。

学生授课不仅仅停留在课堂上，数学学习小组内也进行授课。组内授课主要是针对课堂上组员没有真正学懂的内容，由学懂的组员再讲解。这样就尽量避免了集中上课各个学生接受能力参差不齐的问题。

经验告诉我：课堂上学生互动要监督学生是否做到了相关的要求。俗话说：

"三个臭皮匠，顶个诸葛亮。"在课堂上进行小组探索，有利于促进思维共享。因此，学生要走进幸福数学课堂，就必须有良好的数学学习习惯。幸福的数学课堂必须有智慧火花的碰撞，这是小组思维的智慧结晶。这既是新教育所要追求的新课堂，也是提高课堂教学效率的理想课堂。

（2）数学教师要引导学生正确使用电脑、手机。若学生的心思不在学习上，我们的幸福数学课堂也只能是虚有其表。

记得有这样一段文字：

一百年前躺着吸鸦片，一百年后躺着玩手机，姿态有着惊人的相似！没时间亲近孩子，没时间陪爱人，没时间尽孝道，陪伴父母，却花大量的时间捧着手机傻笑。不知不觉中我们形成了一种可怕的习惯，早晨睁开眼第一件事是摸摸手机在哪里，晚上睡觉之前最后一件事还是玩手机，到饭店吃饭，点好菜之后，菜上桌之前，大部分人都埋头看手机，似乎没有话题，似乎总是很忙，似乎离了手机就与世隔绝！其实今日的智能手机与当初的鸦片一样，蚕食着我们的热情与灵魂！世界上最遥远的距离就是……我在你身边，而你却在玩手机。认同的赞一个！手机成为残害我们的精神鸦片，要警惕啊！

事实上网络游戏和手机一样是学生的精神鸦片，农村初中生受它们影响的人数比例比城市更高，因为留守儿童缺乏监管，网吧管理相对滞后。而电脑和手机却在我们生活中扮演着非常重要的角色，所以，对于游戏和手机这两把双刃剑，堵不是办法，引导才是根本。

（3）教师要彰显个人魅力，改变教学方式，要放手把课堂真正还给学生。

"亲其师，信其道。"学生为什么喜欢追星，除了他们的外表之外，更多是明星的魅力。记得北京市第四中学方芳老师在做"做一个合格教师"的讲座时提到他们学校的一个物理教师，人长得很一般，但他却是学生心目中的帅哥，为什么？因为他的个人魅力！

怎样的教师才有魅力呢？当然是衣着得体，谈吐风趣，知识渊博，关爱学生，讲题能画龙点睛。这就需要教师丰富自己的内涵，多学习、多完善自我。

改变教学方式就是把课堂还给学生。很多地方进行了探索，如导学案、"533"、杜郎口模式等。而我们提倡的幸福数学课堂也是其中的一种。

为什么要尝试把课堂还给学生呢？其实这源于我对"学习金字塔"的认识。美国教育学家艾德格·戴尔（Edgar Dale）1969年在他的报告中提到了不同学习方式的效益，也叫作"学习金字塔"（The cone of learning），如图1所示。

图1

从这个"学习金字塔"可知，主动学习才是最有效的学习，而在主动学习中"教授给他人"则是最有效的学习方法。可见，推行幸福的阳光课堂，让学生真正成为学习的主人刻不容缓。

当然，在幸福数学课堂的构想方面，学生眼中的数学课堂应该是有趣的、能激发学生探究的和能鼓励学生成长的。

（4）构建农村初中数学幸福课堂，架构起学生需要的舞台。

有人说：只要给学生一个情境，学生就会在体验中感悟；只要给学生一个平台，学生就会在交流中受益；只要给学生一个问题，学生就会在反思中进步；只要给学生一个对手伙伴，学生就会在竞争中成长。

因此，幸福的数学课堂应该创设好情境，激发学生的兴趣，给予学生展示的平台，让学生去反思、去竞争。

现在以学习北师大七年级下册第二章"平行线与相交线"的拐点问题时的幸福课堂片段为例进行说明：

如图2所示，已知 $AB /\!/ CD$，求证：$\angle B + \angle E + \angle D = 360°$。

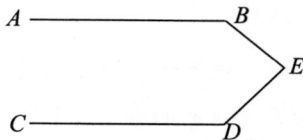

图2

师："今天学习的是利用平行线解决拐点问题，我们知道平行线永远不会相交，但有两条平行线要拐个弯来相交，现在我们知道它们需要拐的角之和为360°，有一个示意图，现在请你们来说明这三个角的和是360°。现在请孙舒淇"小老师"来给大家主持今天的学习，大家掌声欢迎。"

孙："大家一起来读读题，从题上找到已知条件，并标注到图上。"

（学生读题，并标注。）

孙："我们要证三个角的和是360°，而在平行线中，我们知道两直线平行，同旁内角互补，也就是两个角的和是180°，我们能不能把这三个角转换成两组平行线的同旁内角呢？如果能，那么问题就解决了，好，现在大家试着去转换。"

（学生前后开始围成小组进行讨论，教师关注各小组讨论情况，并与小组交流。）

孙："现在请小组举手来发表意见。好，请第一小组彭小玉来讲解。"

彭："刚才孙舒淇提到了转换成两组同旁内角，于是我就过 $E$ 点作 $AB$ 的平行线 $EF$，如图3所示，根据平行的传递性，可得到 $AB /\!/ EF /\!/ CD$，于是就出现了两组同旁内角，得到它们的和就是360°了。"

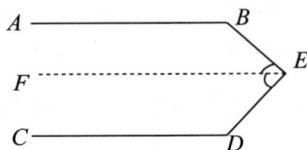

图3

证明过程如下：

证明：过点 $E$ 作 $EF /\!/ AB$

$\therefore \angle B + \angle BEF = 180°$（两直线平行，同旁内角互补）

$\because AB /\!/ CD$（已知）

$\therefore EF /\!/ CD$（平行的传递性）

$\therefore \angle D + \angle DEF = 180°$（两直线平行，同旁内角互补）

$\because \angle BEF + \angle DEF = \angle BED$（角的和差关系）

$\therefore \angle B + \angle BED + \angle D = 360°$（等式的性质）

孙："不错，大家应该自发给掌声。"

（学生热烈鼓掌，教师微笑鼓掌。）

孙："师兄一直鼓励我们想多种办法解决问题，现在大家还有没有其他办法解决这个问题？"

孙："好，刘嘉淇同学。"

刘："我们知道圆周角是 360°，所以，我想转换成一个圆周角。请看我作图（图4）。"

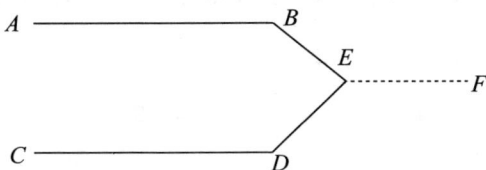

图 4

证明：过 E 作 $EF \parallel AB$

∴ $\angle B = \angle BEF$（两直线平行，内错角相等）

∵ $AB \parallel CD$（已知）

∴ $EF \parallel CD$（平行的传递性）

∴ $\angle D = \angle DEF$（两直线平行，内错角相等）

∵ $\angle BED + \angle BEF + \angle DEF = 360°$（周角的定义）

∴ $\angle B + \angle BED + \angle D = 360°$（等量代换）

孙："方法不错，同样解决了拐点问题，这次大家自发给了掌声，不错，孺子可教也。"

（教师和全班学生都开怀大笑起来。）

孙："我们发现要解决拐点问题，一般是通过拐点作平行线就能解决。大家学懂没有？"

（学生回答懂了。）

孙："好，既然懂了，现在有请师兄给大家布置练习和作业。"

师："刚才'小孙老师'表现比我这个老孙表现好啊，大家先给'小孙老师'掌声，以后大家上台就应该向她学习，稳重大气。"

（学生开心给她鼓掌。）

师："不过这道题除了这两种方法之外，还有其他方法哦！现在各小组比一比，看哪个小组还能找到其他办法？每讲对一种方法，我就送大家一个小笑话作为奖励哦！"

（学生开始思考，小组热烈讨论。）

突然，孙舒淇很大声地说："哦，我知道了，还可以这样做。"说完她就跑上讲台了，教师示意其他小组安静，看她解答。

孙："现在我们不做平行线，直接连接 $BD$，利用两直线平行，同旁内角互补可得到 $180°$，然后三角形内角和也是 $180°$，这 5 个角加起来就是这三个角的和 $360°$，如图 5 所示。"

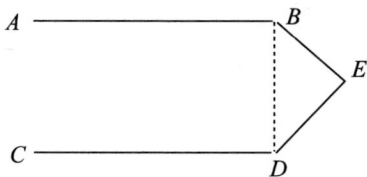

图 5

师："不错，大家听明白了吧！"

学生回答听明白了，有一个男生大喊道："笑话，笑话。"

师："大丈夫一言既出，驷马难追。听着：一天数学老师给大家布置了许多计算题，并承诺，大家做完就会得到一颗糖的奖励。学生们很快就做完了，向老师要糖吃。教师一看，差不多都是错的。老师就说不能给糖，因为是错的。学生都嚷道：'你只要我们做完又没要求我们做对，说话必须算话，快给糖'。老师说：'好，我马上去拿'。过了一会儿，老师拿了一包白糖来，说拿去，每人分一颗。"

（学生笑了。）

师："所以做事必须严谨，我们做证明题更是这样，如果不严谨，就会被人抓到漏洞，造成不好的后果。"

师："不过，我觉得应该还有其他方法哦，让我们继续想一想。"

学生开始继续寻找办法。

于是总结了以下的办法：

（1）延长 $BE$ 和 $CD$ 相交于点 $F$（图6），或延长 $DE$ 和 $AB$ 交于点 $F'$。

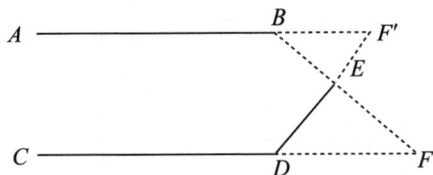

图 6

根据三角形的外角等于不相邻两个内角之和得到 $\angle CDE = \angle DEF + \angle F$，而两直线平行得到 $\angle B + \angle F = 180°$，而 $\angle BED + \angle DEF = 180°$，从而得到结论。

（2）过 $D$ 点或 $B$ 点作一条交点不与 $B$ 或 $D$ 重合的线段 $DF$（$BF$），如图 7 所示。因为两直线平行得到 $\angle CDF = \angle DFB$，然后利用四边形 $DEBF$ 内角和是 $360°$ 来完成证明。

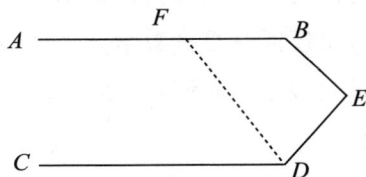

图 7

（3）连接 $AC$ 或在 $AB$ 上任取一点 $F$（不与 $A$ 或 $B$ 重合），作线段 $FM$ 交 $CD$ 于 $M$（图 8），则五边形 $FMDEB$ 内角和为 $540°$，根据两直线平行，同旁内角互补，可得到 $\angle BFM + \angle DMF = 180°$，于是得到其他三个角的和为 $360°$。

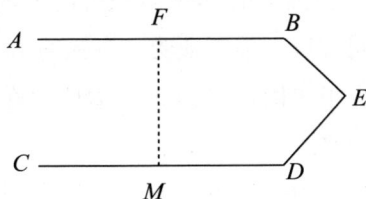

图 8

（4）延长 $AB$，$CD$，过 $E$ 作 $EN \perp CD$，交 $CD$ 的延长线于点 $N$，交 $AB$ 的延长线于点 $M$，如图 9 所示。由三角形的外角等于不相邻两个内角之和可知 $\angle ABE = \angle BME + \angle BEM$，$\angle CDE = \angle DNE + \angle DEN$，因为 $\angle BED + \angle BEM + \angle DEN = 180°$，$\angle BME + \angle DNE = 180°$，所以得到三个角的和是 $360°$。

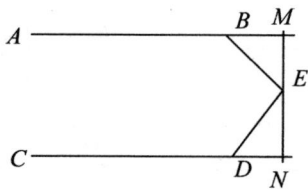

图9

师："除了这些比较直接的方法外，当然还有其他办法，因为时间关系我们就不一一讨论了，有兴趣的同学可私下找我多交流。现在，我们来做练习。"

在学生做练习的时候，回味这一堂充满笑声的课，看着窗外明媚的阳光，感觉到数学课堂上的快乐！

学生在周记中写道：数学课堂一直在改革，每天，我们都期待数学课。为什么我们都喜欢数学呢？是因为数学课让我们找到了自信，找到了一个可以表达自己观点的舞台，你在这里还能享受到数学老师精心准备的笑话，让我们得到更多愉悦。数学课堂，师兄说是阳光课堂，的确，在数学课堂上我们就是阳光，因为我们有的是激情！

回眸数学阳光幸福课堂，主要要做好以下工作：良好的学习习惯是前提，合理利用时间是保障，学生自己备课、小组共同备课、小组竞争是关键。教师在课堂中的作用不仅仅是观摩，更是引导学生讲课、听课，适时起到画龙点睛的作用。

因为我工作繁忙，常常耽误上课，而推行幸福的阳光数学课堂之后，我再也不用担心自己的课上不了，因为有那么多积极向上的"小老师"，他们会引导全班学生共同学习、共同成长。事实证明，幸福的阳光课堂推行既是可行的，也是成功的，尽管我耽误了很多时间，班级成绩依然在全片区第一名。在全省数学竞赛中，学生也频频获奖。

翻身农奴把歌唱，成为学习主人的学生，也能体会到其中的乐趣。自信大方地表达着自己的观点，分享自己的学习成果，农村初中生也能像城里学生一样侃侃而谈。学生从被动接受到主动学习，正是把数学课堂还给学生，让学生享自己创造的幸福课堂中的成果！虽然这条道路刚刚起步，但是我想我们在实践中会不断完善，让这个幸福课堂的光芒永远温暖农村初中生的胸膛。

# 农村初中教学现状的几点思考

一直以来，在农村初中一线从教的教师都有一个共同的感慨："学生一届不如一届。"为什么呢？因为大家看到近几年的农村初中生的学习水平低下，动力不足，差不多都是学习不好、表现不好的学生。因此，很多教师也觉得农村初中生素质低下，他们不能用心、用情、用爱去唤醒这些学生去读书。而且考试的指挥棒也是只看分数，教师和家长眼里只有分数，一些教师和家长甚至对学生是苛刻要求，让学生反感甚至抑郁。

农村初中教育没救了吗？显然不是，一方面，主管部门已经加大了对农村教育的投入，尤其是对农村初中基础设施的投入和教师的津贴保障；另一方面则需要我们农村初中教师来寻找原因，努力来改变。

## 一、寻根究源，了解造成农村初中生学习问题的根源，对症下药，因材施教

导致农村初中生数学学习差的原因众多，需要我们逐一了解，对症施策。

### （一）社会环境因素

农村盛行的"读书无用论"对农村初中生的冲击最大。个别读书少的人通过后天的努力创业成功，让一些学生片面地认为：不读书一样容易成功。个别大学生因为自身的问题就业情况还不如职高学生，让很多农村学生认为：不用好好读书，拿到一个初中毕业证也可以去打工，去实现自己的发财梦。

目光短浅，是很多农村学生的通病。所以，农村初中教师的第一要务是和"读书无用论"作斗争，要扭转农村学生的观念，这是让农村学生正确对待学习的必由之路。针对现在农村初中生普遍喜欢抖音这款小视频 App 的情况，教

师完全可以去搜索一些有关引导努力读书的小视频给学生观看，如《读书不是唯一的出路，但是是最好的出路》《中国商界大佬学历大数据》等，用事实说话，比枯燥的说教更有用。

让成绩好的农村学生讲述自己是如何面对"读书无用论"的，是如何端正态度去学习的。这些身边的例子对学生更具有说服力。

让在外打拼的年轻人回来讲述他们在外遇到的问题，尤其是知识、技术制约他们发展的问题，让还在学校学习的学生有一种紧迫感。这比教师天天说"书到用时方恨少"更管用。至今我都记得他们回来讲的一个故事：有一个学生当初在高中不够努力，勉强上了一个专科，后来在一家国有品牌家具厂做推销员，他努力工作，在推销上做得很不错，满以为自己会得到提拔。结果公司提拔了一个比他业务能力弱一点但学历为本科的人。这让他受了很大的刺激，他第一次明白学历的重要。他回来讲这些经历给还在校的农村初中生听时，我看到了这些学生的专注，他们也向这位大师兄提了很多问题。我想，这种直观的教育方式是有效的，因为后来接受这样教育的这个班，学生在学习态度和积极性方面明显有了转变，成绩也有了大幅度提升。

**（二）家庭教育因素**

美国著名心理学家马斯洛把人的需要分为基本的生理需要、安全的需要、归属和爱的需要、尊重的需要、认知和审美的需要五个层次。

对于当代农村学生来说，一般家庭都能够满足其基本生活需求，但是他们不得不面临的一个问题是，父母为了将来更美好的生活，往往背井离乡，外出务工。农村学生的家庭教育因此严重缺失，一些学生缺乏安全感、缺乏归属感，对人冷漠甚至有暴力倾向，对生命漠视、对游戏沉迷，进而导致了校园霸凌事件的产生。由于正处于青春期，这些得不到家庭的爱的学生渐渐从身边的异性身上寻找爱，于是早恋问题也相对突出。一些教师觉得这些学生缺乏家教，就简单粗暴地处理这些学生的问题，让学生觉得教师不尊重自己。一些学生能够在这种处理方式中得到纠正，但另一些学生却破罐子破摔，崇尚暴力美学。

虽然现在农村中小学都建立了家长学校，试图通过培训家长的方式来解决这些问题，但是由于父母往往长期在外，无法及时回来学习。另外，远水解不了近渴，家长每个星期在电话或视频那一端的爱，永远比不上在学生身边的爱。

而在家的爷爷、奶奶只管温饱和基本安全，对于孩子的管教过于溺爱，导致一部分农村初中生给人的感觉是飞扬跋扈，以自我为中心，不能接受他人的意见和建议。特别是手机问题，若处理不当，这些孩子甚至以极端方式为威胁。

另外，农村初中生也有个别出现抑郁倾向。他们从小就得不到家庭足够的关心，又受到同学的排挤，教师不能时时关怀，他们的内心产生了畸形心理。

家长迫切希望孩子上普高，对于孩子的学习情况不了解，强迫孩子考普高，导致孩子压力大，反感情绪重。对于学习方向的选择，很多农村学生的天赋是被埋没的，尤其在艺术特长和技术特长方面，这两方面在农村似乎没有宽广的生存空间，家长也不重视，学校也不够重视，让这些孩子的艺术天分凋零。

对策：与这些农村初中生真诚沟通是解决问题的最佳途径。班主任与科任教师一起，和班上每一个学生都进行谈心，了解学生内心的真实想法，想他们之所想，急他们之所急，用爱和尊重来赢得学生的认可。

一是让在外务工的家长不要只关心成绩，更多地关心一下孩子的生活，尤其是孩子在学校遇到的问题，让孩子倾诉一下自己的青春期烦恼，拉近孩子与父母之间的关系与距离。只有孩子愿意倾诉，并及时得到理解和帮助，他们才不会自甘堕落或被推进抑郁之门。学校也要开设心理健康课和进行心理健康讲座，开展心理咨询等，让迷茫中的孩子得以拨开云雾见蓝天。

二是和监护人沟通，明确监护人不仅要关心孩子的温饱问题，还要观察孩子的为人处世，关注他们小伙伴的品行，才能找到孩子叛逆的一些源头，为解决孩子的问题提供可靠的依据。

三是了解孩子的兴趣和特长，促进其天赋的发展，对于农村孩子来说任重而道远。但是作为学校教师有责任、有义务向家长进言，让他们在条件允许的情况下，促进孩子特长发展。

农村初中生对于职业的选择是茫然的，家长和教师都应该在这方面提出积极的建议，对于普职高的选择，也要因孩子的学习水平和兴趣爱好而定。我记得有这样一个故事：

有一个孩子在读幼儿园的时候就是破坏大王，爸爸的处理方式就是棍棒教育，但得到的是孩子更多的反抗性破坏。而妈妈接纳了孩子的问题，发现了孩子在手工方面的特长，和小学班主任一起引导孩子向这方面发展。虽然孩子学习成绩依然不好，只能去读职高学汽修，但是孩子在职高被称为汽修神童，后来自己开了店，专修豪车，收入颇丰，成长为最好的自己。

榜样的力量是无穷的，家长也需要家庭教育榜样。班主任或科任教师应该去挖掘农村优秀家长的事迹，让他们来学校给其他家长做讲座，或者把他们的教育故事整理成电子文档，发给其他家长看，让家长学习如何应对青春期叛逆的孩子。我们也发现，这些农村家长其实无意中已经做到了满足孩子的马斯洛层次需要理论。

### （三）学校教育因素

农村初中生有了自主意识，特别强调公正与公平，所以面对一些教师的教育方式不当时，就会产生反感心理，不仅自己不听课还会干扰课堂。

另外，还有一个突出问题就是一些农村初中教师的职业素养不高，片面认为农村初中生素质差。在这样一个先入为主的观念下，如果发现不少学生在课堂上走神、打瞌睡、做小动作，这些教师的第一反应往往不是反思自身是否存在不足（如上课照本宣科，课堂气氛沉闷，讲解不够清晰），而是一味地埋怨学生纪律意识差，不思上进，动不动就拿学生出气，把学生喊到教室外站着，或者请家长到学校来处理。不愿意读书的学生就故意捣乱，他就可以在教室外潇洒。另外，他也觉得这个老师无能，这门科可学可不学。

处于青春期的农村学生和城里学生一样，特别需要尊重，好面子。教师遇到问题就请家长来，这往往是最让学生反感和最不明智的处理学生问题的方式。正确的处理方式是上课时及时制止，下课后再找学生单独聊，达成共识。

我们承认学生的认知和学习水平的差距，那么我们就要对学生有个性化的教学。我记得有这样一个故事：

一家银行里来了一位农村老大爷，他要办卡存钱。他坐在柜台前设置密码，但输入密码的时候总是失败。银行职员告诉他，六位密码不能是连号或重复数字，但是老大爷似乎听不太懂，试了几次还是不行。最后，保安实在看不下去了，对大爷说："密码不能是'豹子'和'顺子'！"老大爷顿时心领神会，办卡成功。

这个故事就很形象地说明了根据学生的认知水平来教育的重要性。

对于教师来说，不要简单地把教师看成一个普通职业，因为我们不是制造产品，而是面对具有自我意识的人。因此，对于教学，教师除提升自己的业务水平外，还应多一分耐心和包容、多一分理解和尊重、多一分关心与帮助，这样这些农村初中生才会对教师执教的科目有兴趣、有期待、有动力。

1000 个问题学生中有 1000 种不同的问题，需要教师区别对待，逐一化解。千万不要模式化转化，这样不仅效果低，而且容易给学生一种贴标签的感觉。

## 二、想方设法地让农村初中生心中有目标，做事有动力，且能锲而不舍

在《淮南子·说林训》中有这样一句话："逐鹿者不顾兔。"大意是追赶鹿的人，顾不上看兔子。也就是说，做事时，人要学会把握根本，紧盯目标，全力以赴，不得三心二意、左顾右盼。很多农村初中生对于学习的态度无方向、无目标，大多是三天打鱼两天晒网，做不到"做一天和尚撞一天钟"，做事情时"一鼓作气，再而衰，三而竭"，刚点燃的动力很快就会消失。

我们随机抽查了某县几所农村初中的各个年级各个班的 5 名学生，发现有明确学习目标的农村初中生仅 30%，另外 70% 的农村初中生则是随波逐流，得过且过。有明确学习目标的农村初中生的成绩比没有明确学习目标的农村初中生整体水平高几十分，最大极差达到了 200 多分。

在《淮南子·说林训》中还有这样一句话："槁竹有火，弗钻不然；土中有水，弗掘无泉。"大意是干枯的竹子能生火，但不去钻它就不会燃烧；地下藏有泉源，但不去挖掘就流不出泉水来。这包括说明：理想再丰满，设想再美好，不安下心来踏踏实实去做，也是白搭，终究是空中楼阁。

所以，农村初中教师需要扮演好一个催化剂角色，设法激发学生内心的动力，并形成持续不断的动力，让农村初中生的自我学习意识可以稳定地促进他们脚踏实地去学习。

2020 年很火的一部网剧《风犬少年的天空》中有这样一个情节：

老狗读书不够努力，但他是体育尖子生，他在重庆中学生马拉松赛一举夺魁。但如果想考体育类大学，文化成绩还不够，在李安然的辅导下，老狗最终实现了自己的大学梦。

这说明什么问题呢？首先，教师要让学生认识到自己的特长，发挥自己的特长，找到自信，更重要的是在目标的指引下发现自己的问题，找到与目标的

差距，有针对性地努力。很多农村初中生在承认差距的时候却放弃了缩小与目标的差距，认为自己没有机会就自我放弃，这是最致命的想法。作为教师，我们就要在这个时候让他们认识到一切皆有可能，前提是自己是否愿意为目标全力以赴。

## 三、农村初中教师要坚信：上帝为每一只笨鸟都准备了一个矮树枝

前面我们都在解决学生受外界因素影响导致学习存在差异的问题，力图帮助学生克服面临的问题，在学习上有信心、有持久力。但是我们不能否认学生的学习能力存在明显的个体差异，在这样一个前提下，要运用多元智能理论，相信每一个学生在不同的智力方向上都有自己的发展空间。

农村有这样一句话："十个手指伸出来有长短。"这是告诫人们，人与人之间的差异是客观存在的，要正确对待差异。17世纪德国哲学家莱布尼茨曾说："世界上没有完全相同的两片叶子。"其实不仅是树叶不完全相同，就是我们熟悉的双胞胎，仔细辨认也能发现细微的区别。这也说明这个世界上没有两个完全相同的人，每个人都是与众不同的，都有自己存在的价值。作为农村初中教师，更要懂得每一个学生是独立的个体，我们要基于学生的个性特点，帮助学生更好地了解自己的学习情况，寻找适合自身的学习策略。

作为教育人，还应该了解一个理论——瓦拉赫效应。瓦拉赫的中学时代，在被其父母、老师期望发展的文学和油画等方面，他是非常"笨拙"的学生，绝大多数老师都认为他已成才无望，但其化学老师发现了他优秀的品质，让他学习化学，最后这位被很多老师否定的学生获得了诺贝尔化学奖。学生的智能发展是不均衡的，都有智能的优点和弱点，他们一旦找到自己智能的优点，使智能潜力得到充分的发挥，便可取得惊人的成绩。这一现象人们称为瓦拉赫效应。

但是很多农村学校自身考核指标唯分数论，导致了各科教师对学生的要求一视同仁，往往对于自己所教学科成绩差的学生始终是一种嫌弃的态度，并总抱着一种"恨铁不成钢"的观念来对待这些学生。教育家陶行知先生说过："你的教鞭下有瓦特，你的冷眼下有牛顿，你的讥笑里有爱迪生。"所以，端正

教师对待学生的态度，相信学生在某一智力方面的无限可能，就能让这些学生由点到面重塑学习信心。如果这些迷惘中的农村初中生在某一个智能方面找到了自信，那么就能带动其他方面的进步。

土耳其有句谚语："上帝为每一只笨鸟都准备了一个矮树枝。"众所周知，指挥家舟舟是一个被鉴定为智力障碍者的孩子，但是他的父亲却在努力培养他自食其力，在培养的过程中父亲发现了他的指挥天赋，最终他成了一位出色的指挥家。所以，不管我们面临的农村初中生其成绩有多么糟糕，我们都要让每一个学生获得最好的发展，做到不放弃、不抛弃。

当然，帮助学生认识自我是一件很难的事情。有些学生，今天喜欢吉他，就努力学习一下；明天喜欢篮球，就会放弃吉他。如果教师抱着急功近利的思想，就很难发现学生的特长。教育是慢的事业，就如种地，需要创造适合种子生存的条件，慢慢去耕种和等候，时光最终会让它成为果实。

## 四、创新农村初中生学习评价机制，让教育回归本真

教育的本真是什么？

有人说："教育的本真在于'使人成为人'。"

人是社会化的人，应该有正确的世界观、人生观和价值观，需要教师在教育中强调德育为先，立德树人。而我们很多农村初中教师只看到自己学科成绩那一亩三分地，忽略了学生一生的发展需要，一味地挑剔、埋怨、责备学生，缺乏发现、欣赏的眼光和心态去体会学生生命，毕竟野百合也有自己的春天。2002年，班上有一个小阮同学，他成绩差且身上问题特别多，当所有教师都放弃他的时候，我说了这样一句话："你人很聪明，只是用错了地方。如果好好运用你的聪明，你就会前途无量。"果然，十多年过去了，当年那个调皮捣蛋的"坏"学生有了自己的事业，业余时间还自愿加入了救援队伍，成了优秀的救援人员，入了党，成了人们眼中可爱的人。

多元智能理论认为：每个人与生俱来都至少拥有语言智能、数理智能（逻辑智能）、音乐智能、视觉智能（空间智能）、身体运动智能、人际交往智能、自我认识智能和自然观察智能八项智能，所以我们要相信学生的无限可能，不能只看着其某一科分数，而应该从全学科入手，从德、智、体、美、劳等方面

综合评价，建立一套全面的评价体制。

学习评价可以考虑从课堂参与度（自觉学习）、笔记整理度（认真学习）、作业完成度（认真练习）、考试提升度（自我提升）等方面来综合评价。然后再平衡各科情况，综合评价学习情况，因为有些学生可能英语不太好，但其他科优秀，他一样能排在班级前列。

德育评价可以由单一的教师评变成小组评、班级评、家长评甚至社区评，从校内表现延伸到校外表现，避免学生在校内外表现不一的情况。

体育评价除身体素质、参与度评价外，还要注重各种体育技能的综合评价。现在教育部正在试点把体育中考成绩提升到100分，不仅希望初中生重视身心健康，而且纠正了很多学校重视文化课轻视体育的不良现象。

美育评价在农村初中是滞后的，一是缺乏专业的教师，二是学生缺乏相应的器材，三是学校与家长以及学生对于美育的重视程度不够。英国哲学家佛朗西斯·培根说："读史使人明智，读诗使人灵透，数学使人精细，物理使人深沉，伦理使人庄重，逻辑修辞使人善辩。"每一学科都有其独特的育人价值，美育就是陶冶人的情操，让人变得更加优雅和高尚。

原来劳动在农村初中是不存在问题的，但是随着社会经济的发展，很多农村初中生也远离了土地，不参加家里的劳动。在学校的卫生打扫中一些学生经常偷奸耍滑，缺乏那句"一屋不扫何以扫天下"的胸怀。对此，我给学生讲过这样一个故事：

一个人认为自己很优秀，但是他没通过招聘公司的面试，后来他多方打听才知道，公司在招聘门口放置了乱放的扫帚和一些垃圾，他经过却视而不见。公司认为他对于公司缺乏一种责任感，举手之劳的事情都不愿意做，这样的人不适合在他们公司工作。

2020年10月13日，中共中央、国务院印发了《深化新时代教育评价改革总体方案》，提到了坚决扭转不科学的教育评价导向，坚决克服唯分数、唯升学等顽瘴痼疾。对于学生的评价要促进学生德、智、体、美、劳全面发展。相信自上而下的评价改革会全面推开，能让农村学校的顽疾得到根治。

有人也在网上提出了这样一个问题：农村初中生和城市初中生素质差距有多大？根据网友的回复，我们可以看到文化素质、艺术素质、人格素质三个方面的差距。在文化素质方面，农村初中生成长为大学生的综合比例为6%，而城市为 60%；在艺术素质方面，农村普遍欠缺，而城市是全面开花，农村初中生进城学习之后普遍不敢上台展示自己，在艺术方面明显自卑；在人格素质方面，差距不大，相对来说，农村初中生更朴实一些。所以农村初中必须扭转以文化课论成绩的做法，全面培育人。

总之，相信大家都看到了农村初中教育面临的种种问题，关键是在发现问题后如何去解决问题，如何去有效地实施解决问题的策略。相信在一代又一代教育人的不懈努力下，农村初中面临的问题会得到彻底改变，城乡教育差距缩小，真正做到教育的优质和均衡发展。

# 给一个平台，让学生更上一层楼

## ——初中数学教育随笔

实施新课程改革之初，全体教师都参加了一轮课改培训，应该说这对于素质教育的实施有很大的帮助，尤其是教师的教育观念有了根本改变，但在这些年的数学教学实践中，在使用北师大教材时，有人说好，有人说不好。说它好，是因为他已经能够得心应手地运用教材；说它不好，是因为它螺旋式上升的知识体系让人感觉到内容每年都有，每年都在"炒陈饭"，吃了不讨好，删掉了一些与高中密切相关的知识，影响了初高中的衔接。

刚开始的时候，我也觉得北师大教材太差，甚至还写了一篇网文来批判北师大教材，在网上得到很多老师、朋友的响应，我自鸣得意，觉得自己很不了不起，所以觉得学生运用这本教材学不好、考不好很正常。

但是，我有幸参加了在成都市第七中学召开的关于北师大教材的讨论，通过讨论，我才发现，原来北师大教材有太多的好处，它给教师和学生提供一个平等展示的平台，特别是教师自主教学、学生自主学习方面是其他版本教材不可比拟的。

当然，由于初中生学习能力参差不齐，学生的学习水平存在着较大的差异，如何给学生一个平台，让学生在新课改下学好相关数学学科知识，是摆在我们每个数学教师面前的一个必须解决的问题。

在实践中，我不断地探索，改进教育教学的新理念，努力探求课堂教学方法，寻求提高课堂教学效率的新途径，我觉得需要从以下几个方面入手。

## 一、授人以渔

"授人以鱼，不如授人以渔。"如果我们还是按照老教材，一板一眼地把知识点嚼碎，把知识点当成食物然后如老鹰一样灌进学生嘴里，这种被动式的教学，往往没有效果，因为这种教学方法是把学生当成装知识的容器，这种"装"往往是什么都装，不考虑学生感受，只要是知识，一概往里装，使劲往里"灌"，这样装，总有一天要满的。如果我们传授的是学习数学的方法，那么，学生只需要学会运用方法来分析问题、解决问题，就不需要什么东西都装了，这样教师教起来轻松，学生学起来也就轻松得多。

我在每接手一个班的时候，都会讲一个名为《点石成金》的故事，告诉学生：这个小孩不需要神仙送的金子，而是要神仙点成金的方法，我们学习也应该这样，不是知道一道题怎么解决，而是掌握解题的方法。学习也是这样，学习要讲究方法，可以达到事半功倍的效果。

例如，在学习了特殊三角函数值的时候，有些学生就开始死记硬背三角函数值，我在班上问有没有简单的方法来记住特殊三角函数值。学生就觉得奇怪，这个东西记住就行了，怎么还讲究方法？

我就告诉学生学会观察这个特殊三角函数值的表格（见表1）。

表1　特殊角的三角函数值表

| 三角函数 | 30° | 45° | 60° |
|---|---|---|---|
| $\sin\alpha$ | $\dfrac{1}{2}$ | $\dfrac{\sqrt{2}}{2}$ | $\dfrac{\sqrt{3}}{2}$ |
| $\cos\alpha$ | $\dfrac{\sqrt{3}}{2}$ | $\dfrac{\sqrt{2}}{2}$ | $\dfrac{1}{2}$ |
| $\tan\alpha$ | $\dfrac{\sqrt{3}}{2}$ | $1$ | $\sqrt{3}$ |
| $\cot\alpha$ | $\sqrt{3}$ | $1$ | $\dfrac{\sqrt{3}}{3}$ |

学生发现了互余关系、倒数关系、商的关系、平方关系，这些知识现行的北师大教材上都没有。然后我再让学生理解表格，学生根据三角函数的增减性，很快就记住了，如正弦值随着角度的增大而增大，先是二分之根号一，然后是二分之根号二，然后是二分之根号三，余弦正好相反。

又有学生提出不需要去背也能正确运用，通过画图的方法来完成。这也正是我要讲的方法，看来学生通过观察、推理，很快就学到了知识，而且不容易遗忘。

我对学生说，学习就是这样，需要观察、总结，这样学习才能提高，方法得当了，学习就轻松了。

针对北师大教材的特点，我给学生做了如下规定：

一是阅读教材，按照上面提供的一些素材进行探究，然后试着完成教材上的作业。做不出来的题，做好笔记，上课的时候认真听。

二是实行小组探究，"三个臭皮匠，顶个诸葛亮"，发挥小组合作探究的优势，培养组内外竞争意识，激发学生学习的兴趣。爱因斯坦说："兴趣是最好的老师。"古人亦云："知之者不如好之者，好之者不如乐之者。"中国篮球著名运动员也说："最重要的就是去做你真正想做的事情，跟着兴趣走。"因此，我们通过让小组汇报学习成果的方式，让孩子真正成为学习的主人。

三是做好复习巩固，不能只上课听听，下课后不练习、不总结。

我要求学生不仅上课要认真参与课堂教学，下课还要做好反思：今天哪些问题解决了，哪些问题依然存在，如何解决，尽量不让问题过夜。

我中途接手了八年级某个班，一上课我就对学生提出了我自己班上的要求，学生开始有点不适应。但是一段时间后，学生成绩上升得很快，在期中总结上纷纷写道：同样是那些知识点，师兄来讲了，就是容易懂。

作为教师，我们应当教给学生一些数学思想和数学方法。

从数学大纲要求看，九年制义务教育大纲已明确地把数学思想方法纳入基础知识的范畴。数学基础知识是指数学中的概念、性质、法则、公式、公理以及由其内容反映出来的数学思想方法。中学生数学内容包括数学知识与数学思想方法。

北师大教材要求学生掌握的数学思想有建模思想、统计思想、最优化思想、化归思想、分类思想、整体思想、数形结合思想、转化思想、方程思想、函数思想等，应掌握的数学方法有配方法、换元法、待定系数法、参数法、构造法、特殊值法等。这些数学思想和数学方法是紧密相连的。

例如，求一次函数、反比例函数、正比例函数、二次函数的解析式，我们都采用待定系数法，只要找到相关的点，我们就能求出相应的函数表达式。

历年成都市中考都会考一次函数与反比例函数结合的问题，我在复习课上问学生，以前怎么讲的这个内容，学生回答，知道一个明确的交点求反比例函数，再把另一个不明确横坐标或纵坐标的交点代入反比例函数求点，然后两个点利用待定系数法建立二元一次方程的求解。

2009级学生荣孙梦这样说：以前听那些哥哥姐姐说函数要人命，基本上不会做，心里虚得很，没想到方法是如此简单，师兄讲了如何求面积，如何根据图像来找自变量的图形的取值范围。原来，一切都有规律可循，数学学习真的要讲究数学方法。

我在教授北师大教材九年级下册第四章"图形的相似"的时候，常常利用相似、建立方程来解决问题；遇到等比的式子，可设参数；遇到证等积式转成立，我们就把等积式转化成比例式，再找相似三角形，找不到相似三角形，就用等量代换思想来解决。

这些方法的传授给学生解决相关问题提供了捷径，学生学起来很快，也很轻松。

## 二、简化教材，让数学语言生活化

简化教材其实就是章节知识体系化，本来北师大教材上面没有多少现在的知识点，这给学生自我总结创造了条件，学了什么，自己通过表格的形式罗列出来，方便以后复习。

在学习了二次函数各部分作用后，学生动手做了以下表格（见表2）。

表2　二次函数 $y = ax^2 + bx + c$ 的图像特征与函数之间的关系

| 项目 | 作用 | 具体作用 |
|---|---|---|
| $a$（$a \neq 0$） | $a$ 确定了开口方向 | $a > 0$ 开口向上 |
| | | $a < 0$ 开口向下 |
| $\lvert a \rvert$ | $\lvert a \rvert$ 确定了开口的大小 | $\lvert a \rvert$ 越大，开口反而越小 |
| $b$ | 与 $a$ 一起确定对称轴的位置（左同右异）对称轴公式：$x = -\dfrac{b}{2a}$ | $ab$ 同号，对称轴在 $y$ 轴的左侧 |
| | | $b = 0$，对称轴为 $y$ 轴（直线 $x = 0$） |
| | | $ab$ 异号，对称轴在 $y$ 轴的右侧 |
| $c$ | 确定了与 $y$ 轴交点的位置 | $c > 0$，交于 $y$ 轴的正半轴 |
| | | $c = 0$，过原点 |
| | | $c < 0$，交于 $y$ 轴的负半轴 |
| $\Delta = b^2 - 4ac$ | 确定了抛物线与 $x$ 轴交点的个数 | $\Delta > 0$，与 $x$ 轴有两个不同的交点 |
| | | $\Delta = 0$，与 $x$ 轴有且只有一个交点 |
| | | $\Delta < 0$，与 $x$ 轴无交点 |
| $a + b + c$ | 当 $x = 1$ 时，对应点的位置 | 在 $x$ 轴上方，$a + b + c > 0$ |
| | | 在 $x$ 轴上，$a + b + c = 0$ |
| | | 在 $x$ 轴下方，$a + b + c < 0$ |
| $a - b + c$ | 当 $x = -1$ 时，对应点的位置 | 在 $x$ 轴上方，$a - b + c > 0$ |
| | | 在 $x$ 轴上，$a - b + c = 0$ |
| | | 在 $x$ 轴下方，$a - b + c < 0$ |

让语言生活化，是指把一些方法编成口诀，如负指数运算 $(a)^{-p} = \left(\dfrac{1}{a}\right)^p$，我对学生讲这里有两变：底数变倒数、负指数变正指数。学生则说成，底倒指正，非常形象好记。

2010 级学生周英宝在学习体会中说道："数学在师兄手里就是跳动的音符，让原来枯燥难记的东西，一下子变得有趣容易记忆了；去括号的原则资料上讲得很复杂，师兄就说'同号正，异号负'这六个字就搞定；说到二次函数坐标轴位置确定系数 $a$ 和 $b$ 的符号，左同右异，很好理解，也很好记。"

我在讲"圆和圆的位置关系"这一节课的时候，把圆与人生结合起来，学生很容易就掌握了知识点。

圆和圆的位置关系分五种，即外离、外切、相交、内切、内含。我说就是两个人，以前没有缘分，所以他们彼此没有联系，都生活在各自的范围内，也许是五百年前的一眼，注定了今生有了一次相遇，相遇之后，发现彼此之间有许多共同的爱好，然后融为一体，最后两人真正在一起。

也可以理解成学校和社会，学校是一个圈子，社会是一个大圈子，我们生活在学校里，不懂社会，所以，社会就和江湖一样，离我们很远。当我们快毕业了，我们开始走近社会，对社会有了一点认识，然后逐渐融入社会，最后还保留着一点自己，最终完全被社会所包容，成为社会的一分子。

这种教育方式既说明了圆和圆之间的位置关系，又渗透了一些社会教育，让枯燥的数学也有了人情味。这种教学方式让学生对数学学科产生了浓厚的兴趣。学生往往是在激情中学习，在愉快中成长。学生反映说，没想到在数学课上还能听到爱情，听到江湖，关心社会。

学生中考后留言说：师兄，照本宣科，应该说人人都会，但是你却为我们打开了数学的另一扇门。我们不只是就知识而学知识，更多的是懂得知识的作用，理解它更多的意义和价值所在，谢谢你师兄。

2010级学生刘腾在她的空间里写了这样一篇日志：

《师兄数学课经典语录》内容如下：①一切向前看！②积极交钱、学习向前、注意安全！③勤能补拙，笨鸟先飞！④吃得苦中苦，方为人上人！⑤世上本无事，庸人自扰之！⑥职位是自己干出来的！⑦与其临渊羡鱼，不如退而结网！⑧无论再困难，我们都要走下去！⑨没有方向的船，无论遇到什么风，都不会是顺风！⑩今天努力一点明天可以号令他人！（师兄某任女朋友送给师兄的）⑪喜欢是浅浅的爱，爱是深深的喜欢！⑫无志之人常立志，有志之人立长志！这只是初三上期我记的。

经验告诉我，高效率的课堂教学是趣味性、知识性、学生参与、教师引导的有机结合。我们的教学要关注学生这个主体，要使学生的个性得到张扬，要使学生的学习成果得到展示。这是我们课堂教学追求的目标。

### 三、做好初高中教材的衔接

由于北师大教材删了一些复杂一点的内容，舍弃了一些比较好的方法，针对这种情况，我认为，应该做适当的补充。通观教材，需要补充的内容有以下几方面：

（1）代数部分：式的运算（分式运算、整式运算、分母有理化）、因式分解（十字相乘法、分组分解法）、方程（一元二次方程根与系数的关系、二元一次与二元二次方程组成的方程组）、二次函数的提升训练。

（2）几何部分：着重补充证明的思路，以全等、相似、比例、平行、垂直等为载体。例如，射影定理、切割线定理等，都应该做适当的补充。

我在上课时尽量补充这些相关知识，一方面给学生解题带来了方便，另一方面为学生的高中学习减轻了负担，尤其对成绩中等以上的学生，这些方法让他们知道学无止境，越去钻研，越有简单的方法可以解决问题。

进入高中后，我的学生都说高一教师要补充这些知识，而自己在初中掌握了，所以学起来相当轻松。

郑强，2010 年初中毕业，在高一上期期末的时候，取得了全校第一名的好成绩，而数学这科就考到了 148 分，他打电话来告诉我这个喜讯的时候，特别提到初三那些知识的讲解很重要，那些方法在高中同样适用。你平时培养了大家自主学习和对知识多理解、多探究、多总结的学习方法，这对高中生太重要了，很多初中生进入高中还不适应，而自己已经能够轻松地站在前面。他还说我在评讲数学试卷的时候，经常有些阅读题就是高中知识，我们只要先读，自学理解意思，就能轻松解决问题。遇到问题就大胆面对，勇敢求证。

## 四、注重学生解决实际问题能力的培养

教学大纲指出："人人学习有用的数学。"怎样的数学才是有用的数学？北师大教材运用了课题学习，在学习（2019 版）北师大教材九年级下册数学第 33页"二次函数的广泛应用"时，先通过展示那些著名设计的图片，激发学生的兴趣，然后要求每一个学生设计在两山之间的峡谷架设公路桥，桥下是 100 米宽的河流，桥的高度是 50 米。

学生根据专家的建议，运用二次函数解决了问题，体会到了数学源于生活，运用数学也可以解决生活中的问题。在北师大教材中，还有很多类似的课题学习，这些课题的学习，都能有效地激发学生学习的兴趣。

以前上课讲数学很重要，和生活联系紧密，这样的说教没有任何实质意义，而让学生进行课题学习，实际动手操作，让学生真正体会到了数学的重要性，这样取得的经验比间接传授的经验更值得珍惜，学生充分享受到了数学学习的乐趣。

在进行阶段总结时，学生说以前基本上都没有上活动课，天天就是算题证明，觉得没意思（我一般初三才接班），觉得学习没意思，好像与生活没关系，学习成绩下降了，越来越不想学，而且老师也指望我们会基本运算就行了。以前觉得工程师太神奇了，现在看来，运用所学知识解决工程问题，做好最佳设计，就能成为一名工程师，这坚定了我学好数学的信心。

通过以上平台的建立，我班的学生数学学习的目标性更强了，对数学学习的兴趣提高了，而且掌握了好的学习方法之后，学起来很轻松，达到了愿学、乐学、会学的目的。不只是数学学科，所有学科都要追求的目标。我期望每一位数学教师，都要努力去做教学中的有心人，多去总结经验，让教学行之有效。

# 第三辑

# 课例分享

　　四川成都地区使用的是北师大教材，这里呈现的是针对农村初中生设计的几堂数学课。对于教学设计，虽然仁者见仁，智者见智，但最根本的还是需要结合自己学生的学情，努力做到导学、导思、导练，设计符合他们认知水平的课，达到让这些农村初中生"双基牢固扎实、思维训练落实、情感体验丰实"的目的。

# "解直角三角形应用" 教学设计

本节课是北师大教材九年级下册期中复习课，运用解直角三角形的知识来解决现实生活中建筑物高度的测量问题。每道例题都是根据学生实际进行编制的，尽量从学生周围举例，这样既能激发学生的学习兴趣，又比较生动形象。从解一个直角三角形的高，再到两个直角三角形测高，最后通过方程思想求建筑物的高度，构建直角三角形测高模型。由浅入深，步步推进，使学生形成把实际问题通过建立数学模型转换成数学问题进行求解的思想，并学会运用构建方程的思想达到数与形的结合；培养学生探索知识、理论联系实际的能力；通过分级闯关活动，激发学生学习的积极性。

## 解直角三角形的应用

### 一、教学目标

（1）明确三角函数的定义，记住特殊三角函数值。

（2）能利用三角函数解决实际问题，初步培养学生将实际问题转化为解直角三角形问题的能力。

（3）体验数学思想（方程思想和数形结合思想）在解直角三角形中的魅力。

### 二、教学的重点与难点

教学重点：将实际问题转化为解直角三角形问题。

教学难点：将实际问题中的数量关系转化为直角三角形中元素间的关系进行解题的思想方法。

## 三、教学过程

| 教学环节 | 教学过程 | | 设计意图 |
|---|---|---|---|
| | 教师活动 | 学生活动 | |
| 一、知识准备 | 1. 锐角三角函数的定义。<br>在 Rt△ABC 中，∠C = 90°，AB = c，BC = a，AC = b。 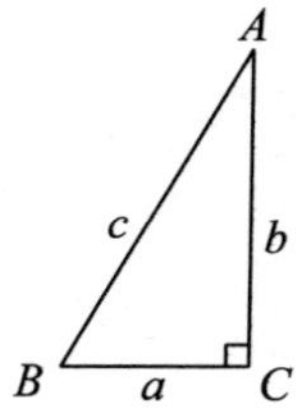<br><br>正弦：sinA =<br>余弦：cosA =<br>正切：tanA =<br>余切：cotA = | 学生回答相关定义 | 掌握三角函数的定义，为建立三角函数解决实际问题奠定基础 |
| | 2. 特殊三角函数值表格。<br>3. 学生自己口述仰角与俯角、方位角、坡度等概念 | 学生齐答<br>学生回答 | 熟悉常见的特殊三角函数值，为解特殊角直角三角形奠定基础；了解常见的概念 |
| 二、学习过程 | 回顾已学直角三角形解法。<br>1. 初级。<br>（2016 年辽宁沈阳第 9 题）如图所示，在 Rt△ABC 中，∠C = 90°，∠B = 30°，AB = 8，则 BC 的长是（ 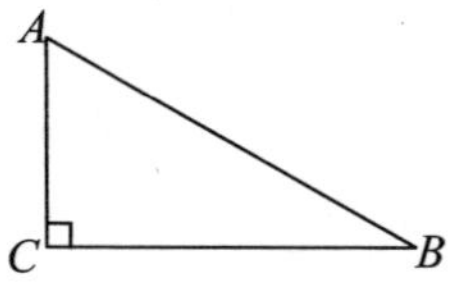　　）。<br> | 回顾如何解直角三角形 | 方法回顾 |

续 表

| 教学环节 | 教学过程 | | 设计意图 |
|---|---|---|---|
| | 教师活动 | 学生活动 | |
| 二、学习过程 | A. $\dfrac{4\sqrt{3}}{3}$　　B. 4<br><br>C. $8\sqrt{3}$　　D. $4\sqrt{3}$<br><br>（2016 年浙江宁波第 16 题）如图所示，在一次数学课外实践活动中，小聪在距离旗杆 10m 的 $A$ 处测得旗杆顶端 $B$ 的仰角为 60°，测角仪高 $AD$ 为 1m，则旗杆高 $BC$ 为_____m。（结果保留根号）<br><br>2. 中级。<br><br>（1）（2016 年新疆生产建设兵团第 19 题）如图所示，某校数学兴趣小组为测得校园里旗杆 $AB$ 的高度，在操场的平地上选择一点 $C$，测得旗杆顶端 $A$ 的仰角为 30°，再向旗杆的方向前进 16m，到达点 $D$（$C$、$D$、$B$ 三点在同一直线上），又测得旗杆顶端 $A$ 的仰角为 45°，请计算旗杆 $AB$ 的高度（结果保留根号）。 | 将学生分成四个大组，每组派一个学生代表上来分析题目，并解答 | 组间竞争，提高学生兴趣。学会利用理论知识恰当地分析问题，通过已获得的经验把实际问题中的实物转化为几何图形；调动学生学习的积极性和主动性；初步培养学生的建模能力<br><br><br><br><br>渗透方程的思想，拓展学生的数学思维 |

| 教学环节 | 教学过程 | | 设计意图 |
|---|---|---|---|
| | 教师活动 | 学生活动 | |
| 二、学习过程 | （2）如图所示，测量河宽 $AB$（假设河的两岸平行），在 $C$ 点测得 $\angle ACB = 30°$，在 $D$ 点测得 $\angle ADB = 60°$，又 $CD = 60\mathrm{m}$，则河宽 $AB$ 为_____ m（结果保留根号）。 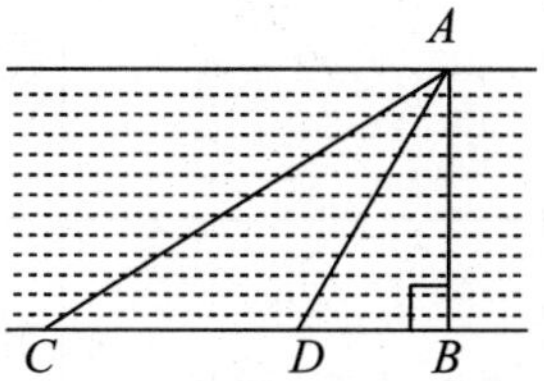<br><br><br><br>3. 高级。<br>（1）（2016 年湖北黄石第 22 题）如图所示，为测量一座山峰 $CF$ 的高度，将此山的某侧山坡划分为 $AB$ 和 $BC$ 两段，每一段山坡近似是"直"的，测得坡长 $AB = 800\mathrm{m}$，$BC = 200\mathrm{m}$，坡角 $\angle BAF = 30°$，$\angle CBE = 45°$。<br>①求 $AB$ 段山坡的高度 $EF$；<br>②求山峰的高度 $CF$。（$\sqrt{2} \approx 1.414$，$CF$ 结果精确到米） 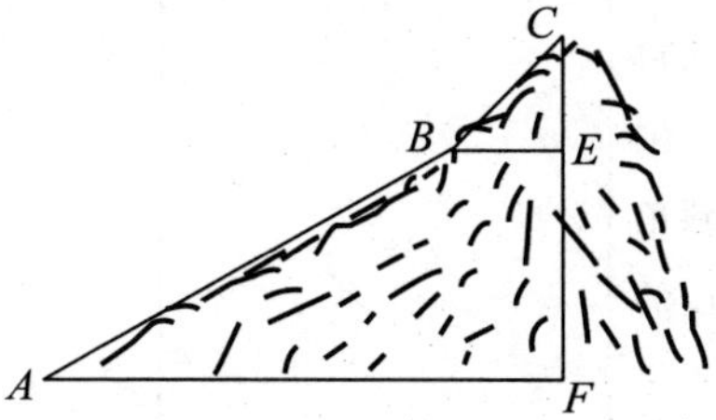<br><br> | 高级部分，小组讨论之后展示 | 小组激趣 |

163

| 教学环节 | 教学过程 | | 设计意图 |
| --- | --- | --- | --- |
| | 教师活动 | 学生活动 | |
| 二、学习过程 | （2）（2016年黑龙江大庆第16题）一艘轮船在小岛 $A$ 的北偏东 $60°$ 方向距小岛80海里的 $B$ 处，沿正西方向航行3小时后到达小岛的北偏西 $45°$ 的 $C$ 处，则该船行驶的速度为＿＿＿＿海里/小时。 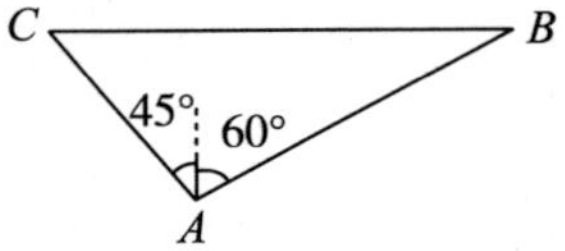<br><br> | | |
| 三、自我小结 | 教师引导学生总结 | 学生总结所学知识 | 知识回顾，进行巩固 |
| 四、课后达标 | 1. 纠正今天的错题，做在作业本上。<br>2.（2016年湖南岳阳第14题）如图所示，一山坡的坡度为 $i = 1 : \sqrt{3}$，小辰从山脚 $A$ 出发，沿山坡向上走了200m到达点 $B$，则小辰上升了＿＿＿＿m。 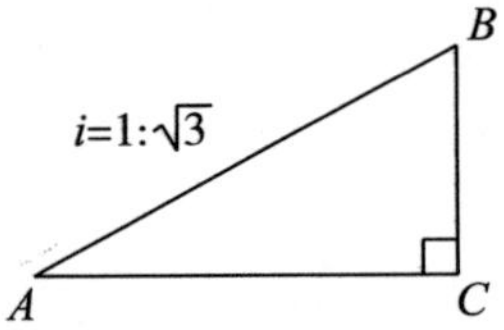<br><br><br><br>3. 如图所示，长4m的楼梯 $AB$ 的倾斜角 $\angle ABD$ 为 $60°$，为了改善楼梯的安全性能，准备重新建造楼梯，使其倾斜角 $\angle ACD$ 为 $45°$，则调整后的楼梯 $AC$ 的长为（　　）m。 | 学生进行课外练习，对知识进行复习、加深、反思 | 分层作业，使不同层次的学生都有所收获 |

续 表

| 教学环节 | 教学过程 | | 设计意图 |
|---|---|---|---|
| | 教师活动 | 学生活动 | |
| 四、课后达标 | A. $2\sqrt{3}$　　　　B. $2\sqrt{6}$<br>C. $(2\sqrt{3}-2)$　　D. $(2\sqrt{6}-2)$<br><br>4. 如图所示，小东在教学楼距地面 9m 高的窗口 $C$ 处，测得正前方旗杆顶部 $A$ 点的仰角为 37°，旗杆底部 $B$ 点的俯角为 45°。升旗时，国旗上端悬挂在距地面 2.25m 处。若国旗随国歌声冉冉升起，并在国歌播放 45s 结束时到达旗杆顶端，则国旗应以多少米/秒的速度匀速上升？（参考数据：$\sin37° = 0.60$，$\cos37° = 0.80$，$\tan37° = 0.75$）<br> | | |

## 四、教学反思

关于"解直角三角形应用"的教学，我有以下几点思考：

（1）多媒体课件简洁、生动，通过图片形象地向学生展示所提出的问题，吸引学生的注意力。

（2）使学生在解决问题的同时，吸收数学中的转化思想、建模思想、方程思想，即把现实问题通过建立数学模型转化成数学问题，并运用构建方程的思想达到数与形的结合。

（3）解直角三角形的内容是初中阶段数学教学的重点之一，这节复习课既让学生对所学知识有了更好的巩固，又让学生体会到数学与实际的联系。

（4）例题设置具有一定坡度，由浅入深，步步深入。

（5）事先告诉学生本课录制后会展示到网上，导致学生有些拘禁，小组讨论不积极，学生上台展示的时候有些慌张。

# 优秀课例课堂教学设计与反思

| 学科 | 初中数学 | 年级 | 九年级 | 教师 | 孙向兵 |
|------|---------|------|--------|------|--------|
| 所在学校 | 成都市金堂县又新学校 | | | | |
| 版本、册数<br>课目名称 | 北师大教材，九年级上册，"反比例函数复习课" | | | | |
| 教学目标 | 1. 经历抽象反比例函数概念的过程，领会反比例函数的意义，理解反比例函数的概念。<br>2. 会作反比例函数的图像，在合作与交流中探索和掌握反比例函数的主要性质。<br>3. 会从函数图像中获取信息，运用数形结合解决实际问题，发展学生的数学应用能力 | | | | |
| 教学重点、<br>难点及措施 | 教学重点：<br>1. 能列出本章知识的网络结构。<br>2. 掌握反比例函数的概念。<br>3. 掌握反比例函数的性质。<br>4. 能够运用反比例函数解决一些简单的实际问题。<br>教学难点：<br>1. 探索反比例函数的主要性质。<br>2. 灵活运用反比例函数模型解决问题 | | | | |
| 学习者分析 | 本节内容为复习课，学生已经通过对本章的学习，对反比例函数有了一定的认知，但知识比较零乱，这节复习课试图通过知识点的回顾和练习，帮助学生形成本章知识体系。本班学生基础较好，所以基础题采用抢答的形式，而稍复杂的题用小组讲解的方式进行 | | | | |

续 表

| | 教学过程 | | | |
|---|---|---|---|---|
| 教学环节 | 教学内容 | 活动设计 | 活动目标 | 媒体资源使用及分析 |
| 一、让我们为本章知识建立结构图 | 建构本章知识框架 | 师生一起建立本章知识结构图 | 建立本章知识体系，为复习提供方向 | PPT、动画展示结构图，形象生动 |
| 二、让我们一起来回顾和思考 | 1. 请写出反比例函数的三种表达式。<br>2. 如何作反比例函数图像？请说说反比例函数的图像及性质。<br>3. 你能列举几个现实生活中应用反比例函数性质的实例吗？<br>比较正比例函数与反比例函数的异同 | 通过三个问题来引导学生复习反比例函数的基本知识；通过表格形象对比 | 熟悉知识点，为练习奠定基础。<br>让学生分清两个函数的区别与联系：①表达式；②图像；③ $k$ 的作用 | PPT 展示思考题，并链接答案 |
| 三、让我们一起来练习，小试牛刀 | 1. 函数 $y = \dfrac{2}{x}$ 是_____函数，其图像为_____，图像位于_____象限，在每一象限内，$y$ 随 $x$ 的增大而_____，其中 $k =$ _____，自变量 $x$ 的取值范围是_____。<br>2. 若 $y = -3x^{2m-1}$ 为反比例函数，则 $m =$ _____。<br>3. 若反比例函数 $y = \dfrac{1-3m}{x}$ 的图像位于第二、四象限，则 $m$ 的范围为_____。 | 通过8个不同类型的练习，让学生掌握本节六大问题：<br>（1）反比例函数的概念。<br>（2）求反比例函数的解析式。<br>（3）反比例函数的图像与性质。 | 练习可以强化学生对知识点的掌握，通过抢答提高学生兴趣，建立学生自信 | PPT 展示，电子白板书写解答功能，动画功能 |

续 表

| 教学过程 | | | | |
|---|---|---|---|---|
| 三、让我们一起来练习，小试牛刀 | 4. 已知点 $A(-2, y_1)$，$B(-1, y_2)$，$C(4, y_3)$ 在 $y=\dfrac{k}{x}$（$k>0$，且 $k$ 为常数)的图像上，则 $y_1$，$y_2$ 与 $y_3$ 的大小关系（从大到小）为_____。<br><br>5. 点 $P$ 是反比例函数图像上的一点，过点 $P$ 分别向 $x$ 轴、$y$ 轴作垂线，若阴影部分面积为 3，则这个反比例函数的 $k$ = _____。<br><br>6. 在同一坐标系中，函数 $y=\dfrac{k}{x}$ 和 $y=kx-k$ 的图像大致是（　　）。<br><br>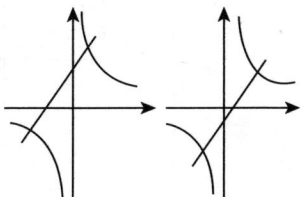<br>A.　　　　B.<br><br>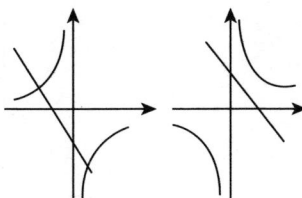<br>C.　　　　D. | （4）反比例函数中 $k$ 的几何意义。<br>（5）反比例函数在实际生活中的应用。<br>（6）反比例函数与一次函数的综合运用（成都中考 A 卷必考点） | | |

续　表

| 教学过程 | | | |
|---|---|---|---|
| 三、让我们一起来练习，小试牛刀 | 7. 如图所示，已知反比例函数 $y = \dfrac{k}{x}$ 的图像经过点 $\left(\dfrac{1}{2},\ 8\right)$，直线 $y = -x + b$ 经过该反比例函数图像上的点 $Q\ (4,\ m)$。<br><br>（1）求上述反比例函数和直线的函数表达式。<br><br>（2）设该直线与 $x$ 轴、$y$ 轴分别交于点 $A$、$B$，与反比例函数图像的另一个交点为 $P$，连接 $OP$ 和 $OQ$，求 $\triangle OPQ$ 的面积。<br><br>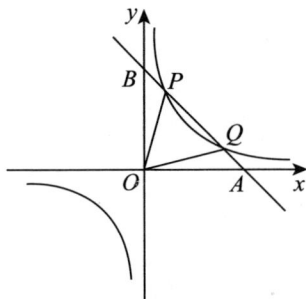<br><br>8. 某蓄水池的排水管每小时排水 $8m^3$，$6h$ 可将满池水全部排空。<br><br>（1）蓄水池的容积是多少立方米？<br><br>（2）如果增加排水管，使每小时的排水量达到 $Qm^3$，那么排水量 $Q$ 与满池水排空所需的时间 $t$ 之间的关系式是_____。 | | |

| | 教学过程 | | | |
|---|---|---|---|---|
| 三、让我们一起来练习，小试牛刀 | （3）如果准备在 5h 内将满池水排空，那么每小时的排水量至少为多少？<br>（4）已知排水管的最大排水量为每小时 12m³，那么最少需多长时间可将满池水全部排空？ | | | |
| 考点小结 | 学生回顾本节知识点 | 对知识点的进一步梳理 | 形成本章知识体系 | PPT 展示 |
| 作业 | P131～162 | 学生课后作业 | 巩固所学 | PPT 展示 |
| 应用信息技术环境教学小结 | 使用电子白板的基本功能，运用合理，较好地为课堂教学服务 | | | |
| | 主要是数学建模的形象性、快捷性，为学生运用数形结合解决问题奠定了良好的基础，并提高了课堂的有效性 | | | |
| 教学反思 | （1）运用电子白板教学，更容易给学生勾画重点，分析问题，让学生更直观地感受课堂的现代化，提高了课堂的效率。<br>（2）电子白板加上网络运用，为课堂提供了更丰富的教学资源，教师通过精心挑选，优化了数学教学内容。<br>（3）其不足之处是教师参与相关培训的力度不够，对于电子白板（包括数字课堂、U 课等）的功能运用，只能说会一些，还达不到灵活掌握的程度，所以，本节课的设计信息技术的运用较为肤浅。<br>（4）另一种设计思路是先进行知识系统的梳理，建立知识结构：<br>反比例函数的概念 ┌ 反比例函数的概念（定义及三种表达式）<br>　　　　　　　　 ┤ 图像与性质<br>　　　　　　　　 └ 反比例函数的应用 | | | |

续　表

| 教学过程 | |
|---|---|
| 教学反思 | （5）复习安排了 8 个专题，分别如下：①画反比例函数图像；②反比例函数的图像与性质；③待定系数法的应用；④反比例函数的实际应用；⑤函数思想；⑥方程思想；⑦分类讨论思想；⑧巧用 $k$ 的几何意义来解题。<br><br>（6）根据学情，学生对于画图掌握得较好，能够很好地运用性质画草图，所以对作图只是口头上简单说一说作图的方法和要求。而对于其定义和图像性质，一次函数与反比例函数结合和实际应用作为重点来设计复习题。<br><br>（7）为了调动学生的积极性，采用了自由抢答和小组讲解相结合的方式，体现了学生个体和合作情况 |

# "一元二次方程解法：公式法"教案

| 课　题 | 2.3 用公式法求解一元二次方程 | 课型 | 新授课 |
|---|---|---|---|
| 教学目标 | 1. 会用公式法解一元二次方程。<br>2. 会用根的判别式判断一元二次方程根的情况 | | |
| 教学重点 | 一元二次方程的求根公式及根的判别式 | | |
| 教学难点 | 求根公式的条件：$b^2-4ac\geq 0$ | | |
| 教学方法 | 讲练结合法 | | |
| 教学后记 | 本班是普通班，学生基础较差，所以例题和作业设计都相应简单一些 | | |

| 教学内容及过程 | 学生活动 |
|---|---|
| 一、复习<br><br>1. 用配方法解方程：$2x^2-4x-1=0$。<br><br>2. 回顾配方法解一元二次方程的步骤。<br><br>二、新授<br><br>1. 推导求根公式：$ax^2+bx+c=0$　　（$a\neq 0$）<br><br>解：方程两边都除以 $a$，得 $x^2+\dfrac{b}{a}x+\dfrac{c}{a}=0$<br><br>移项，得 $x^2+\dfrac{b}{a}x=-\dfrac{c}{a}$<br><br>配方，得 $x^2+\dfrac{b}{a}x+\left(\dfrac{b}{2a}\right)^2=-\dfrac{c}{a}+\left(\dfrac{b}{2a)}\right)^2$<br><br>即 $\left(x+\dfrac{b}{2a}\right)^2=\dfrac{b^2-4ac}{4a^2}$<br><br>$\because a\neq 0$，所以 $4a^2>0$ | 学生代表口述或板书展示，其他学生在草稿本上完成，或者观察学生代表完成情况 |

续 表

| 教学内容及过程 | 学生活动 |
|---|---|
| 当 $b^2-4ac \geq 0$ 时，得 $x+\dfrac{b}{2a}=\pm\sqrt{\dfrac{b^2-4ac}{4a^2}}=\pm\dfrac{\sqrt{b^2-4ac}}{2a}$ $\therefore x=\dfrac{-b\pm\sqrt{b^2-4ac}}{2a}$ 一般地，对于一元二次方程 $ax^2+bx+c=0$（$a\neq 0$），当 $b^2-4ac \geq 0$ 时，它的根是 $x=\dfrac{-b\pm\sqrt{b^2-4ac}}{2a}$。 注意：当 $b^2-4ac<0$ 时，一元二次方程无实数根。 **2. 公式法。** 利用求根公式解一元二次方程的方法叫作公式法。 **3. 例题讲析。** 解方程：$2x^2-3x=-1$ 解：整理得 $2x^2-3x+1=0$ $\because a=2$，$b=-3$，$c=1$ $\because \Delta=b^2-4ac=(-3)^2-4\times 2\times 1=1>0$ $\therefore x=\dfrac{-b\pm\sqrt{\Delta}}{2a}=\dfrac{3\pm\sqrt{1}}{2\times 2}$ $\therefore x_1=1$，$x_2=\dfrac{1}{2}$ **三、巩固练习** 教材第 43 页习题 2.5 第 2 题第（1）题： $2x^2-4x-1=0$ **四、根的判别式** 对于一元二次方程：$ax^2+bx+c=0$（$a\neq 0$） （1）当 $\Delta>0$ 时，方程有两个不相等的实数根。 （2）当 $\Delta=0$ 时，方程有两个相等的实数根。 （3）当 $\Delta<0$ 时，方程无实数根。 （4）当 $\Delta \geq 0$ 时，方程有实数根 | 学生要注意：$\Delta \geq 0$ 的条件，整理求根根式。 学生要观察是否满足公式法的前提条件：一般式。 步骤： （1）指出 $a$、$b$、$c$。 （2）求出 $\Delta=b^2-4ac$。 （3）求 $x=\dfrac{-b\pm\sqrt{\Delta}}{2a}$。 （4）求 $x_1$，$x_2$。 学生完成练习 |

| 教学内容及过程 | 学生活动 |
|---|---|
| 典型例题：<br>教材第 43 页随堂练习 1 不解方程，判断下列方程的根的情况：<br>$2x^2 + 5 = 7x$<br><br>五、小结<br><br>（1）求根公式：$x = \dfrac{-b \pm \sqrt{b^2 - 4ac}}{2a}$ （$b^2 - 4ac \geqslant 0$）。<br><br>（2）利用求根公式解一元二次方程的步骤。<br><br>（3）根的判别式。<br><br>六、作业<br>教材第 43 页习题 2.5 第 1 题第（2）题。<br><br>七、拓展<br>已知关于 $x$ 的一元二次方程 $\dfrac{1}{4}x^2 - (m-3)x + m^2 = 0$ 有两个<br><br>不相等的实数根，则 $m$ 的最大整数值是_____。<br>板书设计：<br><br>一、复习<br>二、公式法<br>三、练习<br>四、根的判别式<br>五、小结<br>六、作业<br>七、拓展 | <br><br><br><br><br><br><br><br><br><br><br><br>学生小结：<br>（1）这节课我们探讨了一元二次方程的另一种解法——公式法。<br>（2）根的判别式。<br>完成课后作业和思考 |

# "533"生命课堂下利用导学案调动学生自主学习数学的积极性

## 一、课题选题的背景

前些年，金堂县初中数学学科面临许多问题，其突出问题是学生对于数学学习没有多大兴趣，上课很被动，没有学习的积极性，学生的阅读能力和思维能力都比较差，从而造成教师感觉难教、学生难学、学困生面积大的不良局面。

众所周知的原因包括如下几个：

（1）金堂县位于成都东北方向，是一个农业大县，地处丘陵，大多数家庭外出务工，因此产生了大量留守儿童。留守儿童的家庭教育相对缺乏，导致学生对学习的意义认知不到位，从而影响各科的学习，而数学科学要求思维性更强，问题更突出。

（2）在新课程改革实施之后，金堂县采用了北师大教材。而北师大教材强调学生学习的自主性、合作探究性。农村学生缺少这方面能力的培养。教材呈现的内容比较简单，但考试的要求比教材本身呈现的内容要求高。教师不能创造性地运用教材，导致教学与考试之间存在一些脱节。

（3）在新课程改革实施后，教与学之间的老问题依然没有得到有效的解决。面对新课程改革，一些教师依旧采用老办法，一讲到底，保持着传统的"填鸭式"教学模式，他们自身没有去改变或想改变，找不到突破口，又如何让学生对于数学学科的学习从"要我学"变成"我要学"，让学生从"厌学"到"会学"甚至到"乐学"？这个问题一直困扰着金堂县初中数学中心组的教师。同时，金堂县教育局提出了"533"生命课堂模式，强调"导学、导思、导练",对于初中数学课堂,如何借助有效的载体来实现这"三导"?

## 二、选题的意义

《义务教育数学课程标准(2011年版)》要求:"人人都能获得良好的数学教育,不同的人在数学上得到不同的发展。"同时该课程标准明确提出"四基",即基础知识、基本技能、基本思想和基本活动经验,要求在原分析和解决问题能力的基础上,进一步培养学生发现和提出问题的能力;明确指出使学生养成"认真勤奋、独立思考、合作交流、反思质疑"等学习习惯。

在这个理念的指导下,进行金堂县初中数学教学改革势在必行。本课题就是尝试在教与学之间搭建一个桥梁,让教与学变得相对容易一些,让农村初中生数学的学习得到提高变成可能。

这种意义和价值将体现在以下几个方面:

(1)提高学生当前的数学学习成绩。本课题研究的目的在于探索提高初中生学习数学的兴趣和学习效率的策略与途径,从而改善学生的数学学习水平。这些策略与措施应该能在较短时间内起到提高学生学习成绩的作用。这也是本课题要达到的基本目标。

(2)培养学生解决数学问题的能力。本课题旨在让学生有效地从数学学习活动中获得解决问题的经验,形成反思质疑等学习品质。

(3)培养学生适应社会的品质。本课题力求在数学课堂中培养学生的自信和表达能力、合作探究能力、倾听他人意见能力等,而这些能力都是将来学生适应社会的必备能力。

## 三、概念的界定

导学案在百度百科中的定义如下:导学案是经教师集体研究、个人备课、再集体研讨制定的,以新课程标准为指导、以素质教育要求为目标编写的,用于引导学生自主学习、主动参与、合作探究、优化发展的学习方案。它以学生为本,以"三维目标"的达成为出发点和落脚点,配合教师科学的评价,是学生学会学习、学会创新、学会合作和自主发展的路线图。导学案实施的高级目标是培养学生的学习能力,为学生的终身学习奠定基础;导学案实施的基础目标是促进学生高效地掌握知识，为后续学习奠定文化基础。导学案的实施要两级目标并重。

对于金堂县农村初中数学学科来说，导学案对于本课题是一套基于农村初中数学学科学情的导学案。本课题研究的重点是如何开发适合农村初中生的数学导学案，如何在课堂上有效地实施导学案教学，激发学生自主学习数学的积极性。

## 四、导学案的开发与使用

导学案不是一个新生事物，已经有先驱者在不断尝试。我们也到周边区县进行了解，龙泉驿区是在周边较早开发和使用导学案的地区，有相对成熟的经验。为此，金堂县初中数学中心组率先派人前往龙泉驿区学习，并参与省特级教师王富英的导学案编写培训。随后，我们组织中心组成员研究金堂学情，开展培训和研讨，逐渐形成了金堂县初中数学导学案的模式。

**金堂县初中数学学案结构样本：**

（1）课题。

（2）学习目标及重难点。

（3）课前热身。

（4）自主学习。

（5）合作探究。

（6）当堂检测。

（7）反思小结。

（8）课后分级训练。

在编写时，教师要做到"五有"：

（1）脑中有"纲"（新课程标准）。

（2）胸中有"本"（教材）。

（3）目中有"人"（学生）。

（4）心中有"数"（差异）。

（5）手中有"法"（方法）。

此外，教师还要注意两个问题，这两个问题很多专家也谈过，我们再借鉴一下：

（1）构建问题链和问题组群。教师要尽可能通过问题设计启发学生思维，引导学生体验学习的过程。教师在问题的设计上要紧扣教材，围绕目标的要求，将问题进行整合，层层深入，环环相扣，构成一个指向明确、思路清晰，具有内在逻辑的问题链，同时将问题集中在那些牵一发而动全身的关键点上，把重难点问题分解成易理解、有趣的一组小问题，形成问题组群，以利于突出重点、突破难点。

（2）教师要通过精心设计问题，使学生意识到以下几点：要解决教师设计的问题不看书不行，看书不看详细也不行，只看书不思考不行，思考不深不透也不行；让学生真正从教师设计的问题中学会看书、学会自学、学会探究、学会合作。只有这样，才能让导学案成为学生的一名无声的老师，从而减少学困生。

我们先看一个具体的初中数学导学案样本，它是由云合中学肖敏老师编写的七年级下册"4.1认识三角形"的导学案。

## 4.1 "认识三角形"

**学习目标：**

1. 能证明"三角形内角和等于180°"，能发现"直角三角形的两个锐角互余"。

2. 会按角将三角形分成三类。

**重点和难点：**

三角形内角和定理、推理和应用。

**课前热身：**

1. 由不在同一条直线上的三条线段首尾顺次相接所组成的图形叫作三角形。

2. 线段公理：两点之间，线段最短。

3. 如图1所示，$A$ 处小狗要想吃到 $B$ 处的香肠，聪明的小狗喜欢走近一点的路线，那么它会走 $A{\rightarrow}B$ 呢，还是会走 $AC{\rightarrow}B$ 呢？

答：走$A{\rightarrow}B$，理由是两点之间，线段最短。

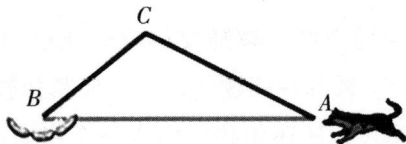

图 1

（课前热身的设计是为本节课探究活动做准备，不能东拉西扯。这个设计，第 1~2 题来自教材对于三角形的定义，能够直接找到答案；第 3 题，创设了一个有趣的生活场景，让学生明白数学源于生活，我们能用数学原理来解释生活中的现象，从而激发学生学习的兴趣。）

**自主学习：**

学生自学教材第 62~64 页，初步感知后回答下面的问题。

1. 图 2 中的三角形记作 <u>△$ABC$</u>，三个角是 <u>∠$A$、$B$、∠$C$</u>，三条边是 <u>$AB$、$BC$、$CA$</u>。

2. 一个三角形有两个角分别是 40° 和 70°，那么第三个角的度数是<u>70°</u>。

3. 三角形按角分类，可分为<u>钝角三角形</u>、<u>直角三角形</u>、<u>锐角三角形</u>。

4. 如图 3 所示，在直角三角形 $ABC$ 中，∠$C$ = 90°，则 ∠$A$ + ∠$B$ =<u>90°</u>。

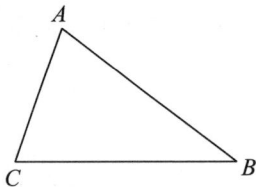

图 2

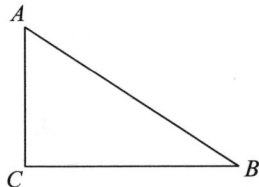

图 3

（自主学习的设计是学生初步感知就会做的，要抓住重点、控制难度。同时，让学生找到学习的自信，符合学生的心理特征，达到心理学中"跳一跳就能获得苹果"的体验要求。）

**合作探究：**

探究点：三角形的内角和。

1. 做一做。

（1）如图 4 所示，做一个三角形纸片，它的三个内角分别为 ∠1，∠2

和∠3。

（2）如图5所示，将∠1撕下摆放，∠1的顶点与∠2的顶点重合。

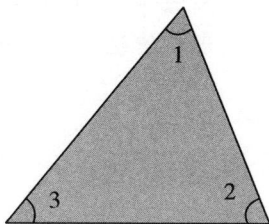
图4

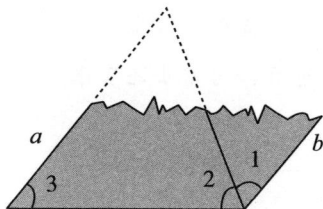
图5

（3）请观察图6，撕下前的∠A与撕下后摆放的∠ACE恰好构成一组相等的内错角，由此可以推断，直线a与直线b的位置关系是<u>平行</u>，这说明∠1，∠2和∠3的和是<u>180°</u>。

归纳：三角形内角和<u>等于180°</u>。

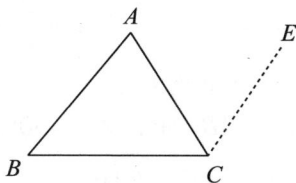
图6

2. 想一想。

在撕纸的过程中，我们发现了三角形的内角和是180°，受撕纸的启发，我们用下面这种推理的方法来证明三角形的内角和是180°。

已知：△ABC。

求证：∠A + ∠B + ∠ACB = 180。

证明：过点C作AB的平行线CE。

∵ AB // CE（辅助线的作法）

∴ ∠A = ∠ACE（<u>两直线平行，内错角相等</u>）

又∵ AB // CE

∴ ∠B + ∠BCE = 180°（<u>两直线平行，同旁内角互补</u>）

∴ ∠A + ∠B + ∠ACB = 180°

3. 议一议。

与同伴一起完成下面的推理过程。

在上面的推理中，我们过点 $C$ 作 $AB$ 的平行线 $CE$，其作用是把 $\angle A$ 转移到 $\angle ACE$ 的位置，构造平角来证明三角形内角和定理。像这样通过平行线转移角来证明三角形内角和的方法还有很多（图7）。

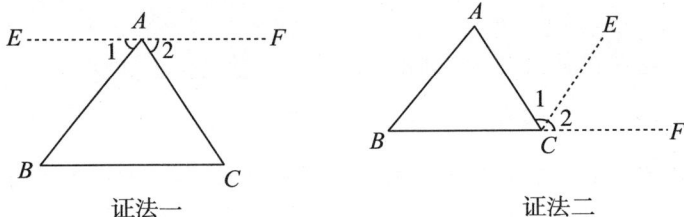

证法一

证法二

图 7

证法一：过点 $A$ 作 $BC$ 的平行线 $EF$

$\because EF /\!/ BC$

$\therefore \angle 1 = \angle B$，$\angle 2 = \underline{\angle C}$（两直线平行，内错角相等）

$\because \angle 1 + \angle BAC + \angle 2 = \underline{180°}$（平角的定义）

$\therefore \angle B + \angle BAC + \underline{\angle C} = \underline{180°}$

证法二：延长 $BC$ 至 $F$，过点 $C$ 作 $CE /\!/ AB$

$\because CE /\!/ AB$（辅助线的作法）

$\therefore \angle 1 = \angle A$（两直线平行，内错角相等）

$\underline{\angle 2} = \angle B$（两直线平行，同位角相等）

$\because \angle BCA + \angle 1 + \angle 2 = 180°$（平角的定义）

$\therefore \angle BCA + \angle A + \angle B = \underline{180°}$

（探究点的设计：根据教材内容设计 1~3 个探究点。探究点是探究学案的特色，其目的是在学案的层层递进的引导下，帮助学生理解知识、学习技能、领会思想方法、获得经验等。所以教师要花大力气进行设计。）

**小组合作展示：**

展示1：$\triangle ABC$ 中，$\angle A - \angle B = 40°$，$\angle C - \angle A = 10°$，试判断 $\triangle ABC$ 的形状。

解：由 $\angle A - \angle B = 40°$ 得 $\angle B = \angle A - 40°$，由 $\angle C - \angle A = 10°$ 得 $\angle C = 10°$

$+ \angle A$

$\therefore$ 设 $\angle A$ 为 $x$ 度，则 $\angle B$ 为 $\underline{(x-40)}$ 度，$\angle C$ 为 $\underline{(x+10)}$ 度

又 $\because$ $\angle A + \angle B + \angle C = 180°$

$\therefore$ $\underline{x + (x-40) + (x+10)} = 180°$（列方程）

解得 $x = \underline{70°}$

$\therefore$ $\angle A = \underline{70°}$，$\angle B = \underline{30°}$，$\angle C = \underline{80°}$

$\therefore \triangle ABC$ 为 锐角 三角形。

（小组合作展示的设计：小组合作展示的关键是体现知识的应用，有一定的综合性，题目要经典、有价值。）

**方法点睛：**

用方程的思想解决几何计算题是常用方法，学习中要注意体会，注意选择恰当的量设为 $x$。

**当堂过关：**

探究点：三角形的内角和。

1. 如图 8 所示，求 $\triangle ABC$ 各角的度数。

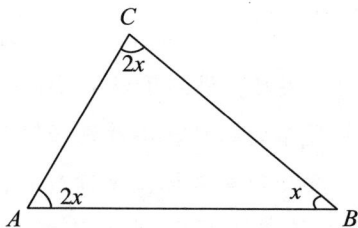

图 8

2. 在 $\triangle ABC$ 中，$\angle A = 80°$，$\angle B = \angle C$，则 $\angle C = \underline{50°}$。

3. 三角形的第一个角是第二个角的 2 倍，第三个角比第一个角小 $20°$，则这个三角形的三个内角分别是 $\underline{80°}$、$\underline{40°}$、$\underline{60°}$，它是锐角三角形。

（当堂过关的设计：对应每个探究点 2~3 着题，1~2 道难度较小，1 道为提升题。）

**反思小结：**

1. 知识要点。

（1）三角形的定义：由不在同一条直线上的三条线段首尾顺次相接所组成

的图形叫作三角形。

(2) 三角形的内角和等于180°。

(3) 三角形按角分类可以分为锐角三角形、直角三角形、钝角三角形。

(4) 直角三角形的两个锐角互余。

2. 思想方法。

思想方法包括分类思想、方程思想。

3. 学习方法。

注意学习简单的推理，以实现有条理地表达自己的想法。

**课后分级训：**

课后分级训的设计如下：（只说要求，不再举例）

A级·基础过关精练（5~8）：

围绕本课时知识点出题，难度控制在中级，比课内当堂过关难度要高一点。根据教材中课后习题进行变化来编写这部分基础题。

B级·能力提升妙题（4~6）：

本课时知识的综合运用与能力拓展练习，难度控制在中级偏上。

C级·探究创新热点（1~3）：

奥数级，高难度题。

肖老师在谈到这节课的编写时，讲到了以下几点：

(1) 思想上：要有克服困难的精神，不放过任何一个细节，反复推敲。

(2) 行动上：编写前，要先研究课标，细读教材，参考其他学案，查阅中考分类题，浏览《练习册》《天府数学》《奥数教程》等资料。

(3) 注意编写的角度：要从学生的角度出发，时刻考虑学生的年龄特点和想问题的方式。

(4) 注意编写的体例，要与编写说明一致。

导学案的使用目的是让学生养成正确的数学学习习惯，在教师的鼓励和引导下，达到我们所期望的自主学习提高的要求，这也符合皮格马利翁效应：当我们对初中生赋予了强烈的期待时，那么他们就会朝着我们希望的方向发展。

导学案解决了教什么的问题，怎么教则是另一个问题。我们要把课堂还给学生，导学案要求小组合作探究学习。因此，如何进行分组和指导小组利用导学案学习以及小组如何建设和评比是我们面临的新问题。

我们探索了分组的模式，一般以 4 人最佳，一个组长，三个组员。在学习能力方面，组长为优秀者，两个组员次之，最后一个组员最次之。我们提出了小组评比考核要求，要求组内每个组员表达自己的解题思路，组长要对组员的解答正确与否做出判断，正确的予以鼓励，错误的要及时纠正。优秀小组以全员平均成绩和全部达到 A 卷优秀为基本评比条件。小组长承担了"小老师"的角色，能够完成学生一般问题的解答和辅导，学生之间的辅导更容易被认同。我们这样做有积极的意义：一是锻炼了每个人的表达能力，尤其是组长的领导和思辨能力。二是增强了学生的自信，尤其是后进生得到了更多的帮助和发展的机会。三是符合"金字塔学习理论"的要求："小组讨论"，可以记住 50% 的内容；"做中学"或"实际演练"，可以记住 75% 的内容；"教别人"或者"马上应用"，可以记住 90% 的学习内容。这样的确提高了学习效率。四是小组合作让学生自主学习成为可能，让学生完全为自己学习，激发了学生的学习兴趣，让学生学习有了更多动力。

我县数学省特级教师刘际成老师谈到导学案的使用时这样说："'未来的文盲不再是不识字的人，而是没有学会怎样学习的人。'这充分说明了学习方法的重要性，它是获取知识的金钥匙。学生一旦掌握了学习方法，就能自己打开知识宝库的大门。因此，改进课堂教学，不仅要帮助学生'学会'，更要指导他们'会学'。第一，教学生'读一读'。课前为学生编好自主学习内容，并指导学生预习方法，让学生找到本节课的知识点。第二，让学生'讲一讲'。在教学中，要鼓励学生大胆发言，对于那些难以掌握的内容，应积极引导学生去议，鼓励学生去讲。在讲的过程中，对于学生出现的差错、漏洞，教师要特别耐心地引导，帮助他们正确地表述。教师要让学生学会合作与交流，让学生大胆表达。第三，引导学生'用一用'，养成学以致用的习惯。第四，引导学生学会'复习'。俗话说：'温故而知新'，这就是说，对我们以前学过的知识和技能要经常复习。"

## 五、使用导学案的效果

金堂县初中数学中心组每年寒暑假都会组织名优骨干教师编写导学案，目前已经形成了初中三年完整的导学案。各校在使用的时候，还需要结合自己的学情进行适当的增删。同时，为了与中考接轨，适应不断变化的学情，每学期中心组还会对导学案进行修订。几年运行下来，我们促进了学生学习方式的转变，看到现在的数学学科情况：①课堂上，学生能够大胆地表达自己的想法，思路清晰，方法多样，书写规范，让人眼前一亮；②各校数学成绩有明显的变化，后进生的比例相对减少，优生面扩大；③数学教师普遍更新了观念，把自己从主讲角色变成了主导角色，更关注学生的思维生成，专业成长的速度加快，年长教师在转型，年轻教师迅速成长；④各学校教研组都开展了"533"生命课堂的小专题研究，对于导学案的使用都有了自己的想法。数学教师参加赛课获得了成都市一等奖，相关课题研究也在成都市获得了一、二等奖。而数学组的成都市未来名师王周更是把依托导学案生成的"533"生命数学课带到了上海，获得了同行和专家的一致好评。

同时，我们也注意到学生数学成绩反映出的新问题：①A卷选择题错误率30%以上（错3道以上）；②A卷主观性试题错误率57%以上（丢分达40分以上）；③75分≤A卷≤85分（A卷总分100分）。我们把这三种情况的学生定义为"三类学生"，针对这些学生的情况，我们思考如何利用导学案来改善。我们在原来导学案的基础上，注重知识点的过关检测，并进一步培训了教师讲解题的方式，让导练这个环节更好地落实。这样不断地减少"三类学生"的数量，既减少了后进生，又增加了优生数量。

## 六、问题的再思考

导学案的使用不是万能的，学生的学习受多重因素的影响，我们只能说导学案激发了学生自主学习的积极性，要让学生真正成为学习的主人，还需要解决方方面面的问题，如家庭教育问题、与"读书无用论"思想的斗争、学生个人的性格心理问题等。初中数学学科的教师应面对问题，迎难而上，与新教育同行，做有温度的教育，努力让师生生命在一间教室里创造一种奇迹，让师生都过一种幸福而完整的教育生活。

# 第四辑

# 书海拾贝

"一个人的精神发育史，实质上就是一个人的阅读史；而一个民族的精神境界，在很大程度上取决于全民族的阅读水平。"但现在能静下心来读书的教师不多。作为一位数学教师，我却酷爱读书。也许是和新教育结缘，有了一群志同道合的人，在书的海洋里寻找教育的智慧与真情。"教育就是一棵树摇动另一棵树，一朵云推动另一朵云，一个灵魂唤醒另一个灵魂。"读别人的书，就是获取他们的思想，唤醒自己教育的初心。这里选择几本我自己钟爱的书与大家分享。也许，接下来，您也有阅读的冲动！

# 一本书，回忆自己的教育人生

## ——读吴非《课堂上究竟发生了什么》有感

### （一）

一个人，关掉了电视、电脑、手机，只想静静地读一本书。说来惭愧，前些日子太忙，收到新教育星火项目寄过来的《课堂上究竟发生了什么》已经一个多星期了，一直没有打开看看。正好今天我完成了手中的其他事情，可以安安静静地阅读吴非老师的大作。

课堂上究竟发生了什么？带上这样的疑问，我打开了书，在代序《人与课堂》中有这样一段话：那几十分钟的一节课，你虽然知道可能发生什么，却无法预知那些妙不可言的细节或突然出现的障碍，你也未必能清晰地描述它与未来的某种联系。人的一生，有12年要在小学和中学的课堂上度过，课堂上发生过什么，课堂将会对未来有什么样的影响，老师不能不思考。

1997年10月参加工作，至今已经十八个年头了，我在多个公开场合说起过自己是非师范专业，对于教育其实是一窍不通的，阴差阳错地走上教师这条道路时，我是诚惶诚恐的。现在想想，我教过的那批从幼儿园到小学的学生，大多已娶妻生子，正在为生活的丰盈忙碌着。当然，还有极少数的学生应该在读研究生或者博士。当初，青涩的我带给他们童年怎样的收获？

有些我教过的小学生至今仍与我保持着亲密的关系，就是他们娶妻生子这样的大事，我也参加过几次。偶尔遇到当年的几个学生，他们依然对我很尊敬，我常常想问他们，当年，我带给了他们什么样的感受？可是，我却开不了口，在这种场合，他们能说实话吗？

有一个从幼儿园教到小学的学生，只要他放假回金堂，都会给我打电话，约我吃饭或者喝茶。我想问他，但是，我觉得没有必要，他既然能常常来找我，已经足以说明我在他心目中的地位。

吴非老师说："基础教育的特点就在于始终着眼于'人的教育'，如果老师眼中只有'课'而无'人'，那样的'教'没有什么社会价值。"

我常常听到有教师这样讲："这一节课，我认真上了，管他听不听；他认真听我就多讲点，他不认真听，我就少讲点，或者只给那些听话的学生讲；大家都不听，我就站在教室外，随便他们怎么闹，只要不出安全问题就行。"我很佩服这些教师的心态如此之好，他们只有完成教学内容，却忽视了教育的对象，这样的教学有什么样的效果？可以预知到后来，这些教师的课越来越难上，学生越来越厌学。既然我们教育的对象是学生，为什么不先抓学生的思想工作呢？学生的思想端正了，自然而然会用心读书；学生的思想不端正，除了不听以外，还有可能和你对着干，这样，教育还有什么价值和意义？

吴非老师说："我们能看到些竭力不被世风压进平庸模子的教师，心中有'人'的教师，他的自由思想会照亮教室里年轻的心。每节课都是生命的脉动，用生命激情点燃的课堂，有温度，会成为教师生命的一部分。"

所以，有时候我也觉得自己是幸运的，没有受过专业的训练，我可以用心去判断这样做好不好，因为一颗拥有真、善、美的心，能传授给学生美好的心灵。

为了心中那份美好，我找来了《青年文摘》《读者》，阅读了无数网上的笑话，看了无数感人至深的电影，除了给自己精神世界带来满足外，我还把这些都教给了学生，让他们从我传播的文章中认知亲情、友情与爱情，懂得责任与奉献、懂得感恩与回报；从我传播的笑话里得到欢乐；从我传播的电影中找到人生的动力……

那时候学校还没有多媒体，我自己购买了 MP3、音箱、电视、DVD 等设备，只要觉得有合适的歌曲、合适的电视，就一定会找时间给学生播放，只要我一说放电影，学生就会自发地来我家搬设备，看到其他班学生羡慕的眼光，我班的学生总是乐不可支。其实，表面上是耽误了教学时间，实际上，给学生的影响是巨大的，因为我班的学生并未因为少上课而比别的班考得差，相反，班上的学生比其他班的学生更自觉、更好学，表现总是那么抢眼。

我的学生蒋飞虎在他的回忆录中写了这样一段文字："现在就讲关于师兄的教学吧。他上课最大的特点就是幽默，而且会做一些其他老师不敢做的事情，如边上课边放音乐。他还会抽空给大家读读从杂志上找到的好的文章。这些看似不务正业的做法真的在潜移默化地改变着很多人的人生轨迹。也许没有他，我的人生会是另一番景象，虽然现在谈论未来还早。"蒋飞虎从西南交大毕业后就去了外地工作，但是他每次回来，一定会打电话看看我有没有空，有空就会来看看我。我想，并不是我教学有多么优秀影响了他，应该是和我教会了他走好的人生道路有关吧！

看似平常的课堂，却会慢慢影响生存在这个空间里的学生，所以，为了学生美好的未来，作为教师，我们要给予学生多一点关怀、多一点思考，让我们的课堂更加符合学生的认知特点和年龄特征，多教学生如何做人，也许，多年以后，他们就是所谓的成功人士，至少，他们会有尊严并快乐地生活着，不会对社会有危害。

## （二）

吴非老师说："教育改变人生，有可能把人变好，也有可能扭曲人。"

教育除了有可能把人变好、变坏之外，应该还有表现为一种中庸，不好也不坏。

回顾这十多年的教师生涯，我改变了多少人？

有家长感激我，到处夸奖我把他调皮的孩子教得懂事，认真读书，后来一帆风顺地考上了大学。

有家长希望我能教他孩子，据说我管理学生有一套。

也有家长对我无所要求，反正孩子就那样，等他初中毕业能考上就读，考不上就去打工，人生无非就是这两条道路。

有喜欢我的学生，常常搞点小花样，送点小礼物来哄我开心；有不喜欢我的学生，总认为我干涉了他的生活；也有无所谓的学生，老师都那样，假惺惺的。

世上有这样一句话："我不是人民币，不期待所有的人喜欢我。"我认为，这是一种阿 Q 式的自我安慰。

最近两年，不喜欢我的人增多，原因是我站在学校的角度去批评他们，比他们看得更远一些，而他们看不到这一点，所以我只能在大会、小会上不停地说不好的现象，希望他们能早认识到这一点。这是中国式的典型现象，父亲责备儿子，甚至打骂，内心的出发点是希望儿子懂事，可是，偏偏有那么一些人，觉得自己很委屈，不找自己的错误，反而认为你针对他。我常常责备自己找不到一种好的方法来引导师生，有时民主和人性在这个地方只助长了任性，外部的环境已经让一些师生习惯了语言暴力。

第十五届新教育年会上，有一个词语叫作"唤醒"。我们如何唤醒自己真诚地对待教育，如何唤醒学生对待自己的未来？吴非老师说："教师首先成为一个活生生的人，才有可能去唤醒别人，才能有面对生命的课堂，教学才有可能发生。"

教育的效果其实就是唤醒人性，让学生做一个有血有肉真实的人，而不是死板生硬地教授书本上的知识。人性丧失了，即使学到了知识也可能危害社会。

老人摔倒了不敢扶，这说明了什么？只能说明人性丧失了，类似讹人的报道，让好人也望而却步！一群孩子下河洗澡，同伴被淹，其他人逃走也不呼救，错过最佳救人时机。请问，我除了严禁学生下河塘洗澡这个强制性的要求外，还有什么关于生命的教育？让孩子找不到解决安全问题的办法，漠视生命的存在？其实，这都是教育的问题，我们片面地追求分数、追求升学率，忽略了人性的培养，只把学生培养成考试的机器，对于这个社会没有存在感、认同感，对于生命没有尊重感！

吴非老师说："过早被剥夺学习兴趣并经常处在考试压力下的学生，往往会渴望平庸的生活。"

在这里，小学生就开始逃学，到了初中，还有什么学习的兴趣？所以，以今年某校初一的数学成绩为例，每个班 48 个人，满分 150 分。以 120 分以上为优，一个班不足 10 人；90 分以上算及格，一个班不超过一半人；90 分以下一半多；10 多分的极差生每个班都有 10 个人左右。面对这样的成绩，教师有什么信心，学生还有什么学习兴趣？

教师尽力引导学生去学习这门课程，强调这门学科的重要性，可是学生就是没有兴趣。是什么让学生丧失了学习的兴趣？是基础，是教育方法，是课堂存在的问题，是社会"读书无用论"的盛行……面对这种局面，作为教师更应知道肩上的责任。

令人遗憾的是，很多教师的观点是放弃，结果导致这种现象蔓延，后果可想而知，学风不浓，校风也差，教师执教困难……然后三五个教师在一起喝酒聊天时感叹学生一届不如一届……

吴非老师说："学生在课堂上能记住的，往往未必是教科书上的知识，学科知识可以在任何时候通过多种途径获取，特别是当今社会，他容易记住的，常常是教师的言行特征。"

记得在和我初中教的第一届毕业生春节相聚，他们愉快地回忆起那段初中时光，居然现在还是想听当年我没讲完的那个美女蛇的故事。想想，为了让学生喜欢上我，喜欢上我的课，能传播正能量，我将美女蛇的故事进行了加工，每节课前就讲那么一段，把开心和人生道理都融入其中，让数学课成了学生期待的课。当然我当时还上了初二的生物课，那个班我只教了一年，但是至今和一些学生一直都是很好的朋友。

现在令我很遗憾的是，讲故事的时间越来越少，骂人的时间越来越多，只是浮躁地、急功近利地活着。也许，是我所处的位置变了，心态变了，以前是面对一个班，现在是面对一个群体，面对上千的学生，没有足够多的教育时间，除了简单粗暴地处理问题外，我好像还欠缺其他方法。

曾经有那么一段时间，我主动辞去了这个职务，潜心地做着教育，那些年成长最快。这些年，忙碌着失去了自己，成长得很慢，现在跟随刘恩樵老师的星火团队，找寻自己迷失的东西。

一个学生跟我讲某老师打牌的事情，接下来一群学生跟我反映某老师的"罪行"。我想，我们给学生树立了什么样的榜样，就会有什么样的学生，果然，这些班的情况都不那么理想，甚至问题百出。

吴非老师说："课堂上涉及价值观的错误的、不负责任的言论，都将产生恶果，而且将出现在未来。"

教师在学生面前表现出错误的态度，语气激愤，学生迎合，导致的后果可想而知。我也遇到过这种教师和学生，遇到过恶意的人身攻击。

我除了愤怒之外，还能表达什么样的感情？我一直是比较冲动的，即使那个班的学生毕业后，我仍然听到这个班的某几个学生背后污蔑我。一年后，那个班的那几个攻击我的学生才主动跟我示好，承认自己当时在那种气氛下错误地认识了我。

我是幸运的，没有让他们一辈子误解我。可是，我替他们的老师担忧，替那位老师今后遇到的学生担忧，他这种性格会给学生带来怎样的人生观？

吴非老师说："我不愿意在肮脏的教室里讲述美好！"

很遗憾，今年我上了三个班，除八（1）班每次进教室看着干净整洁外，七年级某班和九年级某班，每次进教室就是脏乱差，讲台下散发着牛奶盒、废纸、塑料口袋和瓶子、脏水等杂物混合产生的味道，我也不知道他们是怎么在这样的教室环境下待着的，我每天一个班最多5节课，可是每次我都不想多待。我常常说他们"一屋不扫何以扫天下"，甚至处罚扫地的学生，然而没有根本的改观，因为大家习惯了乱丢、乱扔。

吴非老师说："一个班，百分之百的共青团员，三分之一的三好学生，有十多个班委，还有一些在争取加入组织，信誓旦旦。可是，他们竟然能一个星期又一个星期地身处肮脏的教室而无动于衷，我能相信他们什么呢？"

的确，我对这样的班级没有信心，我常常在公开的场合批评他们，尽管他们成绩很好，对我很好。

我和我的每一届学生都有一个约定，就是十年、二十年后的相遇。可是，对于这一届学生，说实话，我没有多少期待。因为三年，我没有一天看到教室的干净，这样的学生，会记得我对他们的好，会记得我对他们的教诲吗？

我希望我的学生成为合格的公民，仅此而已。

我在学生早操锻炼时，听到有一个学生经过我身边气愤地说："一天只喊我们跑，你为什么不跑。"我当时就无语了。

我们到底在做什么，让学生这样对待自己的锻炼？

其实，教师自身是有原因的。上体育课，一些学生跑步偷懒，教师听之任之，在徒手操训练时，学生的动作不到位，教师也不纠正。体育课俨然成了休闲娱乐课。这样怎么期待学生认真地锻炼身体呢？所以遇到初三要体育考试，班主任和学校行政下班管理的时候，学生会怨声载道，觉得训练太苦了！

"教不严，师之惰。"所以，教师的言行影响着学生，做一名有责任的教师吧！对学生的未来负责，对社会负责！

（三）

我经常在新接手的班上讲我过去读书的事情，特别会讲到一件事情，那就是当年我以 554 分在又新中学第二名的成绩就读淮口中学高中的时候特别自豪，但是一进入高中，高中就给了我一个下马威，第一次期中考试，全校 4 个班，仅有两个物理及格，而且也只有六七十分，而我在班上是第十四名，物理只有二三十分。然后马上就是文理科分班，我的自信心受到了严重打击，从而选择了文科。

其实我对文科并不是特别感兴趣，选择文科仅仅是因为这个"杀威棒"让我承受不起。后来，那些物理考十多分的同学依然读理科班，而且很多都考上了理想的大学。我给我的学生讲这件事的意思是一次考不好没关系，要"知耻而后勇"，而我却退却了。

这是我的起始课。起始课就是让学生了解自己，了解今后一起伴随他们成长的老师是怎样的。我向来毫不忌讳我的从教经历，学生有权知道他的老师的情况，我第一年上班在一所村小，第一次公开课就相当失败，第二年就让我上幼儿园的课。第三年我重新上小学的课，在小学和幼儿园待了 5 年，2002 年来又新中学，刚到的时候被外地新分来的教师说有病，从双流那么好的地方来到这个偏僻的地方教书。他们不知道在这个偏僻的地方也有一个叫双流的小地方，而不是成都双流那个有国际机场的地方。在成都双流也没有人愿意聘任我当教师，因为我的从教经历不被人看好。

这反而激发了我的斗志，我跟随指导教师学习初中教学，很快就适应了。然后自己当班主任，有了聘任教师的权力。我教给学生，这就是人生，越是在低谷的时候，越要想到怎样拼搏进取，找到人生新的起点。如果当初我在领导否定我上课的时候，就放弃自己，就没有今天的我。我亲爱的学生，当别人否定你的时候，你要自己看得起自己，然后自己证明自己。

然后我讲了许多关于看重自己，把别人的嘲笑与看轻当作一种鞭策的故事。

我想，一个人有百折不挠的精神，有许多不放弃、不抛弃的精神，那么遇到的很多困难都是可以战胜的。

刚写这篇文章时，我接到一个学生的电话，邀请我周六参加他们的同学会，而我并没有教过他们，邀请我只是我平时和他们私底下关系好，经常网上聊天，说一些故事而已。可以发现，教育其实是无处不在的，你真心对待别人时，别人大多也会真心地回报你。

吴非老师说："让我们审视一下自己吧，你能专注地听完一场报告吗？学校开会，或是集中听讲座，大家都喜欢往会场后面坐，说点闲话，打个盹，甚至玩手机，我常看到会场前五六排没有人坐，很难看。为什么躲到后排去，不就是为了分分神吗？不就是不想让人看到自己开小差吗？如果请他复述讲座内容，两个小时的讲座，他能记住的内容没几句。"

我经常看到这种现象，并深刻地体会到这一点。有的教师认为领导安排工作就是放屁，他自以为是，等出了问题批评他的时候，他说他没听到要求。我不知道这样的教师会培养出怎样的学生，自己都不合格，怎能强求学生按你的要求来做？

## （四）

吴非老师说："学校搞拜师仪式，我收下鲜花，对青年老师说，不要信什么师徒制、导师制，虽然不敢说是糊弄人的，但最终多流于形式，真想学什么，只能靠自己……"

我回首两个阶段。第一个阶段是刚进入小学，我觉得自己读书一直很优秀，教书也应该没问题，所以很任性，直到领导来听课，一针见血地指出我存在的问题，我才真正意识到自己的不足。我到现在都耿耿于怀两件事情：

第一件事是我上小学三年级数学，讲到闰年的时候，我疑惑了，我把农历的闰年和公历的闰年混合在一起，搞得学生也糊涂了。

第二件事是我讲小学语文《数星星的孩子》的公开课，我随手画了一个北斗七星，随后评课的时候被老教师批评得体无完肤，说我不具有严谨的科学态度，画得根本不正确。这是严重误人子弟的行为。

虽然在小学没有拜师，但是这些有丰富教学经验的教师，从笔顺、笔画到作文指导，从算理到应用题，只要我有疑惑，他们就一一耐心地解答，让我从此在小学教学中不再有那么明显的遗憾。

第二个阶段是进入初中后，我主要教数学课，兼教过生物、体育、音乐、美术、信息技术等课程。很感激当年的又新中学，有包容的精神，能让我一个小学不入流的村小教师上初中的课；更感激师徒结队的制度，让我能师从学校骨干教师杨红霞，一年下来，我适应了初中数学教学，成绩也相当突出。那些质疑从此消失了。

我每年在学校的师徒结队会上讲这样的事情，每年我也收几个徒弟。我的课不在于知识讲解有多么精妙，而在于调动学生学习。所以，我的徒弟在我的课堂上听到的是笑话，听到的是音乐。记得有一次公开课，有一个听课教师下来对我讲，听课就听音乐去了，我那一节课讲了什么，都没记住。看来，我的课，对于他们来讲，没什么可学之处。于是我劝他们跟学校的其他教师学，有什么不清楚的地方来问我，或者自己多琢磨，特别是每上一节课，下来都反思一下自己满意和不满意的地方，以便在下一节课或以后的教学中改善，最关键的一点是，让学生喜欢你，愿意听你的课，也就是"亲其师，信其道"。

我平时工作太忙，除了他们的公开课以外，几乎平时很难到他们的课堂上听听、看看。有时发现他们的问题，就讲一讲，也不知道他们能听进多少。当然我也听到过一些不上进的话，看到一些不上进的人，对此我很遗憾，从小我们就知道"师父领进门，修行在个人"。

吴非老师说："一部电影情节扣人心弦，看了一遍却有很多困惑，饶有兴味地看了两三遍，想弄清故事的来龙去脉，并着急地和他人讨论，最后发现每个细节都无比精致，富有意味，这种作品，有可能被称作'经典'。"

我说这段话是希望课堂能够让人回味、让人思考，我想一想自己十八年的课堂，应该没有被称为"经典"的让自己稍稍满意的几节课。初中教了十二年了，年年初三，每年我上初三都感觉有新意、有提高，对过去的课堂都有否定，这也正如鲁迅先生所说：不满足是向上的车轮。

师徒结队，本是一件好事，可是，有一些人习惯把所有的事情都当作形式，不积极、不主动地参与，经过三年的培训，仍无长进，然后，这项制度果真是形式了！

不迷信师父是一件好事，可是什么都不相信，什么都不学习，什么都自以为是，那就是可悲了！

"思考与蒙昧，修养的高低，品质的优劣，往往体现在细微之处。"吴非老师这样说。

我不是一个特别全面的人，遇到一些综合学科的问题，解决起来不是那么得心应手，尤其是这些年一直上数学，我的其他学科知识退化了，遗忘得差不多了，数学就只停留在初中水平了。我想起当年在淮中读书的时候，体育老师建议我参加校篮球队，可是他不知道，我在初中军训的时候，分不清左右，也就是说，我的运动技能相当差。

我也提到我回成都学校拿毕业证，居然会走错方向。

我把这一切告诉学生，让他们明白，每一个人都有缺点，但这不妨碍他成为一个优秀的人。我们常说："复杂的事情简单做，你就是专家；简单的事情重复做，你就是行家；重复的事情用心做，你就是赢家。"

教师经营的对象是学生，如何在年复一年的工作中找到自己的存在，其实就是注重自己的修养，用心去做事，让自己的学生找到属于自己的、明亮的未来。

有一天晚上，一个学生打电话叫我去吃夜宵，其实最近一年，我的身体一直不好，晚上尽量不吃饭，但有些推脱不掉的，也会去参加一下。他喝酒，我喝凉茶，他说这么多年，我们是好兄弟，会记住当年的约定。希望我能从学校走出来，干一番事业。我工资最近涨了，也就3000来块，而他一个月有几万块，差不多是我两三年的年收入。我听后真替他高兴，同时也在思考自己，自己适合吗？我很幸运，遇到了这些孩子，他们大多有理想、有抱负，不管我对他们的影响有多少，他们都记住了我对他们的好，我作为一名老师的存在感和幸福感就在这里。而我如果走出这个行业，我还能做什么，我还真没有认真想过。

有一次，我和我的同学晚上一起喝茶，我们在谈资助学生的事情，我希望我们的帮助能给身处困境的人带去希望。随后也谈到教育的问题，谈到父母的问题，谈到人生规划。我的规划是什么？其实，作为教师，我希望自己不误人子弟，能引导学生有一个幸福的生活心态就好，成功与不成功，他们都有自己的标准。

有一个学生在网上和我聊天，他这次高三零诊考得不好，我问他怎么办，他说："师兄，每一个人都有自己的想法，不一定上大学的人生就会更加精彩。"

我回答："嗯，过好自己的每一天，把握好自己的未来就好。"

我的徒弟，一部分是教师，但大部分是学生。

作为师父，我知道，我仍需要努力，才能胜任这份工作，对得起不断变化的学生，才能真正对那些高学历的教师起到实践方面的指导作用。

## （五）

一个一线教师在农村学校，往往教两个班的语文或者数学、英语，然后搭配历史、政治等，除了这些课之外，还有早操、早自习、午自习、辅导课、晚自习，教师要给学生做思想工作，要备课，要批改作业，要经营家庭……每天在校，其实教师都是在和时间赛跑。学校希望教师读书，让教师读后写一份读后感。请问，教师如何有时间去进行专业的阅读与写作，结果，多数教师没有阅读，而是通过上网东拼西凑，应付了事。

教师不读书，怎么给学生传播不同于教材的声音？教师不博览群书，怎样给学生起好示范作用，或者引导学生知识的综合运用？

教师一天疲于奔命，有多少好脸色和好心情来面对学生？

我还是这样，为了做好手中的工作，将工作按轻重缓急划分，急的工作上课做，不急的工作下了晚自习做，一般要做到晚上 11：00—12：00，最后一个人下班；甚至在星期天下午到晚上这个时间段集中做。这样的生活看起来充实，但有些工作真的与教学无关，与提高学校的教学水平无关。

说到课堂"打磨"，我很幸运，我上课，从来没有经过打磨，甚至参加市里的比赛，都是原生态的课。

所以，我对我徒弟的课堂，除了建议之外，也从来没有关注他们打磨的情况。

讲一堂课，表现精彩，能代表他真实的水平吗？能保证他的常态课都是这样的吗？可是，我们的学校需要这样获奖的课来提高名气，需要获奖教师来撑门面。

所以，我建议专家还是有机会到校园里待一个星期，看一名教师上一个星期的常态课，就能看出他真正的教学水平，再听听学生真实反馈的声音，这才能对一位教师能做出最权威的结论。

我的课有很多"废话"，我怕专家听到后会大力批评我，不注重课堂效益。但是我一直认为，正是这些"废话"，让学生的注意力在我这儿。一节课，插科打诨，才会让学的气氛更轻松。科学研究表明，一个学生的注意力最多 30 分钟，这 30 分钟还是呈递减趋势。所以适当转移一点注意力是好事，能让学生愉快起来，更有利于学生思维的活跃。

其实，这不妨碍我的教学。我培养出的"小老师"可以在我不在学校的日子，把课继续上起来，甚至有外校教师来学校参观学习，我恰好不在学校，但他们又想听我的课，我还是打电话请他们直接去我的课堂听"小老师"上课。学生表现出来的水平和状态，令他们很吃惊，其实，这都没什么，这只是我培养和锻炼学生的一个方法罢了。

我设了很多小组长，一个人带两三个人，在自学课上帮我辅导学生，减轻我的负担。我对组长讲，你们代表我给同学讲，一定要对他们负责，对自己负责，给别人讲，会加深自己的记忆，为了给别人讲懂，你们也会思考从哪些角度讲，组员会更容易接受，这对你们的思维也是一个促进。

虽然我一周两三天都在外出，但中考成绩依然位居片区第一，遥遥领先。这不是我的教学结果，而是学生努力学习的结果。我很幸运遇到他们，他们能够理解我一天有多忙，能够听进去"自觉"的含义，能在我忙的时候，给我打好饭放在办公室……

课堂上究竟发生了什么？是我的二次函数讲得很成功，还是我那些与课堂无关的废话对他们影响更多呢？

所以，我提倡的有效教学不是机械化的应试课堂，而是充满人性光芒的课堂，轻松的学习。我一直讲让学生"愿学、会学、乐学"，而不是被教师牵着鼻子走。只有敞开教师的心扉，让学生认识你、接纳你，你的课才会给他们留下深刻的印象。

## （六）

昨天我发了一条 QQ 说说："今天早晨吃多了，刁强请我吃了牛肉面，结果回来看见锅盔包肥肠，又狠心吃了两个，好涨哦！要成肥猪的节奏！放假一点都没减肥！"

大家在后面的评论是关于我吃得多、长胖的问题，丝毫没有注意那个"好涨"应该是"好胀"，于是我在后面又发了一条说说："其实，没有人在意你有没有写错别字，譬如今天'好涨'，应该是'好胀'，大家出于什么心态不评论这个呢？我很好奇！"后面的评论：①反正都认识，理解，何必多事；②就是理解就行，又不是官方重要文件，不需要那么纠结。

其实，我是一名教师，教师在用字方面必须起好的示范作用，否则就是误人子弟。教师在教学方面必须保持严谨的态度。即使上课水平不高，但要尽量避免误人子弟，即使有时讲解出现了失误，下一节课，我一定要在全班学生面前承认自己的错误，然后重新讲解。有时学生当场发现了错误，我也很乐意他们当场指出来，甚至学生有不成熟的意见要表达，即使是错误的，我也会鼓励他们说出来。他们能主动表达意见，至少说明他们在积极思考了

吴非老师说了这样一件事情："里根当总统时，曾对全国学联演讲，抨击政府日常公文弊端，说有位教师不断收到表格，指令他填写好后上报；后来老师感到好奇，他不相信华盛顿官僚机构会认真统计这些表格。于是，填这些重复的表格时，他就把教室面积逐次扩大，直到与罗马圆形剧场一样大，但华盛顿方面竟没有来电话质疑；后来，他又逐次缩小教室面积，小到像货轮甲板只能钻一个人的舱口，华盛顿方面仍毫无反应。这位老师得出结论：这些表格根本没人看，折磨人。"

这说明了什么？我不评论，大家都心知肚明。

吴非老师说："我教语文，课后没有书面作业，有时简单到只留下一个思考题，让大家回去'读读思想'，明天课上讨论。学生只要把阅读文本看一两遍，或是和同学交流三五分钟，就有可能解决；第二天的课上，他能听到相似的、相同的或不同的见解，这，就是'学'。"

我们现在的语文作业是相当多的，而且我们这个地方的农村学生也喜欢语文，因为是母语，学起来相当容易，抄抄写写，容易完成，乐在其中。而对于一些思考性的科目，却面有难色。因为他们习惯机械、重复地抄写，不能独立思考和解决问题。

我平时也不怎么布置作业，只有初三才会发试卷回家做，并不是我不想布置，而是有三点原因：一是我非常忙，没有多少时间来关心作业质量，收上来，也没时间改；二是学生做不来，为了应付，一定会去抄袭；三是看他们那么辛

苦,不想用作业来折磨他们。

我的作业一般都是自己整理听课的笔记,尤其是我讲的重点题,要求学会思路,然后自己在草稿本上再做一做,会做就可以了,如果有学生不会做,找小组长问一问,搞懂就行。平时检测一定要批改,纠正书写习惯,发现思维存在的问题,要求学生一定要认真听评讲课,从中发现共性和个体存在的问题,及时纠正。

有的家长质疑作业问题,但是成绩摆在那里,他们自然就不追究了。

其实重复、机械地做题不如训练和反思自己的解题思路。

当然,一些不爱好读书的,自觉性差的学生趁机偷懒。他们有他们的人生观,我不能强求,但也不是放弃,而是引导。

习惯比智商重要。所以,教师应正确对待学生的状态,多培养他们的习惯,有一颗不服输的心,他们就会沿着要追求的方向去努力。

教师的形象就是学校的形象。可是,一些教师经常迟到,上课不停地接打电话,或者身体一有点小毛病就请假耽误几天,在公众场合打牌……这些行为只能降低教师在学生心目中的形象和地位。有些教师说,我也是常人,有七情六欲,教师只是一个职业,和千千万万的职业没有什么区别,为什么要强调教师这样,教师那样?

我们面对的是未成年人,我们从事的是提高民族素质的工作,我们的态度和行为会影响我们教育过的每一个人。

有班主任问我下学期会不会给他们班换教师,有学生问我会不会给他们换老师。对于这些,我都无言以对,我们这个地方教师相当欠缺,每个教师都有繁重的任务,我从什么地方给这些班调教师,大家不想要的这些教师,我又让他们干什么去?

这些教师,我怎么跟你们谈学生的意见?你们也有自尊!

当然,我也不是十全十美的教师,但是我在努力克服自己的缺点。

吴非老师说:"我对学生说'你们信不信?如果我去食堂,我会是最好的厨师;如果我做清洁工,我会是学校最好的清洁工。'"

其实这是一种态度,作为教师,要干一行爱一行。

但是,是什么让我们厌倦了、懈怠了?在这个暑假,我们一起反思吧!

吴非老师的《课堂上究竟发生了什么?》我花了几天时间来慢慢品读,看到一些共性的问题，就停下来思考。

无论在哪里，都有在思考的人，忧国忧民，推动着社会思考和进步。

课堂上究竟发生了什么？也许，当时看不出。十年，二十年……当这些学生性格形成的时候，他们展现出来的性格有着曾经校园的痕迹……

吴非老师说："当老师，要试着把自己变成一个学生。"

一是从学生角度来思考自己的教学，二是跟随大师提高自己的水平。这样，成长了自己，更会幸福自己的学生。我这几年很幸运，参加了不少培训，有同专业的，也有不同专业的，在这些团队里，我看到了理念上的差距，看到了水平上的差距，面对他们，我还只是一个小学生，渴望着成长！

我看到了自己的粗鄙，因为我也骂过学生不听话，说过这样的丧气话：我们不需要那么努力去教学生，把他们都教成科学家，否则世上就没有卖菜的和卖米的人了。

我们要尊重每一个生命，尊重每一个职业，用心去做事，用良心和责任来对待这些祖国的未来。

课堂上究竟发生了什么？每一天，故事都在悄悄上演，你我的课堂，有着怎样的精彩和遗憾，都需要我们细细去回味。时光里，曾经雾里看花，曾经激情四射，曾经平平淡淡，这一切，都在不同的学生身上得到折射。作为教师，我们要做的是，不误人子弟，给学生一个健康的身体，一颗积极向上的心，一个自信乐观的心态，让学生成就自己满意的未来！

# 教师的乡愁

本土作家刘元兵推出了一本新作《邮仔乡愁》。

周末和着午后的阳光，品着淡淡的花茶，细细读来，故乡、故土、故事，就在心头萦绕，时光仿佛开始倒流，那些凝聚在故乡的情愫，又开始变得浓烈起来。乡土孕育的真、善、美哺育了一代又一代人，让大多数人纯朴善良。正如著名作家马识途所说："文学创作要追求真善美，真正的文学作品必须有真善美的底色，这样的文学作品才能够给人们带来积极的正能量，而不是一种消极的作品状态。"而刘元兵老师的作品就流露出这样真实而朴素的情感，让人久久回味。

作家刘元兵不是一位教师，而是一位邮电职工。他的作品描绘的是他的工作和生活，其中蕴含对亲情的那份感恩、对故乡的眷恋，却是和每一个善良的人一样的。我是一名乡村教师，我出生在乡村、生活在乡村、工作在乡村，对于乡村这块土地，更有着说不完的乡愁。背靠在藤椅上，任由思绪寻着岁月的痕迹回眸故乡，品味着那份四十余年来积淀的乡愁。

儿时，马鞍村小，一座由两排瓦房和两米多高的围墙组成的小院，承载了我童年的全部欢乐。

在我读一年级时，学校在改建，教室由泥地变成水泥地，学校发动学生到处找瓦砾，交到学校。我想到自己也能为学校出一份力，别提多开心了。放了学，我放下书包，背上小背篓，就到家家户户的院子周围寻找，每捡到一块，都特别开心，仿佛是捡到了一块金元宝。我一个星期捡到了三十多斤，父母希望代替我去交给学校，但是我想，这是我的学校，我要亲自送去，沉甸甸的瓦砾，压弯了我的腰，每走一步，都觉得艰难，但是我却特别兴奋，交给老师的那一刻，我觉得我完成了一件特别神圣的任务。

院子里亲手种下的香樟树，现在依然挺拔，清风徐来，清香依然。闭上眼，我听见了校园的喧闹，看见我和小伙伴们在树下丢沙包、踢毽子、跳房子……

周末，我和小伙伴会去学校后面的水洞探险，这是一个没有建设完成的引水涵洞，有两米多高，里面有天然的泉水涌出，冬暖夏凉，水洞深处，石头上的晶体会在我们的火把下闪光。我们从来没走到它的尽头，因为越走水越深，我们怕火把熄灭了，无法走出来。但是，那儿总显得那样神秘，让我们欲罢不能，甚至在午休时，趁教师睡着了，我们就偷偷溜出去，那儿就成了我们的空调房，我们很多孩子会在那个洞口乘凉。

现在的孩子已经享受不了这份欢乐，因为，安全这把枷锁已经把教师折磨得草木皆兵，时刻都关注着学生，不能让学生从眼皮子底下溜出去。

学校后面的引水桥，也是我们的一处欢乐之地。不通水的时候，那儿是我们打牌、放风筝的乐园；通水时，则是我们的游泳池。学校左侧的红土地则是我们寻宝之地，上面产一种红色小石头，这种石头可用来写字、画画，对于我们贫穷的童年，这可是不可多得的财富。右边的山盛产野地瓜，每到"六月六，地瓜熟"的季节，小伙伴们都会冒着酷暑去寻找这个美味。现在这个美味只能去回味了，离开了那儿，这些都成了甜甜的回忆。

少年，是在蔡家河畔的又新中学成长。

那时学校外面的小河清澈见底，小鱼儿成群结队，那水滋养了我三年，因为我们蒸饭的水，就是这河水。校园外的市场，热闹非凡，我常常会趁赶集的时候逃课，看那些杂耍艺人表演，听小商小贩吆喝，站在摩肩接踵的人流中，度过一段难忘的时光。电影院外的黄桷树则是我的床，午休的时候，我常常跑出教室，躺在树干上，看着树叶里透出来的星星点点的阳光，常常幻想着自己的未来，做着五彩斑斓的梦。

青年，是在老淮口中学台阶上行走的时光。

我特别喜欢老淮口的台阶，总引人不断地向上；我喜欢教学楼后那一排银杏树，随着秋风飘落的金黄，是成熟的梦想；我喜欢宿舍楼旁那棵夜来香，清风伴着它送我进入梦乡；我喜欢那奔腾的沱江，是我追逐自由的向往；我喜欢离学校不是很远的云顶山，那儿有着历史的遐想。

当这一切都散去的时候，我已经从一名学生变成一名教师，我想，我要有自己独立的人格和思想。

黄河水库边的七螺村小是我作为教师的第一站。巨大的水库，敞开它的怀抱，容纳了我这个异乡人。我觉得我还是那个天真的少年，带着孩子一起奔跑，每天上学、放学的时候，一群群学生跟着我，听着我的故事成长。教育是一件纯粹的事情，开开心心地和学生度过了美好的时光。

五年后，我离开了村小，回到了我的初中任教。

我还是那个邻家的少年，成了中学生的师兄。我讲起了我的初中时光，他们的眼眸里闪烁着光芒。我给他们讲了一个长长的故事，伴随着他们三年都不曾讲完的故事，让他们从故事中汲取营养。

野炊的欢乐，不言而喻；踏青的时光，永远美妙；庆典的时刻，永远沸腾。

渐渐地，渐渐地，那蔡家河变得浑浊不堪；安全犹如一个紧箍咒，让教师和学生画地为牢；成绩的较量，像一把利剑，刺痛师生的心；各种检查、达标，让教育越来越失去了本真，让教师越来越迷惘。

师生之间，有了一道无法逾越的鸿沟，教师感觉不到职业的幸福，学生感觉不到学习的快乐和知识的力量。我的儿时，放任自流，野蛮成长，开开心心成长；现在的时光，每天都在应付检查，强调安全，教育学生，学生还是没有真正地成长。

教育是农业，需要合适的土壤、适宜的阳光、充足的水分，需要一段缓慢的时光。但现在我们对学生千篇一律地要求，剥夺了他们的兴趣，学生的眼里没有了光芒，唯一的兴趣，就是逃避，在手机游戏中驰骋，享受王者的风光。

又新还是那个又新，渐渐繁华了，却感受不到幸福的阳光。我一直在担忧眼中这些学生的未来，当家长满怀期待地把孩子交给我们的时候，我们还给了家长怎样一个学生？

我依然冒着风险组织孩子去游山玩水，享受野炊的欢乐，享受樱花下的浪漫时光；会在数学课堂上教学生唱一首动听的歌，排遣心中的忧伤；会在晚自习课时，找一部电影，和学生一起从影片中获取前进的力量；我会继续讲着我的故事，让学生放飞自己的美好梦想。

一届又一届学生给我的惊喜，让我扎根于此，师兄这个名字，一年又一年在校园里被叫响。岁月酿造的乡愁，原来，是对于这片土地爱得深沉的回想。

　　合上书，才发现，原来，我跟着刘元兵老师的乡愁一起翱翔了一段时光。脚下的土地，走着踏实。又一年秋来了，那丰收节的喜悦，开始荡漾……

# 我与新教育

## ——从读《极目新教育》谈起

汪国真曾说："看海和出海是两种不同的人生境界，一种是把眼睛给了海，一种是把生命给了海。"面对新教育，有的人选择观望，有的人选择上路。观望的人，只看到了新教育的盛典，感觉错失了良机；上路的人，已经从坎坷曲折中迎来了人生的辉煌，已经证明了教育的意义。

2007 年，可以说是我人生最没有色彩的一年。那一年，我爱上了一个不该爱的人，她让我痛苦了许久，直到现在，我心里仍有阴影。2007 年我的教书生涯也进入了一个拐点，是去是留？工作上的不顺心，爱情的失败，促使我做了一个艰难的决定：离开教育行业，离开这个伤心之地。那个暑假，我去办理了调动的手续，一切都很顺利，我被安排在某区的一个图书馆当计算机录入员。

整个暑假，我都在想，从 1997 年参加工作到 2007 年，恰好十年，十年，我都做了些什么？十年来，我都在努力做一名好老师，努力成长为学生喜欢的、需要的老师。十年来，我做到了。为什么又要选择离开？面对着计算机录入图书编码，枯燥无味地苟且地活着，逃避现实，有意义吗？暑假快要结束的时候，我撕掉了那张调令。

人生其实是一段段不断登峰的旅程，当你欣喜若狂地爬上山顶的时候，看到最广阔的天地和更高的山峰，想要到达另一个山峰，就需要从这座山峰下来，从头再来。当我想再前进的时候，我发现，我这个非师范专业的毕业生已经被自我水平局限了。也许是职业的倦怠感在作祟，也许是到了事业的瓶颈期，反正，我突然感觉到自己很难超越现在的自我了。

人在彷徨的时候就像被困在玻璃瓶中的苍蝇，外面是一片光明，自己飞过去却处处碰壁。我需要一种力量来打破这个瓶子，或者开启这个瓶子，让遍体鳞伤的我获得重生的希望。

2010 年的暑假，我看到一个培训通知，关于新教育活动的，我想都没想，就报了名。俞玉萍老师的百合班的故事深深地打动了我。原来，教书还可以这么快乐。我也开始思考自己的教改学之路，如何有所突破。慢慢地，我成了新教育的追随者，但当时新教育的理念（让师生过一种幸福完整的教育生活）还只是一个口号，让人热血澎湃，在金堂却没有大热起来，自己作为一名数学教师，也只能一边学习一边实践，开始不断地记录自己的教学生活，反思自己的教学生活；开始想象加入成功保险银行后，会督促自己改变。

后来，我遇见了刘恩樵老师，成了新教育星火团队的一员，遇到许多优秀的导师，和一群目标相同的追梦人，他们都致力于改变教师的行走方式来影响教育方式的变革。任何时候，人都是第一位的，教育的组织者是教师，教师的教育方式影响其教育的对象（学生）的成长方式。所以，新教育试图从教师的改变入手，依托新教育的十大行动进行。后来，我阅读了朱永新老师的几部专著，阅读了星火导师的大作，阅读了李镇西老师的名作，但是，我对于新教育的了解，还只是窥见一斑，不知其全貌。

《极目新教育》一书讲述的是新教育的成长历史，从其诞生、定型、发展等阶段，给读者呈现了新教育的方方面面，让人全面深入地认识新教育。打开这本书，有许多耳熟能详的新教育人跃然纸上，这些名字如雷贯耳，如朱永新、许新海、李镇西、刘恩樵、常丽华……此外，还有许多鲜为人知的故事，首次呈现给热爱和关心新教育的读者。

这本书的独特之处在于，借助九张世界名画，从起航、心灯、弄潮、竞放、燎原、塑魂、筑峰、砥柱、领跑九个方面来讲述新教育的历史，这本书是"穿透历史的眼光，积蓄能量的突破，画龙点睛的经典。"

## （一）起 航

朴素而众知的哲学问题是"我是谁，我从哪里来，我要到哪里去？"我们的教育也面临着这样的哲学问题，当"钱学森之问"摆在全体教育人面前的时候，教育者已经意识到我们的教育已经到了非改革不可的地步，但教育改革的方向在哪里？突破口在哪里？

教育诟病我们都能看见，都在批判唯分数论英雄，丢了人文精神，育人缺乏科学性，扼杀了孩子的想象力和创造力。这三个问题的突破口也就是教育改革的关键点所在。

每个有良知和责任感、使命感的教育者都在思考、摸索，试图找到解决这些问题的答案。而朱永新老师阅读古今中外的教育经典著作，不断地构思教育改革的方向，渐渐形成了一种教育理想。于是，新教育上路了。

我当时参加了教育在线，以 Sunson（自译为太阳之子）为笔名，开始在里面发表一些文章，只是文字功底欠佳，思想深度不够，只能说是有一些自己的思考而已，不过，却有一群人对此点评，让我感觉到自己所写也有意义。

可惜，网站当初不够完善，经常受到攻击，最终，我再也没能进去。因为我已经在新教育星火团队培训，所以，也没有再去申请。读这本书的时候，我才后悔，知道自己错过了许多与优秀的新教育人结识的机会，错过了许多激动人心的时刻，让自己在新教育之路上没有放手一搏。

我的新教育之路从2010年启航，2013年，我却因为几篇文章，获得了全国新教育实验先进个人，其中一篇就是《相信种子　相信岁月》。

### 相信种子　相信岁月

今天有专家说喜欢先从甘蔗甜的那头吃起的人一定是现实主义者，如果喜欢从不甜的那头吃起，一定是个理想主义者。而我喜欢从甜的那头吃起，其实我是一个理想主义者。

新教育实验需要对教育充满理想，建设理想的教室，成为理想的教师，教育理想的学生，与理想的家长交流，开发理想的课程……也许，只有我具有的素质，才在很多年前就在向传统的教育挑战。

一是建立起了新型的师生关系。不管是在我班上的，还是不在我班上的学生，我都一样关心，我坚信："亲其师，信其道。"事实上也是如此，正因为我把学生当成朋友，愿意俯下身来倾听他们的声音，多从学生的角度来看待问题，让学生愿意和我交流，让我明白他们内心的需要，慢慢去化解他们内心的纠结，才让他们逐步换一种心态对待学习。

二是构建理想的课堂。数学课往往是枯燥的，尤其到了初中，要升重点高中，家长和学校尤其是学生心理压力相当大，数学作为相当重要的学科，学不好就意味着上不了重点高中。但是想学习却没兴趣，听到课就想睡觉，这样下去学生厌学，甚至退学。怎样改变这种局面，我觉得需要教师去吸引学生。我开创了音乐背景课堂、小故事课堂、哲理文章欣赏、青春美文、电影欣赏等上课方式，这样的数学课堂，一开始的时候得不到学校的认同，甚至有参观我校的领导在质疑我会不会上课。事实证明，音乐让学生平静；小故事、小笑话让课堂有了笑声，学生的心情也愉悦了；哲理文章欣赏让学生懂事了；青春美文，解决了学生心理发育的一些渴望和一些认识问题；电影欣赏让学生看到平凡人的奋斗经历，激励学生对自己有了自信。

今年因工作调动我又要离开云合中学了，学生这样给我留言：

爱新忍翼 2012/8/24 13：36：04

你曾经说过作为一个老师，不能轻易放弃，抛弃任何一个学生。可如今，你将放弃我们 77 个师弟、师妹，你又将于心何忍？

爱新忍翼 2012/8/24 12：31：51

你对工作认真，你对学生负责，你的到来让我们感到惊喜万分。你对我们不抛弃、不放弃，我们早已对你产生依赖。你是我们最好的老师，最好的师兄。

爱新忍翼 2012/8/24 13：47：57

如果上天给我们一个愿望，我们将会让时间永远停在这一刻。这样"杯具"（同学们的成绩下降）便会晚一些，最好的解药就是留下来~留下来~留~下~来~……

爱新忍翼 2012/8/24 13：53：04

作者：七二班全体成员    师兄！留~下~来~吧！！！！……

爱新忍翼 2012/8/24 12：12：27

你的教学方式与众不同，你的有趣课堂伴随着我们，让我们嘻嘻哈哈度过那一年。教室里洋溢着美妙的歌声，学习起来更有动力。

（来自手机 QQ：http：//mobile. qq. com）

爱新忍翼 2012/8/24 13：26：59

只要轻轻闭上眼睛，将会出现在脑海，让人难以忘怀。

（来自手机 QQ：http：//mobile. qq. com）

其实我也舍不得离开，一年来，我看到了他们的成长，激发起他们内心那种学习的渴望，他们的数学成绩在片区遥遥领先，满分全是这个班的。

但是天下没有不散的筵席，当离别的歌声响起时，我只能在一边悄悄地流泪。

其实当我离开又新来到云合，又新的学生何尝不是这样挽留我。前天一个学生还打电话来对我说：如果是我继续教他，他会更优秀的。只是少了课堂的乐趣，就觉得生活无趣。

三是开发课程。由于我经常耽误课堂时间，还要花那么多时间与学生分享歌曲、故事、电影，只有挤上课的时间，才可能保证完成教学的内容。我从教材出发，开发符合学生的数学课，一节课，大容量，高效率。平时不布置作业，因为我教三个班数学，还要承担许多其他工作，根本没时间来看作业；另外，我认为让学生统一完成作业其实对学生也是一种折磨，学生层次不一样，同样的作业，只会增加抄作业的概率。我布置学生的作业是什么呢？学生自己预习、复习、反思，不懂多问。虽然我上课的时间比同行少，但我却往往提前完成教学任务，质量就更不用说了，同行经常和我开玩笑说："教数学本身就是一个错误，在土桥片区和我教同一年级的数学更是一种错误。"他们都不相信我会把差班变成一个优秀班级，但事实就是如此。所以，教教材和用教材教是两个不同的层次。

四是理解学生。前面都提到了这个问题，但这儿还要单独来讲，是因为我听了成都大学师范学院的陈大伟教授的讨论后，深有启发。陈教授举了这样一个例子：一个政治教师在上课的时候，旁征博引，讲得相当精彩，突然一个学生大声地说："老师，我看你懂得卵多的呢。"

教师处理的方式是大发雷霆，要求这个学生道歉，而学生拒不道歉，最后这位教师找到班主任处理。

下一次上这个班的政治课的时候，他发现那个学生和其他学生对他都冷眼相对。让他对这个班上课失去了期待，甚至产生了一种不安的心理，以后每次去这个班上课的时候，都觉得是一种折磨。

其实后来仔细一分析，这个学生说的是当地的口头禅，其实学生的意思就是老师你懂得真多，讲得真好，是学生由衷的赞叹。结果教师的处理却让学生寒心，甚至讨厌。

陈教授说，这个时候，作为教师要"慢慢讲，想想"，完全可以用其他方法智慧地化解这个冲突。用善意去理解学生，才会明白学生为什么这么做。一位女教师接到家长的电话，反映自己的儿子本来特别节约，但突然把积攒一年的零花钱全部用了，购买了一个相当漂亮的发夹，想让教师去了解一下是不是自己的儿子早恋了。毕业只有半年了，家长不希望孩子考不上重点中学。

女教师去了解这个男生，这个男生不承认，女教师三番五次地了解，男生都不承认，女教师只能劝他好好读书，不要因为早恋影响了学习。事情慢慢过去了，到了毕业那天，那个男孩把那只漂亮的发夹送给了教师，他说：他第一眼看到这个发夹，就觉得必须送给自己最喜欢、最信任的老师。

女教师非常惭愧，学生的心，就这么单纯，而自己和家长却用成人的思想来想学生的问题。

所以，理解学生，会赢得学生真诚的心。

这么多年，我尽量做到自己承诺了的事情，尽量去理解学生的问题，让他们明白在他们背后，有一双眼睛在关注他们成长，有一个人明白他们内心的需要。

理解是相互的，你理解了学生，学生也会理解你。

我是一粒种子，在教育这片沃土上找寻着适合自己生长的土地。

我是一粒幸运的种子，在我的身边有一群尺码相同的人。

我是一粒幸福的种子，在新教育这片天地里，有了发芽的机会。

相信岁月会让我慢慢地成长，不管遇到多少风雨，我都乐意去承受，因为每一次历练，只会让我更坚强。

相信岁月会让我享受到教育的幸福，也许不能成名成家，但是《生命因你而动听》这部电影告诉我，因为你的努力，会改变很多人的命运，让他们走向更幸福的人生，所以我期待看到每个学生的成功，替他们高兴，也为自己自豪。

相信岁月，当我走到生命尽头的那一刻，闭上眼，是满满的幸福。那一声声问候，那一声声祝福，那些来陪我的学生，洒下的都是我曾经给他们的爱。

相信种子，相信岁月。我相信每一个学生都会找到他们的天地，健康、茁壮地成长，相信岁月会让他们成为自己生活中的王者，相信他们带给中国未来的希望。

我相信种子，相信今后的岁月。

## （二）心 灯

新教育是那启明星，是指路的心灯，让每一个在教育路上迷途的人，能够看到希望。

种下梦想，够吗？不够，那只是种子。

种下热爱，够吗？不够，那只是阳光。

种下坚持，够吗？不够，我只是营养。

我们还要你相信自己，相信岁月。

此时，新教育"唤深睡者猛醒，拉歧路者返正，使丢魂者归来，让漂泊者皈依，在心灵的深处掘出清泉，于精神的高境扯起风帆。"

中国教育何以浮躁？一时间，在急功近利的荆棘中穿行，明明很痛，但却一直如此。很多一线教师，工作一段时间后，就从满怀理想到随波逐流，激情流失，活力枯萎。这时，需要一盏灯温暖自己，照亮前行的路。

新教育就在努力打造教师成长的范式，希望通过专业阅读、专业写作、专业交往模式，构建专业成长共同体。一个人的行走变成一群人的共同行走，推动整个新教育教师队伍的发展。

这个时候，我从以前痴迷小说创作，转向教学随笔的写作；这一阶段，我推出了一个系列《走在云端——我在云合中学学的日子》。

其中，有一篇描述了我当年去云合中学面临的教学困境。

### 七年级

七年级破天荒地收了近400人，成立了6个班，但是却不好找班主任，这是每所学校都面临的共性问题。

班主任工作压力太大，而且待遇也上不去，如果出了什么安全问题，班主任是关在风箱的耗子——两头受气。所以一些不想评职称的教师干脆就不当班主任，无论学校领导如何游说，他们就是如"炒菜锅里的四季豆——不进油盐"。

所以，学校只能安排不谙世事的新分教师来当班主任。

这些年轻人，有的是干劲，有的是对教育理想化的追求，但是，事实上，他们对于现实教育的残酷、学生的复杂把握得不够，往往担任不久就会产生各种问题。

又新这几年来，新分教师当班主任几乎全都以失败而告终，那么云合中学会摆脱这样的宿命吗？

历史重演了。

七年级开学后不久就出现打架的事情，班主任为此焦头烂额。

而七年级某个学生居然出现了上课三次手机响起的现象，更可气的是跑出教室接打电话。

那堂课的教师在忍无可忍的情况下，没收了学生的手机。

但是学生下课后却跑到办公室要求教师还手机。

事情我不想过多地叙述，这样的情况，谁之过？

事情发展到无法想象的地步，九年级的学生替教师打抱不平，居然去打了这个学生。

问题变得复杂，我也出面了。

我把两边的学生都教育了一遍，我帮他们分析事态的严重性，分析继续发展的后果。

他们似乎听懂了，后面情况好像没有再发生。

但是七年级打架却又发生了。

搞不懂，这些孩子怎么好像回到了那20世纪五六十年代的香港，似乎只有拳头才能解决问题，遇到一点小事，都不服气，除了自负、自私，我找不到任何理由来说这些孩子。

也许缺乏正确的家教，父母都在外地打工，觉得弱者会受欺负，所以他们教育孩子必须强势一点。

强势的后果却是暴力。

我原来以为七年级的学生会比九年级那些老油条自觉一些。

可是吃饭的时候，那些七年级的学生经常钻空子。

习惯，还是培养习惯的问题。

看一看遍地的垃圾，教育似乎没有起任何作用。

我有一次到赵镇四小去学习，校园整洁优美，鲜花怒放，没有一个人乱丢、乱扔垃圾，没有一个人对那些美丽的花痛下杀手。

　　而我们，每一节上课都必须有一个陈强老师到校园里到处重新保洁。

　　七年级学生住校后，更是兴奋，等值周行政和老师走之后，管理员晚上11：00重新查寝后开始开展夜生活。

　　一个老师对我讲男生老是给女生写纸条，骚扰女生。虽然教育了学生，但女生还是天天来告状。

　　我也抽时间去这个班级讲了一节课。

　　授课内容先讲什么是爱，什么是喜欢；然后讲如何与同学和谐相处，避免暴力冲突；最后讲学习时间的合理安排。

　　第一个问题还是老生常谈，从一个三岁小男孩对一个三岁小女孩说我爱你入手，让学生轻松地接受我的观点。

　　其实学生的复杂性不是我们能够想象的，那天一位教师给我分享了一个故事：

　　云合幼儿园的一个孩子唱了这么一首儿歌：两只老鼠，两只老鼠，谈恋爱，谈恋爱，两只都是公的，两只都是公的，真变态，真变态。

　　我到现在也不明白，这首儿歌是谁教给这些本来就纯真的孩子的。

　　所以，我也不知道这次七年级教育的成功有多大。

　　我觉得我只是尽了我的一点力量，能改变多少，需要时间来证明。

　　考试成绩不理想，反复讲，学生不听，也不认真学习，这种现象太普遍。

　　面对这样的七年级，我能否承担起改变云合中学对外形象的重任呢？

　　我心里没底。

　　倒是九年级，这个将要承担出口形象的年级，成绩之差，出人意料。

　　我在制订九年级目标任务时发现，他们八年级居然是全县最后一名，而且各科基本上最后一名。

　　我笑不出来。

　　一年以后，我笔下的云合中学又是怎么样的？新教育的心灯会产生神奇的效果吗？

　　瞿秋白说："如果人是乐观的，一切都有抵抗，一切都能抵抗，一切都会增强抵抗力。"的确，具有乐观自信性格的人可以面对一切。因此，那些对待学习比较消极的同学，请你张开你自信的翅膀，一点点地努力去练习飞翔，也许，在这个过程中，你会感受到一种伤痛，这种伤痛也许是撕心裂肺的，但是当你能够飞上枝头、飞上蓝天的时候，你就能享受到那一种成功的喜悦。

云合中学一下就上升到了十来名，从倒数第一到全县的中等水平，不是我的功劳，是新教育唤醒了一些教师对教育的热忱。当然，新教育不是万能的，尤其对于已经麻木的人来说，他对一切都无动于衷，所以，他的教育方式还是按部就班地完成任务，眼里除了分数，就没有了其他。师生之间，永远缺乏一座可能到达对方心底的桥。

## （三）弄 潮

时代呼唤弄潮儿。

新教育最大的亮点在于阅读，最大的宗旨在于推广阅读，最大的成功在于培植阅读习惯。国人的阅读情况相当不理想，大多数人除了阅读教材之外，可能很少再接触过书本。我们知道"一个人的精神发育史，实质上就是一个人的阅读史；而一个民族的精神境界，在很大程度上取决于全民族的阅读水平"。所以，阅读是新教育的发展方向。

新教育选最该阅读的好书，精制出导赏手册，推荐师生共读、亲子共读，创造阅读的新天地。

我也在学校推广阅读，每到寒暑假之际，都会给师生推荐一些优秀的书目，希望他们能在假期给自己的精神世界充充电，找到心灵的家园。很惭愧的是，我们的阅读，没有做好晨育、午读和暮醒三个环节，因为我们的头上永远有一根分数的鞭子无法解脱。

每每到了开学的时候，我都会把师生的读后感收上来，教师的推选出优秀书目参加全县的评奖，学生的在校内评奖。学生一等奖的奖品是 100 元现金，让他自己去选购自己喜欢的书；二、三等奖是提供一些优秀的图书，二等奖三本，三等奖两本。

开展下来，我们师生的阅读和写作水平都有所提高，因此我们学校也获得了县读书优秀先进集体，我个人的读后感也获得过县一等奖。

客观地说，对于阅读我们还做得不够，尤其平时的阅读，落实得不好。我们也开展了名师读书沙龙、教学骨干推荐读书活动，但真正去读这些推荐书目的有多少呢？一些教师眼里只关注利益，要求学校购买这些图书，自己舍不得添置。即使学校购置了一部分，他也当成摆设放在一边，让人心寒。

## （四）竞 放

泰戈尔说："我们把世界看错了，反说它欺骗我们。"

当下的农村孩子，具有怎样的特质？作为留守儿童，作为手机游戏的沉迷者，他们对于读书的态度，越来越让教师感到束手无策，但是两个相信，却让我们愿意坚持：我们相信这些孩子，相信在我们的努力下，岁月会给我们答案。

知识是广阔而有兴趣的，只是我们缺少发现的眼光。2021 年的春晚，一个相声节目，就让我大开眼界。先看网上的说法：

小痘痘：没点文化还听不懂相声了。

@ – Chamomile – ：居然还有去查字典，有心了。

@我没发型了：列位，听相声长知识。

@孤独根号 12138："多音节汉字"不是"多音字"，多音节汉字大多是 19 世纪初翻译的外来度量衡单位而创的计量用汉字，通常由两个字组合成。特别之处就是一个汉字却要念两个音（通俗点讲就是：写只写一个字，可读却要读成两个字）打破了汉字一字一音的惯例。例如，兙 =（十克）、兛 =（千克）、兞 =（毫克）、兝 =（分克）、兡 =（百克）、兣 =（厘克）、瓲 =（加仑）、瓩 =（千瓦）、糎 =（厘米）粁 =（千米）。

所以，我们要给孩子一双眼，让他们有兴趣发现这个世界。新教育营造了书香的校园、师生共写随笔、聆听窗外的声音、培养卓越口才、构筑理想课堂、建设数码社区、推进每月一事、缔造完美教室、研发卓越课程、推行家校共育等，让学生的视野和心境都逐渐广阔起来。

新教育的行动在这十个方面绽放，但很多学校无法面面俱到，都在一个或几个方面重点在做。

我尝试的是缔造完美教室，在前面《做有温度的班级课程》中已经介绍过我的向阳花班级建设情况，这里就不再赘述了。向阳花班于 2018 年已经成功创建金堂县十佳完美教室。

## （五）燎 原

点点星火，映亮一个个完美教室；

簇簇心火，温暖一方方有梦圣园；

一朵具体的花，远胜过一千种真理。

新教育的火种以拓荒者的角色上场，挣脱世俗，破茧而出，逆风以行，开拓新路，初出茅庐便不同凡响。

从教师个体到学校、到区域，新教育蓬勃发展。姜堰的实验印记让人记忆深刻："一书一世界、一人一博客、一周一行走、一生一舞台、一课一风格、一人一平板、一月一主题、一班一风景、一人一课表、一校一时空。"

金堂是以县域为单位的新教育实验区，中小学都在努力打造自己的特色。2015年金堂成功举办了新教育年会，让全国新教育人了解了金堂这座东方威尼斯在新教育方面的实践情况。

当然，我也去过江苏海门这个新教育优秀实验区，看到他们在新教育方面的尝试，听到家长对于新教育的支持。新教育不再是一种理想主义，而是以实践者的姿态呈现在大众面前，让人逐渐了解，并予以接受、支持、追随。

这两年我每年都会跟随着新教育星火团队行走，看到团员们在新教育方面的探索，为他们的进步喝彩。

## （六）塑　魂

一花一世界，一叶一菩提。

一所学校的真正灵魂在于文化。学校文化自古以来就是最受仰慕的精神气象，拥有极高的地位。

新教育学校文化的核心在于其使命、愿景、价值观；仪式、节日与庆典是新教育学校文化的"节气"；学校想要拥有的文化，借一句警言，把自己带往一个理想之境的文化灯塔。

新教育的学校文化触及学子的心灵深处，形成了强大的能量场。新教育以理想主义、田野意识、合作态度、公益情怀形成了新教育文化精神的四个方面。

这里需要提到我的老师李国斌，他的著作《我的学生我的班》点化了师生灿烂的生命；扬长教育，让教育的文化多了一把评价的尺子，让每一个学生找到了自己的成长方向，对于学习充满了自信。

作为新教育人，我们的使命在于自觉地把中国文化作为自己的精神家园。

不过，对于国学的推崇既是新教育人的使命，也是每一个教育人的使命。我很高兴地看到成都地区的国学活动开展得如火如荼，我校的国学经典表演也获得了一等奖。

## （七）筑 峰

第十八届年会，新教育的脚步让新教育一个台阶又一个台阶往上走，筑就新教育的高峰。

书中已经提到了前十七届年会，而第十八届年会在四川武侯举行，年会主题——新科学教育。以新教育课程体系下对科学教育课程的探索，即以新科学教育探索为主题，开启新的研究，力图让科学之光照亮求真创新之路。新科学教育的实施路径是"做中学、读中悟、写中思"，目的是让学生在科学教育中领悟科学的魅力，体验科学实践的完整性，更深刻地理解科学的本质，使科学教育在师生幸福完整的教育生活中发挥积极的作用。

的确，我们学生的科学素养有待提高，而新教育看到问题之后，积极地思考解决之法，强调了"做中学、读中悟、写中思"的新科学实施路径。

年会是新教育运行的一个节点，一个综合舞台，一个精粹亮相，一座一年数百万人筑起的山峰。

我只参加了新教育的第十五届年会，因为在金堂举行，我作为新教育志愿者在其中服务，当年的主题是"拓展生命的长宽高"。那一届年会每一个细节都追求完美，希望给每一个新教育人呈现教育带来的改变。我们努力让师生的生命绽放出独特的魅力。

## （八）砥 柱

每一件事，都需要做事的人，尤其是核心人物，他们是做好这件事的中流砥柱。

新教育的中流砥柱有哪些？储昌楼、卢志文、许新海、李镇西、陈东强、童喜喜。

他们六人之中，李镇西老师工作在成都，我接触的机会要多一些。我喜欢他的幸福教育，喜欢他用独特的视角解读各种教育问题，他坚持自我、坚持真理，是我学习的榜样。

童喜喜老师是一位作家，致力于公益讲座，我参加了她的喜阅教师写作提高班，聆听了她的很多讲座，对她心存感激。

我与卢志文和陈东强两位院长有过几面之缘。卢志文院长每年在星火年度总结的时候会发来录像，鼓励我们继续前行。

读完这一章，我更多地了解了他们为新教育付出的所有心血，他们无愧中流砥柱的称号。

此外，还有张荣伟、严文蕃、干国祥、袁卫星、朱寅年、李一慢和孙云晓等得力干将；有教育基层领头人彭静、孙健通、王楚雄、李爱民等。

一个新教育的团队让新教育在全国遍地开花，影响了中国教育的发展，促进了中国基础教育的改革。

## （九）领　跑

一切领跑者都在引导人们从必然走向自然之境，更有能一览众山小地领略多娇江山的视野。

新教育人是行走在大地上的理想主义者，而不是脱离现实、脱离国情的空想主义者。新教育核心团队一直在领跑，解决遇到的各种问题，化解各种矛盾，带领各个实验区不断地革新前进。

让我们聚集新教育之新、新教育的真谛、新教育的价值、新教育的品质、新教育的前瞻，相信新教育"今日正兴旺，明天更美好"。

## （十）结　语

优势在抢抓机遇中孕育，劣势在丧失机遇中渐生，差距在错过机遇中拉大。历史选择方方面面都有准备的人，现实圈定有胆有识、敢为天下先的人，事业认可梦想超拔、忠贞不贰、德才俱佳的人，队伍愿随虚怀若谷、言行一致、身先士卒的人。新教育人抓住了这样的历史机遇，不断实践与创新，走在了中国教育改革的前方。

我为自己作为一位新教育人而自豪，同时感觉到自己做得还很不到位，为此汗颜。读完此书，我更加坚定了自己追求幸福而完整的教育生活的理念，会更加用心地对待每一个学生，对待每一节课，对待每一个班，做好新教育践行者，让新教育惠及每一个学生，影响周围教师的教育行走方式。

我受益于新教育，作为新教育星火团队的一员，得到了许多学习的机会，促进了自我的提升。所以，特别要说一句：感恩在最好的时代，遇上了新教育，让自己在教育路上不再迷惘，让自己成为学生心目中的好老师。

# 因为有你，可以走得更久更远

这个暑假，我亲历了全国新教育第十五届年会的全过程，新教育成果会演《生命之歌》感动了所有与会的嘉宾。我想，我作为一个新教育人，还欠缺什么？

捧起这本厚达 400 页、50 余万字的全国新教育实验区金堂成果集《为了生命的丰盈——新教育在金堂》，我感慨万千。一群志向相同的人，为了追求一种幸福而完整的教育生活在努力，每一个专题都是新教育人实践智慧的结晶，文字里的温度，可以温暖任何一个人！

新教育明确指出："一个人的精神发育史就是一个人的阅读史，一个民族的精神境界取决于这个民族的阅读水平。一个没有阅读的学校永远不可能有真正的教育，一个书充盈的城市才会是一个美丽的城市。"苏霍姆林斯基曾说过："我无限相信书籍的力量。"英国哲学家笛卡儿也说："读一切好的书，就是和许多高尚的人说话。"一本好书可以润泽人的心灵，让人的品格受到洗礼，让人懂得什么是尊重、什么是爱、什么是责任、什么是奉献……

因此，我们看到金堂新教育营造了书香校园，让校园充溢书香、教师品味书香、学生沐浴书香、家庭弥漫书香。书，传递着正能量，让真、善、美在学生心中生根发芽。亲子阅读不仅营造了一个读书的氛围，更是给学生在阅读方面树立了好榜样，让学生通过亲子阅读，获得智慧和勇气。

教室孕育着学生的成长，教室的每一面墙都会说话。教室是有生命的，它不仅为这些学生鲜活的生命而存在，更是通过班级文化来引领学生的成长。一个完美的教室，班名积极向上，富有独特的象征意义；班歌嘹亮，精神激昂；班训，引领学生规范有序成长；口号鼓舞人心，奋发图强；共同的愿景，让一个班对未来充满了向往；班级活动，为孩子生命润色；仪式，擦亮每一个值得纪念的日子；每月一事，让学生形成一种良好的习惯，让其道德品质得到发展。

一间普通的教室，无数个平凡的日子，却让生命开出了绚丽的花，这就是新教育建设完美教室创造的奇迹。

理想的课堂是什么样的？我认为理想的课堂是让人沐浴在春天的阳光下，享受着金秋时收获的喜悦，让每一个生命得到尊重，让智慧之光争相辉映。为此，金堂新教育人在不断努力，县教育局推出了"533"生命课堂，金堂中学实行"学历课堂"、我校倡导"阳光课堂"、实验小学推行"三学课堂"；另外还有和谐课堂、深度课堂……无论哪一种课堂，都在为构建理想的课堂而努力。

研发卓越课程，让校本课程润泽学生的心灵，让学生学会生存。于是我看到了科学课程滋养儿童生命健康成长，电影课程开发点亮孩子的童年，科技教育放飞孩子的梦想，民间艺术在孩子手中传承，心育课程孕育学生生命健康……

课程，在为学生打开一扇又一扇门窗，这个世界的未来是他们的，他们应该懂得如何建设这个世界，如何在这个世界里享受生活。课程，带领学生走向明亮的地方。

无论是缔造完美教室还是建设理想课堂，无论是营造书香校园还是研发卓越课程，都离不开教师。教师的"三专"发展是其中最为关键的一环。

实验小学的黄莺老师说："无心教育，且教且痛；用心思考，且教且省；精心经营，且教且行。"她践行着新教育、执着"心"教育，怀揣悲天悯人的情怀，告诉我们的学生：政治是有理想的，财富是有汗水的，科学是有人性的，享乐是有道德的。相信，有一天，我们会抵达幸福的彼岸。

新教育要求改变教师的行走方式。作为一名教师，我们需要思考自己的专业成长之路。教育的本真是什么？教育的本真就是师生共同幸福的教育生活。学生如何幸福，很大程度取决于教师；而教师的职业幸福感恰恰又源于学生的成长，这种相辅相成的关系，让我们更明确自己专业成长的重要性。

回头看看自己所走的过路，很多时候其实与传授知识无关，更多的是教会了学生学会学习、学会生活、自我成长。

用文字码起生命高度的刘恩樵老师是每一位年轻新教育人学习的榜样，经岁月历久，人成熟而弥香。

孩子成长的第一位教师其实是家长，家校共育，更有助于孩子的成长。中国传统的家训在安邦小学重新被挖掘出来，家训起到了正心作用，让孩子懂得容让之德，明白孝行天下的道理。

新教育呼唤新父母，所以我们看到了家长学校的建设正如火如荼。

读完整本书，我看到了教育局新教育团队的专业引领作用突出，看到了各新教育学校蓬勃发展，看到了各新教育同行奋进的脚步……

我闭上眼，从教十余年的经历一一浮现在眼前，曾经意气风发，也曾意志消沉，还曾迷惘，这一切都不重要，重要的是在某个时刻遇见了新教育，而且成了其中的一员，感染、被新教育鼓舞、鞭策，使我对理想的教育充满了向往，并不断努力！

我开展了哲理故事课程、电影课程、音乐课程，让哲理故事启迪人，让励志电影鼓舞人，让美丽音乐熏陶人。

我建设了数学阳光课堂，让数学课焕发了新的生机，让学生在数学海洋里快乐遨游！

我坚持家访，走在乡间的小路上，和家长促膝长谈，看晚霞染红了天，收获的是快乐！

我坚持读书，给自己喝下成长的心灵鸡汤，为孩子推荐更多的精神食粮！

我加入星火教师团队，和他们共同成长……

我虽然成长很慢，但是我相信有一天我会破茧成蝶，飞翔在这片新教育的天空下！

朱永新教授在《为了生命的丰盈》一书的序言中指出：教育是慢的艺术，需要长年累月的耕耘。你给新教育一份信任，新教育将给你一种力量。你坚守新教育的理想，新教育助你创造新的辉煌。

所以，我不怕！我要努力向上，以挺拔的姿态迎接每一个黎明！相信种子，相信岁月，每一颗种子都会开出属于自己的花！

我不欠缺什么，我只需要静下心来成长！

新教育，因为有你，我们才会走得更远，我们才会带领学生走得更远！

感谢新教育，感谢新教育团队，让我们成长，让我们的学生获得幸福而完整教育生活！

# 教育需要智慧与真情

## 教育的方向

不知不觉，已经在农村义务教育战线上工作了二十二年。二十二年来，我一直在思考两个问题：义务教育的方向在哪里？如何更好地为农村教育服务？

关于义务教育的方向，大家应该有这样的共识：从宏观的角度来说，我们做义务教育是为高一级学校培养苗子，进而为社会主义建设培养合格人才；从微观的角度来说，我们是为学生的成长奠基。大的方向没错，但落实在日常的教学工作中，我们却发现还有很多具体的问题需要解决。我带着这样的困惑，一边努力地工作，一边默默地思考，直到我读到了肖川教授著写的《教育的智慧与真情》一书，心中才有了答案。

肖川教授在"第一章 教育的方向"中明确指出：教育是为孩子的幸福人生奠基，为自由社会培养人，造就自主发展的人。教育不仅仅传授知识，解答书本疑惑，更重要的是塑造健全的人格，也就是肖川教授所说的："在学生内心打下一个亮丽的底色，让学生感受到生活的美好、人性的美好；让学生学会过精神生活，珍视精神的价值，眷注内心，使学校生活成为整个人生美好回忆的巨大的源泉和宝库，以便让学生形成快乐、开朗、积极、乐观的人生态度。"

但是，在现实教学生活中，很多人都过于注重分数，而忽略了人性方面的培养。在他们眼里，分数就是教学能力，体现自己的教育水平，是绩效考核的重要依据。他们采用题海战术，逼学生苦学。对于一些自律能力强、智力能力强的学生来说，这种方法似乎有效。但是对于大多数学生来说，只会感觉读书毫无意义，因为在学生看来读书的目的就是取得高分。生活除了分数之外，还有更多其他东西。所以这些学生觉得学校生活是枯燥的、灰暗的，会产生厌学情绪，把精力投入其他地方，甚至出现辍学的现象。

为解决学生厌学的问题，许多专家都提出了自己的办法，最重要的是教师唤醒学生对学习的追求，让学生有终身学习的愿望、兴趣和能力。我们常常说："授人以鱼，不如授人以渔。"教师应教给学生学习的方法，而不是死记硬背。作为一名教师，应该如《学记》中所说"善歌者，使人继其声；善教者，使人继其志"，让学生最终学会学习、健康生活，具有人文底蕴、科学精神，切实做到责任与担当、实践创新。

作为新教育人，我深知我们的目标就是让师生过一种幸福而完整的教育生活。我在自己的班级，进行着新教育十大行动的实践，尤其是完美教室的建设，让师生有了共同的价值追求，对学生的发展起到了领航的作用。

所以开学的第一周，我不会急着打开课本，忙于讲解书本知识，而是会花上一周的时间，和学生一起聊生活、聊目标、聊未来。看起来似乎和传授知识毫无瓜葛，但就是在这短短的一周，会让学生去思考自己读书的方向在哪里，如果去读书，如何去实现自我的价值。我常常对学生说："没有方向的船，无论遇到什么风都不是顺风。我们只有看清方向，才能向着心中的目标前行。"

对于我自己来说，我的教育目标就是培养全面发展的人，让学生脸上洋溢着自信的笑容，血液里有着挑战未来的勇气，生命中用坚强面对一切，而内心是温柔和善良的。

路，有岔口，关键是自己的选择！

## 教育的智慧

德国思想家雅斯贝尔斯一再强调："教育须有信仰，没有信仰就不成其为教育，而只是教学的技术而已。教育的目的在于让自己清楚当下的教育本质和自己的意志。"从这段话可知，教育不仅仅是一份简简单单的职业，更多的是一种基于信念的再加工的行为，我们必须坚定义务教育的方向，不断地解决教育中遇到的问题，这就需要教师成为教育的研究者。

我们要研究教材、研究学生，结合学情做好课程开发，并思考如何去上好一堂课，培养好学生的质疑精神。我们传统的教学和考查过于强调记忆的作用，我们常常会遇到这样一种现象：让一个班的学生背诵李白的《静夜思》，有一个学生背过很快，教师表扬了他，而且考试考默写，他也全对了。教师觉得他学习很不错，他自己也觉得自己不错，同学也认为他厉害，父母也觉得他了不起。这会让学生觉得读书会背就行，而缺乏一种问题意识。南京的赵国丹教授做了这样一个实验，问《静夜思》中的"疑是地上霜"的"霜"是什么？几乎没有学生能答对。这充分说明了一个问题，学生缺乏主动求知的欲望。读书只是死记硬背，所以遇到问题的时候，缺乏解决问题的能力和方法。

知识学习是一个系统建构的过程，不是简单的"授—受"。我们要让学生去经历知识形成的过程，发现问题的本质是什么，在这一过程中培养学生发现问题、提出问题、分析问题和解决问题的能力。

教育需要不断改革，而作为教育人也需要有智慧和勇气去改变自己。智慧获取的途径是不断地学习，站在巨人的肩膀上去获取经验，然后通过实践内化成自己的智慧。金堂县倡导新教育实验，推行"533"生命课堂改革，就是很好的教育改革手段，我很幸运成为其中的一员，并在这场改革的洪流中，受益匪浅。大部分学生在"533"生命课堂改革中学会了合作学习，提高了人际交往能力，增强了学习的信心，有了对问题的主动思考，成绩也逐步提高。当学生成为自己学习的主人时，教育才算真正发生。一切被动的学习，最终都不会长久。

教育的智慧不仅体现在知识的传授上，还体现在对学生问题的处理方式上。教育家叶圣陶先生"四颗糖的故事"大家是不是还记忆犹新？让我们一起再重温一下这个经典的教育案例：

叶圣陶做小学教员时，有一次在校园内行走，无意间看到一个男孩举起一块大砖头，正想向另一个男孩砸过去。叶圣陶赶紧上前制止了他，并请举砖头的孩子到办公室去一下。当叶圣陶来到办公室时发现男孩已站在那里等他，叶圣陶温和地递过去一块糖果，并说："你来得比我准时，这说明你很守时，奖励你的。"之后又拿出第二块糖果说："你能听从我的训斥把砖头放下，这是你对我的尊重，为了这一点，我奖励你第二块糖果。"学生半信半疑地拿了过去。这时叶圣陶又拿出了第三块糖果说："听其他学生说，你要打的那个人欺侮女人，所以你才动手教训他，从小就有正义感，这是奖励你的第三块糖。"当叶圣陶拿出第四块糖时，男孩已经泪流满面，有悔改之意。叶圣陶接着说："你已经知道武力不能解决问题，看到自己错了，因此我把最后一块也给你，奖励你知错就改的好品质。"

对于学生的问题，很多时候很多教师采用的是高压政策，采取严厉的惩戒措施，短期似乎立竿见影，但是长此以往，会让师生之间矛盾激化，学生会阳奉阴违，暗中反抗，甚至发生正面冲突。可见，教育的智慧还体现在对学生问题的处理方式上。

要正确解决学生的问题，前提是充分了解学生，对症下药，才能药到病除。有些属于慢性病，需要慢慢治，不能操之过急；有些属于顽固疾病，虽无良方可寻，可以先保守治疗，再寻求突破；有些可以剑走偏锋，寻找其他偏方来治疗。

而这一切，需要我们教师多学习、多实践、多总结，形成自己教育学生的一套完整的工作流程，面对学生问题时才能游刃有余。教育，是海人不倦还是毁人不倦？取决于自己的教育智慧！

## 教育的真情

每一个刚走上教育岗位的教师都渴望在这个岗位上不误人子弟。每一位教师都带着一份期许、一份真情而来。但现实中的各种问题逐渐消磨了这份真情，让一些教师忘记了初心是什么，对于工作没有激情，只是混日子。

家家有本难念的经，每一个人在教育生活中都会遇到不同的问题。有的人遇到问题，在积极思考，寻找方法。他们对待教育是一种敬畏的态度，充满了真情。有的人遇到问题，采取的策略是逃避和推卸责任，让问题成为顽疾。他们对待教育是一种漠视的态度，充满了消极。

有人说，试着和教育谈一场永不分手的恋爱吧！你只有主动去追求她，享受这一过程，你才会在教育的过程中收获欢乐，找到人生的意义。

要收获这份爱情，就需要教师不断进行修炼。而肖川教授提到了教师的五项修炼，即仪态、表情、口语表达、着装、眼神。教师"学高为师，身正为范"，因此教师的举手投足、一言一行都会给学生带来不同的影响。只有教师的行为举止得当，才有很好的示范引领作用。而表情反映了教师的喜怒哀乐，教师需要从容、淡定、微笑地面对一切，体现出自己对于工作的自信。语言既是一把刀又是一剂良药，完全取决于发言人的立场。作为教师，要有包容之心，客观地面对学生的问题，多鼓励而不是打击学生。眼睛是心灵的窗户，教师要学会用眼睛说话，是一种魅力。

我个人是不擅长着装的人，穿着总是很随意，可能我个人觉得很朴素，但实际上有同事指出我这样的穿着不会赢得学生的喜欢，学生反而觉得这个老师的审美水平有问题。爱美之心，人皆有之。所以，要在学生面前树立一个良好的形象，才会赢得学生的尊重和亲近。

红尘俗事，总在羁绊着我们的心情。我们该用怎样的心态面对这一切呢？唐代施肩吾的《西山群仙会真记》中记载："大其心，容天下之物；虚其心，受天下之善；平其心，论天下之事；潜其心，观天下之理；定其心，应天下之变。"大意是说：放宽心胸，容纳天下事物；谦虚谨慎，接受天下仁善；平心静气，分析天下事情；潜心钻研，纵观天下事理；坚定信念，应付天下变化。我们希望和教育有着忠贞的爱情，就要心平气和、坚定信念应对一切挑战。浮躁的心态承载不了教育这艘大船，只有"静以修身，俭以养德"才能让自己的精神和人格丰满。

对于教学，我们求真，教给学生真理；对于育人，我们用情，让学生内炼人性。

对于班上的学生，我逐一进行家访，了解他们的生存环境。对于家庭特别困难的学生，我会提供力所能及的帮助。2018 年，我去家访的时候，了解到一个学生身边只有一个年迈的奶奶在照顾，而奶奶也没什么经济来源，户口又不是本地，也享受不了低保待遇。我就给他免除了所有费用。钱不多，但是雪中送炭，这就是一份深情。

我和学生谈心，谈生活、谈理想、谈学习、谈爱情，为他照亮前行的路。我开展各种各样的活动，只想学生能有集体主义思想，既团结又竞争。我带生病的学生去看病，只想让他在校有在家的感觉，老师也如他们的亲人一样……

"亲其师，信其道。"只有真心真意、无怨无悔地付出，才能赢得学生的信任，成为他们生命中不可或缺的一员。学生认同了老师，也就坚定了跟随这位老师前行的信心。这是一种良性的双赢。

我们怕教育走向爱情的七年之痒，怕走向职业倦怠和平庸。这对于我们的学生来说，是一种灾难。他们是一张白纸，应该尽情地吸收营养，而不是糟粕。

肖川教授认为平庸最根本的原因："恐怕是由于我们缺乏信仰，缺乏勇于承担的宗教情怀，缺乏终极的关怀，缺乏超越性的意向。"那么，又回到了那个关于教育初心的问题。我们的初心是什么？教育初心，是传授知识，是传承民族精神，是塑造这个社会需要的合格的公民。这是我们肩负的使命，教师只有意识到这一点，才会觉得教育工作的意义和责任重大，才会深爱这份职业，充满真情。

## 不是结语

合上书，肖川教授教育的智慧和真情都印在了脑海里。他在追求教育的公平、宽容、有效，在追寻教育的幸福人生。尤其序言中那首北岛的诗《一切》：

> 一切都是命运
>
> 一切都是烟云
>
> 一切都是没有结局的开始
>
> 一切都是稍纵即逝的追寻
>
> 一切欢乐都没有微笑
>
> 一切苦难都没有泪痕
>
> 一切语言都是重复
>
> 一切交往都是初逢
>
> 一切爱情都在心里
>
> 一切往事都在梦中
>
> 一切希望都带着注释
>
> 一切信仰都带着呻吟
>
> 一切爆发都有片刻的宁静
>
> 一切死亡都有冗长的回声

很多人会在多次挫折之后把一切归于命运。似乎，认命就是最好的结局。

但是电影《哪吒之魔童降世》却发出了"我的命运由我不由天"的震耳欲聋的呐喊！肖川教授看到了教育上的问题，他没有认为这一切很正常，而是不断地寻找这些问题的根源，秉笔直书，希望用教育的智慧和真情来解决这些问题。

　　我想，我能做的就是始终保持着对教育冷静的思考，保持着对教育的敬畏之心，充满对学生的关心热爱之情，用随笔记录我的教育生活，形成自己的教育智慧，书写我的教育真情。

　　节假日我收到了不少来自学生的问候，又有不少毕业生约我聊天喝茶。看起来很平常，却常常让我觉得我的付出是值得的，你给教育以爱，教育回报以真情。